Conselheiro
de empresas

WANDERLEI PASSARELLA

O que você precisa saber para uma **CARREIRA PROMISSORA**

Conselheiro de empresas

ALTA BOOKS
GRUPO EDITORIAL
Rio de Janeiro, 2022

Conselheiro de Empresas

Copyright © 2022 da Starlin Alta Editora e Consultoria Eireli.
ISBN: 978-65-5520-662-3

Impresso no Brasil — 1ª Edição, 2022 — Edição revisada conforme o Acordo Ortográfico da Língua Portuguesa de 2009.

Todos os direitos estão reservados e protegidos por Lei. Nenhuma parte deste livro, sem autorização prévia por escrito da editora, poderá ser reproduzida ou transmitida. A violação dos Direitos Autorais é crime estabelecido na Lei nº 9.610/98 e com punição de acordo com o artigo 184 do Código Penal.

A editora não se responsabiliza pelo conteúdo da obra, formulada exclusivamente pelo(s) autor(es).

Marcas Registradas: Todos os termos mencionados e reconhecidos como Marca Registrada e/ou Comercial são de responsabilidade de seus proprietários. A editora informa não estar associada a nenhum produto e/ou fornecedor apresentado no livro.

Erratas e arquivos de apoio: No site da editora relatamos, com a devida correção, qualquer erro encontrado em nossos livros, bem como disponibilizamos arquivos de apoio se aplicáveis à obra em questão.

Acesse o site www.altabooks.com.br e procure pelo título do livro desejado para ter acesso às erratas, aos arquivos de apoio e/ou a outros conteúdos aplicáveis à obra.

Suporte Técnico: A obra é comercializada na forma em que está, sem direito a suporte técnico ou orientação pessoal/exclusiva ao leitor.

A editora não se responsabiliza pela manutenção, atualização e idioma dos sites referidos pelos autores nesta obra.

Dados Internacionais de Catalogação na Publicação (CIP) de acordo com ISBD

P286c   Passarella, Wanderlei
         Conselheiro de empresas: o que você precisa saber para uma carreira promissora / Wanderlei Passarella. - Rio de Janeiro : Alta Books, 2022.
         352 p. ; 17cm x 24cm.

         Inclui índice e anexo.
         ISBN: 978-65-5520-662-3

         1. Administração. 2. Conselheiro de empresas. 3. Carreira. I. Título.

2021-4283   CDD 658
                                                          CDU 68

Elaborado por Vagner Rodolfo da Silva - CRB-8/9410

Produção Editorial
Editora Alta Books

Diretor Editorial
Anderson Vieira
anderson.vieira@altabooks.com.br

Editor
José Ruggeri
j.ruggeri@altabooks.com.br

Gerência Comercial
Claudio Lima
claudio@altabooks.com.br

Gerência Marketing
Andrea Guatiello
marketing@altabooks.com.br

Coordenação Comercial
Thiago Biaggi

Coordenação de Eventos
Viviane Paiva
comercial@altabooks.com.br

Coordenação ADM/Finc.
Solange Souza

Direitos Autorais
Raquel Porto
rights@altabooks.com.br

Assistente Editorial
Mariana Portugal

Produtores Editoriais
Illysabelle Trajano
Larissa Lima
Maria de Lourdes Borges
Paulo Gomes
Thales Silva
Thiê Alves

Equipe Comercial
Adriana Baricelli
Daiana Costa
Fillipe Amorim
Heber Garcia
Kaique Luiz
Maira Conceição
Victor Hugo Morais

Equipe Editorial
Beatriz de Assis
Brenda Rodrigues
Caroline David
Gabriela Paiva
Henrique Waldez
Marcelli Ferreira

Marketing Editorial
Jessica Nogueira
Livia Carvalho
Marcelo Santos
Pedro Guimarães
Thiago Brito

Atuaram na edição desta obra:

Revisão Gramatical
Alessandro Thomé
Daniele Ortega

Capa
Rita Motta

Diagramação
Hellen Pimentel

Editora afiliada à:

ASSOCIADO

Rua Viúva Cláudio, 291 — Bairro Industrial do Jacaré
CEP: 20.970-031 — Rio de Janeiro (RJ)
Tels.: (21) 3278-8069 / 3278-8419
www.altabooks.com.br — altabooks@altabooks.com.br
Ouvidoria: ouvidoria@altabooks.com.br

Aos meus pais, Pietro e Adélia *(in memoriam)*, pelo que fizeram para que eu seja hoje quem sou.

À minha esposa, Aline, companheira, sócia, esteio, alegria, inspiração e suporte.

Aos meus filhos, Luiza e Theo, como legado ético e de propósito de vida.

SUMÁRIO

AGRADECIMENTOS ix

APRESENTAÇÃO xi
    CESAR SUAKI DOS SANTOS

PREFÁCIO xv
    ROBERTO FALDINI

INTRODUÇÃO 1
    AS TESES QUE ESTE LIVRO PROPÕE

CAPÍTULO 1 11
    O QUE É GOVERNANÇA?

CAPÍTULO 2 37
    OS BENEFÍCIOS DA CG PARA EMPRESAS DE DIFERENTES PORTES

CAPÍTULO 3 59
    ESTRUTURAS TÍPICAS DE GOVERNANÇA CORPORATIVA

CAPÍTULO 4 79
    A INSTALAÇÃO DO CONSELHO

CAPÍTULO 5 101
    OS PRINCIPAIS ATORES DO PROCESSO DE GC

CAPÍTULO 6 117
    A AGENDA DE GC

CAPÍTULO 7 133
RESULTADOS COM A GC

CAPÍTULO 8 153
O MERCADO PARA CONSELHEIROS PROFISSIONAIS

CAPÍTULO 9 167
REQUISITOS PARA ATUAR COMO CONSELHEIRO PROFISSIONAL

CAPÍTULO 10 191
SER CONSELHEIRO PROFISSIONAL (QUANDO JÁ SE ESTÁ NO CONSELHO)

CAPÍTULO 11 215
CRIAÇÃO E PROSPECÇÃO DE OPORTUNIDADES

CAPÍTULO 12 243
COMO GANHAR REPUTAÇÃO, RELEVÂNCIA E VISIBILIDADE DE MERCADO

CAPÍTULO 13 257
REMUNERAÇÃO PARA CONSELHEIROS

CAPÍTULO 14 271
GESTÃO DO PATRIMÔNIO DO CONSELHEIRO

CAPÍTULO 15 285
A MÉDIA GERÊNCIA E A GOVERNANÇA

CAPÍTULO 16 299
O PLANO DE CARREIRA DO FUTURO CONSELHEIRO CONSULTIVO E ADMINISTRATIVO

CONCLUSÃO 311

REFERÊNCIAS 315

ANEXOS 321

SOBRE O AUTOR 323

ÍNDICE 325

AGRADECIMENTOS

Aos diversos mestres que inspiraram o meu caminho, desde a educação básica até o mestrado.

Às empresas nas quais tive oportunidade de atuar como executivo, pelo desenvolvimento profissional e pessoal que me proporcionaram.

À Unipaz, que reforçou, para mim, a visão ética do mundo que recebi primeiramente de meu pai, um grande estudioso do espírito humano.

A todas as empresas pelas quais passei como conselheiro e que me ajudaram a compreender a importância da governança e a me dedicar ao aprendizado contínuo do tema.

Em particular, a Marco Gregori, o primeiro a me levar para um conselho e a me introduzir no mundo da governança.

Em especial, a dois conselheiros que me inspiraram para a carreira e para a elaboração deste livro, Roberto Faldini e Cesar Suaki dos Santos.

À equipe do Celint e aos meus sócios da CelintBRA.

À canadense Governance Solutions, parceira.

Ao meu conselho editorial, Eduardo Villela e Joaquim Maria Botelho, que participaram ativamente do processo de construção desta obra.

A todos os profissionais que se dispuseram a contribuir, com seus conhecimentos e suas experiências, para compor as lições que pretendo trazer neste livro.

E a todos que, a partir desta obra, compartilhem da minha inspiração e decidam seguir a missão de ajudar empresas e a sociedade.

APRESENTAÇÃO
CESAR SUAKI DOS SANTOS

É com grata satisfação que apresento a você, estimado leitor, o mais recente livro de Wanderlei Passarella: "Conselheiro de Empresas — O que você precisa saber para construir uma carreira promissora."

Assim como um excepcional vinho é resultado de três ingredientes essenciais — as vinhas de qualidade, o *terroir* único e um enólogo de prestígio —, um livro de destaque em negócios é fruto de três fatores diferenciadores — um tema de grande interesse do público, uma abordagem inovadora e o natural talento do autor. Vamos a eles!

O TEMA

A oportunidade de atuar como conselheiro de empresas traz enorme realização e simboliza, para a maioria dos profissionais, o coroamento de uma jornada de sucesso ao atingir o ápice dos degraus de uma trajetória bem-sucedida. Em geral, vem acompanhada de reconhecimento público, admiração e respeito, e, se bem conduzida, pode significar um novo ciclo de vida profissional.

Em poucas palavras: tornar-se conselheiro de empresas é um "objeto de desejo" para muitos, ainda mais em um contexto de crescente importância da governança nas organizações.

Mas nem todos chegam lá...

A ABORDAGEM

Encontrar o "caminho das pedras" é, sem dúvida, tarefa individual, já que cada um de nós — candidatos ou já conselheiros — traz de forma inequívoca o seu próprio conjunto de talentos, competências e experiências.

Por outro lado, várias questões emergem nesse processo de reflexão e transição de carreira: será que existem melhores práticas para ser bem-sucedido nessa jornada? Quais os principais aprendizados que Conselheiros de destaque podem compartilhar? Como devo me preparar e como fazer o *networking* correto? Na literatura já disponível no assunto governança, quais os principais conceitos que são aplicáveis ao Brasil e às diferentes tipologias de empresas? Vale a pena ser conselheiro no balanço entre os riscos associados à responsabilidade *versus* o potencial dos ganhos financeiros? E por falar em ganhos: quais as perspectivas de remuneração e como posso gerir melhor meu patrimônio como conselheiro?

Com uma abordagem calcada em sólidos conceitos e ao mesmo tempo balanceada pela prática, com inúmeros depoimentos de expoentes conselheiros e executivos, além de pesquisas de campo, Passarella desenvolve o tema de forma estruturada, nos levando a uma leitura cativante e convidando a progredir para o próximo capítulo.

O AUTOR

Engenheiro de formação e humanista de coração, tem carreira de sucesso como executivo, é conselheiro de destaque nas empresas em que atua e hoje consolida-se como uma das referências em governança de empresas.

Ao destilar toda sua vasta experiência no desenvolvimento deste livro, Passarella brinda a todos com sua inteligência e sensibilidade no trato de um tema instigante. Tive o prazer de desfrutar inúmeras conversas com ele ao longo da elaboração do livro, acompanhando cada etapa, e sou testemunha de seu esforço em entregar a nós o que tem de melhor: sua crença incondicional em que toda liderança deve ser baseada em princípios e valores perenes,

APRESENTAÇÃO

construindo saudáveis relacionamentos de longo prazo, sempre tendo como "pedra fundamental" o desenvolvimento de nossa consciência integral a serviço do bem geral da sociedade.

Sou seu leitor há mais de quarenta anos: quando, juntos, cursávamos a Escola Politécnica da USP, ele já nos influenciava ao publicar no jornal da faculdade, em sua coluna *"Mens sana in corpore sano"*, ótimos textos, sempre nos motivando a equilibrar o tempo de estudo nas aulas de Cálculo & Termodinâmica com a saudável prática esportiva.

Hoje ele nos convida a refletir sobre o real significado do papel de conselheiro de empresas e nos indica caminhos para uma longa e bem-sucedida carreira profissional.

Aproveitem a leitura! De preferência com uma boa taça de vinho...

Fevereiro de 2021

CESAR SUAKI DOS SANTOS é membro dos Conselhos de Administração da Petrobras Distribuidora S/A, da Odontoprev S/A, da Hubprepaid (Vale Presente) S/A, do Mundo Verde, do Social Bank e Chairman, da Ocrim Alimentos, entre outros. Foi CEO do Martins Atacado e diretor executivo no Grupo Pão de Açúcar. Engenheiro de Produção pela Escola Politécnica da USP, tem mestrado em Administração de Empresas pela FEA/USP.

PREFÁCIO
ROBERTO FALDINI

Convivo prazerosamente com Wanderlei Passarella praticamente desde os primeiros anos deste século. Conhecemo-nos ao assumirmos como membros independentes do conselho de administração de uma indústria de produtos plásticos com sede na Grande São Paulo. Com o passar do tempo, percebemos que são várias as nossas afinidades, a começar pela importância que ambos atribuímos à ação de conselheiros na condução de companhias de médio porte, especialmente as de controle familiar, usualmente mais resistentes às melhores e mais avançadas práticas de governança corporativa. Surgiu daí uma sólida amizade, lastreada no compartilhamento de valores e visões de vida.

Tenho acompanhado a carreira excepcional de Wanderlei, que passou de membro de conselhos consultivos e de administração de negócios de portes variados para engajado militante no amadurecimento da governança corporativa no Brasil, movido pelo desejo de aprimorar os *board members* que ajudam os detentores do controle e os gestores de primeira linha a melhorar o desempenho de suas companhias e pavimentar a estrada para conduzi-las à perpetuação.

Foi com grande felicidade que acompanhei os desdobramentos recentes de sua carreira. Depois de se firmar como executivo, membro de conselhos diversos e até mesmo *chairman*, Wanderlei deu formato à consultoria pela qual presta serviços de modelagem de governança corporativa e, finalmente, criou o Celint — Centro de Estudos em Liderança e Governança Integrais, que se dedica à formação e ao desenvolvimento de conselheiros, especialmente ao apoio à transição de carreira de altos executivos para a condição de conselheiros consultivos ou de administração, com olhar especial para as empresas de médio porte.

Fiquei muito surpreso ao saber que, em novembro de 2020, em plena pandemia de Covid-19, o Celint, que tem sede no Rio de Janeiro, conseguiu reunir em São Paulo cerca de oitenta interessados na carreira de conselheiro. Conviviam ali, usando máscaras e com o devido distanciamento, profissionais da gestão que queriam desenvolver o estágio seguinte de suas carreiras — a de membros de conselhos. Chamou a atenção também a capacidade que Wanderlei Passarella demonstrou de atrair para essas atividades CEOs, altos executivos de grandes empresas e executivos recém-aposentados desejando se dedicar à atividade em conselhos.

O livro que tenho a honra de prefaciar — "Conselheiros de Empresas — O que você precisa saber para construir uma carreira promissora" — aborda com profundidade os desafios que se apresentam nessa nem sempre fácil transição de carreira. Com certeza será útil não apenas àqueles que estão ajustando seu perfil profissional, como também a acionistas que precisam aprimorar suas práticas e torná-las mais efetivas. Os capítulos da obra estão estruturados em quatro blocos: fundamentos de governança corporativa; a governança corporativa na prática; como construir sua carreira como conselheiro profissional de empresas; e reflexões sobre os primeiros passos na carreira.

Capaz de equilibrar domínio conceitual com espírito prático, Wanderlei, logo de partida, lembra que ainda é modesto o número de conselheiros brasileiros com certificação do IBGC — Instituto Brasileiro de Governança Corporativa: pouco mais de mil profissionais. Comparado ao número de conselheiros certificados no Canadá (cuja economia tem porte equivalente à do Brasil), o dado assusta um pouco. Lá são quase 4 mil os profissionais certificados. Assusta, mas serve de parâmetro para avaliar o potencial do mercado brasileiro.

Observador privilegiado desse ambiente, o autor oferece, de saída, quatro dicas que servirão para formatar o modelo mental dos interessados em dar curso a essa experiência. São elas: (1) governança corporativa é uma competência, (2) conselhos decidem sobre o que é importante, e não sobre o que é

PREFÁCIO

urgente, (3) o mercado para novos conselheiros é concentrado em companhias de capital fechado, a maioria delas familiares, e (4) os candidatos a essa experiência devem criar as oportunidades, não esperar que elas surjam.

Quando, em 1995, um diminuto grupo de ativistas do qual eu tive o privilégio de participar fundou o atual IBGC, na época IBCA — Instituto Brasileiro de Conselho de Administração —, não ousamos sonhar com o estágio que a instituição atingiria 25 anos depois. As atividades do Instituto hoje incluem centenas ou até milhares de participantes, veja-se o exemplo dos congressos anuais. Wanderlei Passarella foi sempre um dos especialistas engajados na causa. Seu livro e seu centro de estímulo e iniciação de conselheiros consultivos são frutos visíveis desse longo processo de construção.

É importante para o futuro das organizações que lideranças como a de Wanderlei criem frentes de realização. Existe um sem-número de impactos e novidades que tornam a gestão empresarial um desafio cada vez mais intrincado. Conselhos capazes de ler cenários e enxergar saídas criativas, sustentáveis e inclusivas serão cada dia mais necessários. É dessa janela de oportunidades que trata este livro. Estou seguro de que será uma leitura oportuna, estimulante e muito agradável.

Dezembro de 2020

ROBERTO FALDINI é empresário, cofundador do IBGC, onde participa ativamente em várias de suas comissões, e ex-presidente da CVM. Membro do Conselho de Administração da NovoNor S/A, da Braskem S/A, da Irani Papel e Embalagens S/A, da Marfrig Global Foods, da Vulcabrás S/A, entre outros. Membro associado do FBN — Family Business Network, do IBEF e da Abrasca.

INTRODUÇÃO
AS TESES QUE ESTE LIVRO PROPÕE

A carreira como conselheiro profissional em pequenas, médias e grandes empresas está em plena ascensão e representa, como será demonstrado aqui, um mercado a ser explorado. Temos a convicção de que haverá uma demanda crescente para profissionais de altíssimo nível, o que fará da carreira de conselheiro profissional uma das mais promissoras do mercado de trabalho nos próximos anos.

Segundo pesquisas e análises que eu e minha equipe produzimos, há uma demanda potencial, atualmente, de mais de 100 mil novos postos em conselhos no Brasil. E por qual outra razão a carreira é promissora? Principalmente porque empresas familiares brasileiras estão passando por um processo acelerado de profissionalização de sua gestão e governança, como necessidade basilar para a sustentabilidade de seus negócios. Nesse sentido, o conselheiro profissional aporta recursos, habilidades e competências vitais a elas, como acesso a parceiros qualificados (*networking* de alto nível), melhora em planejamento e estratégia, fortalecimento de mecanismos de controles e processos, mudanças na cultura organizacional etc.

Não é novidade que está ocorrendo um encurtamento do tempo de duração das carreiras executivas em contraponto ao aumento da expectativa de vida. Pesquisas indicam que o profissional, em carreira executiva, que não atinge o *C-Level* até os 50 anos de idade, entra em risco em relação ao seu futuro corporativo. Com essa contingência, profissionais altamente qualificados e experientes são levados precocemente a buscar novas alternativas de trabalho. E uma das alternativas que se apresentam é a oferta de profissionais para conselhos.

Uma constatação positiva para quem deseja optar por essa carreira é a de que o número de conselheiros certificados no país é bastante reduzido, em comparação às principais economias do planeta: temos um pouco mais de mil conselheiros certificados *versus* quase 4 mil no Canadá, por exemplo, que tem aproximadamente o mesmo PIB que o Brasil.

Dessa forma, pelo ponto de vista econômico, o trabalho como conselheiro profissional de empresas, quando combinado à prestação de serviços de consultoria, realização de palestras, workshops, aulas e participação em negócios — como investidor-anjo, por exemplo — pode resultar em uma interessante combinação de receitas.

Porém, se há uma vasta literatura disponível no mercado focada em explicar o que é governança corporativa e qual é a sua importância, não existem livros sobre a construção, o planejamento e a gestão da carreira de conselheiro profissional de empresas. Por isso, este livro é absolutamente pioneiro e cobre uma lacuna importantíssima na área de obras que abordam os temas de carreira e liderança.

Dividi este livro em quatro blocos de capítulos: fundamentos de governança corporativa; a governança corporativa na prática; como construir sua carreira como conselheiro profissional de empresas; e reflexões sobre os primeiros passos de carreira.

O seu conteúdo traz aos leitores, de maneira didática, direta, estruturada e sequencial, o curso de ação que se deve percorrer para que se construa uma carreira como conselheiro profissional de empresas, abordando também os principais desafios e dificuldades que os futuros conselheiros vivenciarão nos primeiros tempos de carreira e o que devem fazer para lidar com eles. Procurei utilizar um estilo de comunicação acessível, claro e objetivo, apoiado em um texto amigável, de fácil entendimento, interessante de ler. O livro é recheado de exemplos, situações práticas e atividades que tornam o seu conteúdo muito útil e passível de ser aplicado no dia a dia dos leitores.

Construí uma obra que pretendo que se torne referência para todos aqueles que desejam ingressar em uma carreira promissora e que poderá ser do interesse principalmente dos seguintes públicos: empreendedores, empresários, acionistas, herdeiros, altos executivos (homens e mulheres, gestores, gerentes

AS TESES QUE ESTE LIVRO PROPÕE

seniores, diretores, CEOs, presidentes de pequenas, médias e grandes empresas nacionais e multinacionais), investidores, gestores de fundos de investimento, consultores de gestão, advogados, contadores e especialistas de áreas técnicas.

Quero ressaltar, sem falsa modéstia, o equilíbrio que logramos obter, na elaboração deste trabalho, entre o aspecto teórico-reflexivo que proporciona ao leitor, para pensar a carreira e a governança, e o lado prático que conseguimos trazer sobre como construir essa carreira. Compusemos uma verdadeira trilha para que o profissional se direcione adequadamente para ocupar uma posição em conselho.

No decorrer de muitos estudos e de anos de experiência atuando como CEO, mentor, *advisory board member* e conselheiro consultivo e administrativo em empresas de variados portes e ramos de atividades, desenvolvi quatro teses, a partir do preceito fundamental de que governança é necessidade vital para a sustentabilidade das empresas, não apenas do ponto de vista econômico-financeiro, mas de sua credibilidade e prestígio junto ao mercado consumidor de produtos e serviços e à comunidade na qual está inserida. Vejo a governança como fundamental para a solidez e a longevidade dos negócios.

PRIMEIRA TESE: GOVERNANÇA É UMA COMPETÊNCIA

Esta é uma noção inovadora. A adaptação da governança, desde o antigo modelo incipiente do início do século XX, quando não passava de uma reunião de "compadres" para discutir questões da empresa, sem maiores compromissos, para uma atitude empresarial de implantação de um corpo de decisores para o enfrentamento dos desafios vividos pelas companhias, principalmente em relação aos conflitos de agências, representa a pedra de toque deste livro. O profissional que não domina os preceitos da governança, não como mera informação, mas como real competência-chave, não estará apto a ocupar a função de conselheiro. E aquele que domina essa competência cedo em sua carreira executiva consegue acelerá-la. Ressalte--se que governança não é um fenômeno recente, como se pode supor, mas existe há mais de 2 mil anos — os fundamentos da governança para a longevidade de um empreendimento foram estabelecidos por Políbio, no século II a.C.

SEGUNDA TESE: DECIDIR SOBRE O QUE É IMPORTANTE, E NÃO O URGENTE

O processo-chave para governar uma empresa é o de tomada de decisões sobre as questões importantes, mas menos urgentes. As questões que efetivamente importam — e das quais trataremos — costumam ficar relegadas a segundo plano pelo corpo executivo, tragadas pelas urgências do dia a dia. Há um método e uma liturgia para eleger o que é importante, de maneira efetiva, e isso se desenvolve bem quando a empresa dispõe de um grupo de "sábios" que estarão focados em pensar todos os temas de grande relevância para seu presente e o futuro. Esse ponto é discutido aqui pela via dos conceitos e das constatações práticas. Essa tese que proponho está muito alinhada com o rumo que hoje está sendo tomado pelas empresas, do capitalismo consciente, com a aplicação do conceito de ESG (*Environment, Social & Governance*), que define que a boa gestão só faz sentido se houver respeito ao meio ambiente, ao ambiente social e à governança — tais como as empresas do sistema B[1]. A companhia só terá boa probabilidade de sucesso e de perenidade se conseguir trazer os *stakeholders* que dela participam para estar conectados, engajados e próximos. A governança amplia o engajamento dos públicos.

TERCEIRA TESE: MERCADO CONCENTRADO EM EMPRESAS DE CAPITAL FECHADO

O grande mercado de atuação para os diversos tipos de conselheiros (que serão detalhados ao longo do livro) começou a nascer apenas no final do século XX. E não é o das empresas de capital aberto, que estão diminuindo em todo o

---

[1] O Sistema B é uma certificação concedida a empresas que unem o lucro à preocupação com o bem-estar da sociedade e do meio ambiente. Quem oferece a certificação é a organização B Lab, fundada em 2006, nos Estados Unidos. No Brasil, o levantamento é anual, realizado em parceria com o Centro de Estudos em Sustentabilidade (GVces) da Fundação Getúlio Vargas de São Paulo (FGV-SP), e avalia três dimensões da sustentabilidade: social, ambiental e econômica. Maiores informações neste endereço: <https://gife.org.br/sistema-b-reune-empresas-que-aliam-lucro-a-preocupacao-socioambiental/>. Acesso em: 15 de dezembro de 2020.

mundo, mas o das organizações de pequeno, médio e grande porte, de capital fechado, familiares em sua maioria. Podemos ter no Brasil até um retorno de aberturas de capital na bolsa, mas que se deve tão somente a uma demanda reprimida devido às circunstâncias de mercado, dentre outros motivos. O fato é que o mundo empresarial sofrerá um terceiro choque de desenvolvimento quando esse mercado amadurecer, neste século — o primeiro foi o empreendedorismo, e o segundo, a gestão. Como disse Rolf Carlson,[2] a governança é um terceiro degrau. As empresas não subsistirão se forem apenas empreendedoras e contarem com boa gestão; a governança é que assegurará a sustentabilidade e a longevidade das organizações. E as empresas de capital fechado são as que tendem a obter os maiores benefícios da governança: transformação e fortalecimento de seus modelos de negócios e posicionamentos de mercado, assim como também contribuir decisivamente para o desenvolvimento de boas estratégias ao longo do tempo. Essas, sim, são questões importantes das quais as empresas se descuidam por estarem sufocadas pelas demandas urgentes do cotidiano. Já vemos sinais de melhoria, com o expressivo número de empresas que estão decidindo implantar seus conselhos consultivos.

QUARTA TESE: NÃO ESPERAR PELAS OPORTUNIDADES; CRIÁ-LAS

É possível ao interessado ser autoral em seu caminho para o *board*, não só em termos de encontrar oportunidades com um *networking* efetivo, mas também com dedicação e espírito inovador para criá-las. Na verdade, é um processo de prospecção mais profundo e detalhado, porque as oportunidades existem, mas precisam ser reveladas, tiradas de seus esconderijos, por meio de um trabalho de quase "escavação". O profissional que quer trilhar o caminho para a carreira de conselheiro precisa botar a mão na massa. Além disso, acreditamos em um número potencial de posições muito maior, beirando meio

---

2   Rolf Carlson defende a ideia de que historicamente houve dois momentos empresariais, que foram o do empreendedorismo, primeiro, e depois o da administração. Segundo o autor, estamos vivendo atualmente o terceiro momento, o da governança.

milhão, para as atividades adjacentes à função estrita de conselheiro (falaremos em detalhes dessas atividades no decorrer do livro). Abre-se, pois, uma perspectiva muito grande de novas funções para quem quiser iniciar uma segunda ou até uma terceira carreira. Por isso, é possível ser bastante autoral, em linha com as mudanças do mercado de trabalho que vêm ocorrendo neste início do século XXI. Decai a olhos vistos o volume de colaboradores celetistas, e aumenta o número de profissionais que contribuem com projetos e outras formas de desempenho. A ideia de atuação em posições adjacentes às de conselheiro é alvissareira, para um futuro que se desenha com uma estrutura diferente da que temos hoje. O leitor encontrará no decorrer deste livro uma série de ocupações que ajudam a compor a carreira de conselheiro.

Minha recomendação ao profissional que aspira a essa carreira é começar cedo a se capacitar e elaborar um plano indicativo. Ao fazer isso, sua função atual poderá também ganhar um *boost* pela incorporação de qualidades caras ao negócio e por demonstrar na empresa sua competência de ir além. É uma lógica meridiana, ou seja, não só o profissional estará preparando o caminho para uma futura transição de carreira mais autoral, como também a sua atual ganha outra dimensão e tração.

Este livro pretende contribuir com a formação de conselheiros (governantes) competentes para desenvolverem esse mercado em amadurecimento.

Conselheiro de empresas

1. O QUE É GOVERNANÇA?

2. OS BENEFÍCIOS DA GC PARA EMPRESAS DE DIFERENTES PORTES

3. ESTRUTURAS TÍPICAS DE GOVERNANÇA CORPORATIVA

BLOCO 1

FUNDAMENTOS DA GOVERNANÇA CORPORATIVA

CAPÍTULO 1
O QUE É GOVERNANÇA?

"Se o século XIX foi dos empreendedores, e o século XX, dos gerenciadores, o século XXI será da governança corporativa."

ROLF H. CARLSSON ("Ownership and value creation: corporate governance in the new economy")

A história recente da governança tem referência no início do século XX, quando as corporações começaram a ganhar vulto, especialmente na Inglaterra, e aí se estabeleceu uma ideia de conselho de administração muito mais como um "chá das cinco": uma reunião de amigos e pessoas da intimidade do presidente, que ele convocava para trocar ideias e apresentar visões a respeito de gestão e de risco. Nem sempre a intenção era aplicar as sugestões oferecidas, e o presidente determinava o que achava que devia ser feito. Mas, pelo menos, estava posta a noção incipiente de conselho e de governança, que foi evoluindo ao longo do século.

Entretanto, quando problemas foram enfrentados, com destaque para empresas que pulverizaram seu controle de tal forma a se tornarem *"corporations"*, o conceito e a rotina dos conselhos de administração tiveram que ser repensados. O histórico da evolução da governança está muito relacionado ao que se convencionou chamar de conflito de agências.

Explico o que vem a ser conflito de agências. Agência é a situação em que o dono do capital, em inglês *principal*, elege um agente para representá-lo na empresa. Algumas vezes são vários *principals* que se reúnem para eleger esse agente, que será o presidente, ou CEO (*Chief Executive Officer*). Por volta das décadas de 1960 e 1970, começou-se a perceber que existe um conflito nessa relação, porque os executivos querem flexibilidade e liberdade para tocar os negócios no dia a dia da forma que acham adequada, com metas mais fáceis de serem alcançadas, alocando o máximo de capital que puderem nas operações, e querem que a lucratividade seja tão razoável quanto possível; de modo que possam atingir tais metas sem sobressaltos. Por seu lado, os *principals* querem empregar a menor quantidade possível de capital e recursos nas operações da empresa e obter a maior lucratividade possível. Nessa diferença de expectativas reside um início de conflito, que é o que chamamos de conflito de agências.

No âmbito corporativo, o confronto é desejável, porque as soluções nascem da manifestação de ideias diferentes. Mas há um conflito mais profundo, por exemplo, quando a matriz de uma multinacional exige de sua subsidiária resultados que ultrapassam a viabilidade local, ou quando executivos incorrem em certos desvios de conduta, como a maquiagem de balanços e ocultação de gastos. Existem casos de repercussão em todo o mundo, nos quais se via que a subsidiária não apresentava resultados, mas os executivos continuavam ganhando bônus polpudos. E surgiram, nesse período, grandes escândalos, como o caso da Enron,[3] com manipulação de balanços, entre outras situações.

Quando os donos do capital perceberam esses conflitos exacerbados, levando a práticas não muito corretas, começaram a nascer as agências reguladoras, como a SEC (*Securities and Exchange Commission*) norte-americana e a CVM (Comissão de Valores Mobiliários), no Brasil — essa já na segunda metade do século passado. E chegaram à conclusão de que era necessário implantar a governança.

---

3   A Enron Corporation, com sede na cidade de Houston, no estado norte-americano do Texas, era, em 2000, uma das maiores empresas do mundo em distribuição de energia e comunicações, empregando 21 mil pessoas e com um faturamento superior a US$100 bilhões. Em 2001, foram descobertas manobras contábeis (usando empresas coligadas e controladas para inflar seus resultados) para divulgar uma situação mascarada da corporação de modo a manter suas ações valorizadas, sem revelar a existência de uma dívida de US$22 bilhões. O Congresso norte-americano analisou o pedido de concordata e em 2007 decretou a falência da empresa. É considerada a falência mais impactante da história empresarial dos Estados Unidos.

O QUE É GOVERNANÇA?

Nada mais do que o estabelecimento do equilíbrio de poderes decisórios, com a implantação do Conselho de Administração. Foi quando ocorreu a conceituação moderna dos conselhos, com o encargo de aliviar esse conflito de agências. A partir desse ponto da história, cessa o poder pleno dos presidentes, que passam a ter que responder a um grupo chamado conselho, cujo papel é verificar a veracidade dos relatórios, checar as práticas de *compliance*, avaliar os riscos, formular estratégias, analisar os sistemas de gestão e propor mudanças na sua condução quando necessário. A moderna governança nasceu das questões ligadas à corrupção, à manipulação de informação e à questão do conflito de interesses entre *principal* e *management*, que, de naturais, se tornam artificiais.

No Brasil, existiu outro conflito de agências que não se deu exatamente entre executivos e proprietários, mas entre acionistas controladores e minoritários. Isso ocorreu porque os controladores podem não ter uma grande parte da empresa e desejar obter benefícios próprios, em detrimento dos outros acionistas. Para empresas de capital aberto, o estímulo é oferecido por um esquema de controle piramidal em que, mesmo com um pequeno percentual de ações, um grupo que esteja no topo da pirâmide pode controlar uma empresa (graças ao instituto das ações ordinárias — com direito a voto — e as preferenciais). E, tendo poder estatutário, manipula ao seu bel-prazer as decisões, e os minoritários podem ficar despojados de grandes lucros e até ver suas ações sendo desvalorizadas.

Figura 1.1 Exemplo de uma pirâmide de controle acionário no Brasil

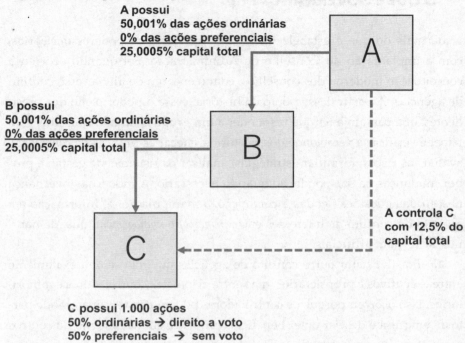

Com vistas à ilustração exibida na Figura 1.1, imaginemos uma situação hipotética que ilustra esses conflitos entre acionistas minoritários e os controladores. Vamos supor que a companhia C tenha mil ações: 50% delas são ordinárias, com direito a voto, e 50% são preferenciais, sem direito a voto. E vamos supor que B possua 50,001% das ações ordinárias e 0% das ações preferenciais, ou seja, ele tem 25% do capital total. Então a empresa B controla C com a propriedade de 25% de seu capital. Vamos supor que A também detenha 50,001% das ações ordinárias de B e 0% das preferenciais. Por conseguinte, A controla C com 12,5% do capital total. Ou seja, é um controlador que não precisa ter muitas ações e acaba controlando a empresa C para seus interesses. Dessa forma, os outros acionistas que não são o controlador podem não ter seus interesses atendidos por causa de alguém que, com menos ações do que eles, controla o capital.

Nesse tipo de conjuntura, são colocadas regras para que o conselho conduza as questões de modo a evitar a eclosão desses conflitos.

A causa básica para a implementação dos conselhos de administração foi a necessidade de dirimir esses conflitos de agências e, na origem, a corrupção do ser humano. Em muitos casos, quem está no poder aproveita-se de quem é corruptível para ganhar vantagem, ter o maior retorno possível e se perpetuar no poder.

Em empresas pequenas e médias, o controle do dono é muito mais próximo e apurado, portanto, não existe o tal conflito de agências. O dono é o acionista principal e, muitas vezes, o executivo, e vai todo dia à empresa. Quando começo a trabalhar como conselheiro em uma empresa desse porte, as pessoas me perguntam para que colocar um conselho lá, usando a mesma nomenclatura e o mesmo processo de uma empresa grande. Para explicar e fundamentar o porquê da governança, fui pesquisar a ideia de o que é governo.

FORMAS DE GOVERNO

Os livros que tratam do tema da governança em geral se atêm ao seu desenvolvimento em razão dos conflitos de agências. Mas há uma história a ser considerada, um contexto histórico e sociológico a compreender. Por isso fui ler Norberto Bobbio, para entender os conceitos de governo[4] e para pesquisar formas de governo,[5] e compreendi que governança é algo que já existe há pelo menos 2.500 anos.

Bobbio me apresentou a Políbio, historiador grego que escreveu a obra *Histórias*, em que registra a sociedade do mundo mediterrâneo no século II a.C., entre 220 e 146. Em especial o livro VI, que Bobbio considera legado fundamental para a teoria das formas de governo, ao lado das obras de Platão e Aristóteles. Políbio tem um olhar complementar em relação aos seus dois conterrâneos porque não era filósofo, mas historiador. Expatriado para Roma depois da conquista da Grécia, frequentou o círcu-

---

4   BOBBIO, Norberto. *Estado, governo, sociedade — para uma teoria geral da política*. Tradução de Marco Aurélio Nogueira. Rio de Janeiro: Paz e Terra, 1987.

5   BOBBIO, Norberto. *A Teoria das Formas de Governo na história do pensamento político*. Tradução de Luiz Sérgio Henriques. São Paulo: Edipro, 2017.

lo dos Cornélios Cipiões, família de cônsules guerreiros. A obra deixada por Políbio faz um consistente detalhamento do direito público romano, descrevendo as várias magistraturas: os cônsules, o senado, os tribunos, a organização militar etc. Seu *leit motif* para a produção de "Histórias" está sintetizado nesta frase: "A constituição de um povo deve ser considerada como a primeira causa do sucesso ou fracasso de toda ação". Bobbio considera o trabalho de Políbio uma das mais completas teorias sobre as formas de governo, e aproveitou, para complementar o seu estudo, uma citação indireta a ele na obra de Maquiavel: "Digo, como alguns que escreveram a respeito das repúblicas, que nelas podem existir três tipos de estado, por eles chamados de Principado, Aristocrático e Popular; os que pretendem estabelecer a ordem numa cidade devem escolher um desses três tipos, conforme lhes pareça mais conveniente."[6]

Vamos referir, resumidamente, que Políbio defende três teses. A primeira é a de que existem, fundamentalmente, seis formas de governo, três boas e três más. A segunda é a de que essas formas se sucedem umas às outras, seguindo um certo ritmo em um percurso cíclico que se repete no tempo (a teoria dos ciclos já havia sido descrita em *A República*, de Platão, em um diálogo entre Glauco e Sócrates[7]). E a terceira tese é a de que, além das seis formas tradicionais, existe uma sétima, que é a síntese das três formas boas e da qual a constituição romana é o melhor exemplo.

Políbio admirou a forma constituída do governo de Roma — e não sem razão, porque a organização romana permitiu que fosse o império mais longevo da história. E refletiu longamente sobre qual das três formas de governo funciona melhor.

A primeira forma genuína de governo, que Bobbio chama de reino, é a monarquia (que Políbio prefere nomear de monocracia). Sua variante corrompida é a tirania.

---

6 MACHIAVELLI, Niccolò. *Discar si sopra la prima deca di Tito Livio*. Blado, Roma/Giunta, Florença 1531; ed. Feltrinelli, Milão, 1977, p. 130.

7 Sócrates diz a Glauco: "Porém, como tudo o que nasce é passível de corrupção, este sistema de governo não durará eternamente, mas dissolver-se-á, e aqui tens o modo."

O QUE É GOVERNANÇA?

A segunda forma genuína de governo é a aristocracia, no sentido original etimológico de *aristokrateia*, que quer dizer "governo dos melhores". Ou seja, o governo de um grupo de sábios, de notáveis. Sua forma corrompida é a oligarquia, que é o governo das elites mais poderosas.

A terceira forma é a democracia — que Platão e Aristóteles preferiam chamar de *politia*, considerando que democracia continha uma conotação negativa. De qualquer modo, democracia é o governo desempenhado pelos representantes do povo — bem ou mal escolhidos pela única maneira de manifestação nesse regime, que é o voto. Abro um parêntese para afirmar que, para mim, a verdadeira e ideal democracia seria o regime em que o povo realmente tivesse o poder de decisão em determinadas questões. Fecho o parêntese. Para nomear a forma corrompida da democracia, Políbio forjou a palavra *oclocracia*, com a conotação de governo de massa, no sentido de rebanho, manada.

Quero reproduzir o trecho do livro de Bobbio sobre a teoria das formas de governo em que ele sintetiza o pensamento de Políbio sobre a teoria dos ciclos, pela alternância de governos bons com governos maus:

> Em primeiro lugar se estabelece sem artifício e "naturalmente" o governo de um só, ao qual segue (e do qual é gerado por sucessivas elaborações e correções) o "reino". Transformando-se este no regime mau correspondente, isto é, na "tirania", pela queda desta última se gera o governo dos "melhores". Quando a aristocracia por sua vez degenera em "oligarquia", pela força da natureza, o povo se insurge violentamente contra os abusos dos governantes, nascendo assim o "governo popular". Com o tempo, a arrogância e a ilegalidade dessa forma de governo levam à "oclocracia".[8]

A *oclocracia*, para Políbio, é o fundo do poço. Mas conclui que, nesse rodízio das constituições, a lei natural é que as formas políticas se transformem, decaiam e retornem ao ponto de partida.

---
8   BOBBIO, Norberto. *A teoria das formas...* Op. cit., p. 52

Para ele, confirmando a sua segunda tese, o equilíbrio das três formas boas, quando atingido, leva a um círculo virtuoso que, afinal, foi a base da constituição romana – sua terceira tese. Como funcionava internamente o governo romano: um imperador monocrata, com suas decisões moderadas por um senado que reunia a aristocracia e submetidas frequentemente à apreciação do povo, por meio de plebiscitos e referendos. Essa foi a razão, segundo Políbio, da pujança e do sucesso do império romano, que, em cinquenta anos, já dominava metade do mundo conhecido na época.

CORRELAÇÃO COM AS CORPORAÇÕES MODERNAS

As teses de Políbio me levaram a concluir que a verdadeira função da governança, em empresas de qualquer porte, é — ou deveria ser — equilibrar os poderes nas tomadas de decisão. Comparativamente ao império romano, uma empresa tem um líder, que é o presidente, um conselho de profissionais experientes e competentes e um sistema de dar voz aos públicos.

Governança, do meu ponto de vista, não é só uma questão de conflitos de agências — que é apenas o que a história estabelece, baseada no que a história recente mostrou de problemas. É o processo de tomada de decisão em que diversos atores participam. Temos o grande líder, o presidente, que pode ser comparado ao imperador de Políbio, que faz a ponte com os outros atores. Temos as partes interessadas envolvidas no processo (acionistas, consumidores, fornecedores, equipe), o que equivale a uma democracia, todas corresponsabilizadas, participando de maneira descentralizada. E temos uma aristocracia (no melhor sentido da palavra, significando um grupo de sábios), que é o conselho. É o governo de consenso, em contraposição ao de força. Aliás, é a essência do governo misto, composto de três formas clássicas.

Esse é um processo de decisão que realmente melhora os resultados da companhia.

Nas empresas que tenho acompanhado, que ainda não contam com a participação de um conselho, as famílias estão lá discutindo as formiguinhas

O QUE É GOVERNANÇA?

enquanto os elefantes estão passando. Não têm processos estruturados de colocar na pauta de discussão as coisas importantes. Vivem focadas em resolver as urgências, apagando incêndios, sem observar o quadro mais amplo. Esse é o grande papel da governança: estruturar o processo decisório, de modo que leve em conta os acontecimentos importantes que devem ser decididos e dividindo esse poder com aqueles que estão mais bem preparados para deliberar.

Figura 1.2 Síntese do pensamento de Políbio

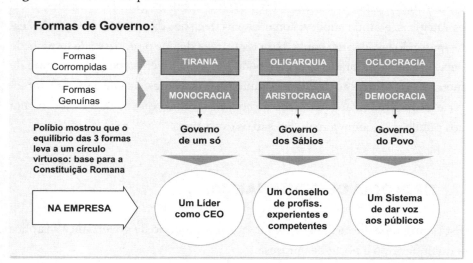

EXEMPLO DE PARTICIPAÇÃO NO PROCESSO

Vejamos um exemplo de uma parte interessada decidindo: o cliente. Quando fazemos uma pesquisa de mercado, isso é um processo difuso de tomada de decisão. Ninguém é responsabilizado por tal ação, mas revelará qual é o produto que o cliente deseja. A partir do resultado, que é como se fosse uma votação, o líder de uma organização delibera.

Outro exemplo de participação: o fornecedor. Na indústria de equipamentos para medicina, ilustrativamente, a relação com os fornecedores tem que ser muito próxima. Se o fornecedor implanta uma nova tecnologia, ele decidiu qual o tipo de equipamento que o hospital ou a clínica deve ter. E se a empresa de saúde não acompanhar, está fora do jogo.

O conselho, esse grupo de notáveis, ocupa-se de uma classe de decisões muito clara, que não são as do dia a dia, porque essas cabem ao presidente e aos executivos, que estão cuidando das operações diariamente e sabem o que é prioridade. O papel do conselho é decidir sobre as grandes questões, mais estratégicas, e ainda supervisionar que as decisões das partes interessadas estejam sendo levadas em conta, para ter certeza de que o processo de tomada de decisão está equilibrado. Por isso, pede e analisa diversas pesquisas, como de mercado, de satisfação de clientes, junto a fornecedores, de engajamento, *turnover* e clima organizacional. Cabe ao conselho cobrar que se faça essa consulta aos públicos — quem a realizará são os executivos.

TIPOLOGIA DE GOVERNANÇA

Está claro, pelo que acabei de expor, que minha visão de governança se aplica a qualquer tipo e porte de empresa.

Existem dois tipos de governança: a chamada formalista e a chamada construtivista. Isso não é invenção minha. Os dois tipos estão definidos e detalhados nos livros da Elismar Álvares,[9] mas vêm corroborar minha tese.

A governança formalista é aquela que nasce da necessidade de cumprir a lei. E devo confessar que já participei de conselhos de empresas de capital aberto em que figuravam conselheiros que pouco sabiam sobre o conceito construtivista da governança.

A governança construtivista está mais alinhada com o processo decisório, ajudando com que a empresa seja mais sustentável. A empresa de capital fechado

---

[9] ÁLVARES, Elismar e outros. *Governando a empresa familiar*. Rio de Janeiro: Qualitymark, 2003. ÁLVARES, Elismar; GIACOMETI, Celso; GUSSO, Eduardo. *Governança Corporativa: um modelo brasileiro*. Rio de Janeiro: Elsevier, 2008.

costuma ser construtivista, porque não faz sentido sua governança se acomodar no formalismo e no aspecto puramente jurídico dos conselhos.

Na minha concepção, as empresas de capital aberto deveriam ser formalistas em sua superfície, mas construtivistas em sua essência. E muitas delas não são, pois se atêm mais a cumprir as formalidades e seguir o que prescreve a lei.

No livro que escrevi a quatro mãos com Paulo Monteiro, *Ômega*,[10] criei a expressão perenização adaptativa®[11] e a ideia de uma governança integral®.[12] A governança, se olhar a organização de forma integral, tratará de auxiliá-la a criar seu futuro, a pavimentar um caminho de sucesso em longo prazo, trabalhando pelas mudanças necessárias. Pois Peter Drucker não dizia que "para sobreviver e ter sucesso, cada organização tem de se tornar um agente da mudança; a forma mais eficaz de gerenciar a mudança é criá-la"?

A governança integral visa a que as empresas se perenizem, porque vão tomando boas decisões, tornam-se sustentáveis e vão se adaptando a ambientes mutáveis. Por exemplo, a pandemia do coronavírus foi exemplo de exigência de uma enorme necessidade de adaptação.

CONCEITOS DE GOVERNANÇA CORPORATIVA

Pincei, de diversos autores, quais são as definições mais divulgadas do conceito de governança corporativa em livros-texto mais adotados em cursos e palestras específicas. Observo que, progressivamente, as definições se desvencilham da conceituação formalista e se aproximam da conceituação construtivista, para mim a mais adequada. Darei, ao final, a minha própria definição de governança corporativa. Mas antes, vamos ver o que pensam alguns autores:

---

10   MONTEIRO, Paulo e PASSARELLA, Wanderlei. *A reinvenção da empresa: Projeto Ômega*. São Paulo: Editora Évora, 2017.

11   Registro de marca requerido.

12   Registro de marca requerido.

> Defino a Governança Corporativa como um sistema pelo qual empresas são estrategicamente dirigidas, integrativamente gerenciadas e holisticamente controladas, de forma empreendedora e ética e de maneira apropriada a cada contexto específico.
>
> Martin Hilb — *A nova governança corporativa*

O leitor verá que é uma definição genérica, até um tanto vaga e pouco assertiva. Apesar de Martin Hilb ser um autor renomado na área, que já proferiu palestra no Brasil, em um congresso para conselheiros, não me pareceu que tenha contribuído muito com a frase em que tenta conceituar a governança corporativa.

> Governança Corporativa é o sistema que assegura aos sócios-proprietários o governo estratégico da empresa e a efetiva monitoração da diretoria executiva. A relação entre propriedade e gestão se dá através do Conselho de Administração, a Auditoria Independente e o Conselho Fiscal.
>
> João Bosco Lodi — *Governança corporativa*

Aqui, na frase de Lodi, o leitor pode ter uma ideia clara de uma definição formalista, emitida por um dos cofundadores do IBGC (Instituto Brasileiro de Governança Corporativa). É quase uma cláusula legislativa.

> Definiremos governança corporativa como sendo um sistema de estruturas e processos para dirigir e controlar corporações e prestar contas a respeito delas.
>
> Alden G. Lank — *Governando a empresa familiar*

Nesta terceira definição, Alden G. Lank é bastante sintético e praticamente reproduz o que está no Relatório Cadbury, que diz a mesma coisa de maneira mais ampla.[13] Esse relatório é um documento de referência para governança corporativa ao redor do mundo. Note-se que há duas palavras-chave na definição que acabamos de mostrar: dirigir (dar rumo, sair da rotina do dia a dia e definir o caminho para onde se quer chegar) e controlar (verificar se a meta está sendo alcançada, se estão sendo obedecidas as leis e se os riscos estão gerenciados). São dois pontos de ações importantes.

> No âmago, a governança corporativa não tem a ver com poder; trata-se de descobrir meios de assegurar a eficácia das decisões.
>
> Herbert Steinberg — *Conselhos que perpetuam empresas*

Nesta quarta definição, percebemos uma evolução semântica no sentido de introduzir a ideia de tomada de decisão. Constatamos a importância disso principalmente nas pequenas e médias empresas, porque as brigas internas consomem as deliberações, ou porque o presidente é o fundador, que não dispõe de mecanismos para fundamentar boas decisões e geralmente se pauta pelo seu dia a dia ou humor.

Com essas quatro referências, percebe-se a importância do desenvolvimento histórico da noção de governança, especialmente a partir das corporações inglesas do começo do século XX. Atualmente, as empresas devem se ocupar com a satisfação do cliente, por meio de pesquisa de mercado, com a satisfação das equipes, por meio de avaliação de engajamento, *turnover* e clima, com o relacionamento periódico com fornecedores para se manter no estado da arte da tecnologia, e verificar a sua pegada ecológica promovendo pesquisa contextual de impacto no meio ambiente. Com tudo isso, a compa-

---

13 CADBURY, Adrian. The Secretary Committee on the Financial Aspects of Corporate Governance. Cadbury Report, London, 1992. Citamos o item 2.5 do relatório: *"Corporate governance is the system by which companies are directed and controlled. Boards of directors are responsible for the governance of their companies. The shareholders' role in governance is to appoint the directors and the auditors and to satisfy themselves that an appropriate governance structure is in place. The responsibilities of the board include setting the company's strategic aims, providing the leadership to put them into effect, supervising the management of the business and reporting to shareholders on their stewardship. The board's actions are subject to laws, regulations and the shareholders in general meeting."*

nhia está dando voz aos seus públicos e somando informações para que tome decisões a partir da opinião das partes interessadas. Mesmo que sejam vozes indiretas, difusas, são revelações que a empresa deve compreender e, quando factível, aplicar em seus processos e em suas decisões. Quanto mais equilibrados os poderes, mais acertadas as decisões, maior a sustentabilidade dos negócios e melhor possibilidade de conseguir uma perenização adaptativa.

Simultaneamente, existem forças auxiliares que nas empresas modernas devem assessorar o conselho de administração na tarefa de ouvir os públicos e aferir o acerto da gestão. Por isso, órgãos como controladoria, auditoria e ouvidoria devem estar vinculados ao conselho, e não ao presidente. Entraremos, adiante, em mais detalhes a respeito das estruturas desejáveis para o bom funcionamento de um conselho.

ESG

Sumarizando a minha tese, com base no que discorremos até aqui, vemos que existem três classes de decisores: governantes, executivos e públicos. E todos esses decisores precisam estar em sintonia com as expectativas do momento. Hoje, há três palavras de ordem no mundo corporativo, que se somam e se aglutinam de maneira indissolúvel na sigla ESG: *Environment, Social & Governance*. Ou seja, a boa gestão só faz sentido se houver respeito ao meio ambiente, ao ambiente social e à governança.

O Fundo Blackrock já afirmou que só investirá em empresas e projetos alinhados ao ESG.[14] O Business Roundtable,[15] que reúne os CEOs das duzentas maiores companhias norte-americanas, tem afirmado que não mais trabalhará pelo *shareholder's value*, mas pelo *stakeholder's value*,[16] ou seja, não apenas pelo valor do acionista, mas pelo valor de todas as partes interessadas nos

---

14 FINK, Laurence. *Uma mudança estrutural nas finanças*. Disponível em: <https://bit.ly/2Z2nQ4f> . Acesso em: 14 de maio de 2020.

15 Para mais informações, acesse: <https://www.businessroundtable.org/>.

16 Afirmação ratificada em 2020 pelo Fórum de Davos, em sua declaração anual.

negócios das empresas, e a declaração está muito alinhada com a minha tese, de sustentar o equilíbrio.

CLASSES DE DECISORES

Na minha avaliação, a nomenclatura "conselheiro" não é totalmente adequada, porque o papel desse participante da empresa não é aconselhar, mas tomar decisões que definem o rumo da empresa. Nos Estados Unidos, o conselho de administração é denominado *"board of directors"*, ou seja, quadro de diretores, enquanto o CEO e demais executivos compõem o *"board of officers"*, ou quadro dos executores responsáveis por tocar as operações das empresas.

Os conselheiros, que chamarei de **governantes**,[17] decidem sobre dirigir e controlar. Estão voltados para as ações prospectivas, as iniciativas que estão no *"core"* do processo de governança, e ações de supervisão da gestão, para prescrever, estabelecer regulamentos e verificar a conformidade com as boas práticas de *compliance*. No Capítulo 6 nos deteremos sobre o papel dos governantes.

Os *executivos* têm duas tarefas importantes. A primeira delas é liderar, não no sentido de gerir, mas no sentido de transformar, tomar ações para rumar a um futuro desejável. A segunda tarefa é a gestão, que significa maximizar a eficiência. Naturalmente, os executivos devem pôr em prática as decisões e os direcionamentos do conselho, mas contam com um certo grau de liberdade. Também recebem poderes para tomar decisões sobre várias questões, sem necessidade de consulta ao conselho.

Os *públicos* são variados. São os acionistas, que podem corrigir ou corroborar determinadas decisões, tratar de sociedade, distribuição de investimentos etc. Outros são os fornecedores, as equipes, os consumidores de produtos,

---

17   Estou usando, em alguns pontos deste livro, a nomenclatura "governantes" para me referir ao conselheiro, para evidenciar o fato de que o conselheiro precisa tomar decisões e efetivamente governar a empresa. Assim, traço o paralelo com o pensamento de Políbio sobre a teoria das formas de governo. A partir do capítulo seguinte, passarei a usar sempre o termo "conselheiro".

os provedores de tecnologia, todos de quem já falamos neste capítulo, a quem cabe influenciar a finalidade da empresa.

Os governantes, ou seja, os conselheiros, devem fazer com que todos funcionem de maneira equilibrada. Quando conseguem fazer isso, com maior probabilidade as tomadas de decisão serão melhores, as partes interessadas se engajarão mais com a companhia e os executivos estarão preocupados em liderar e maximizar a eficiência rigorosamente.

Cabem aos governantes as decisões importantes e não urgentes — as urgentes, assim como a execução dos acontecimentos não importantes, estão a cargo da equipe executiva e da equipe de produção.

Figura 1.3 O quadrante das decisões prioritárias

	URGENTE	NÃO URGENTE
IMPORTANTE	Crises, problemas, projetos com datas limites	Preparações, prevenções, planos, valores, missão, relacionamentos
NÃO IMPORTANTE	Alguns tipos de telefonemas, algumas reuniões, relatórios etc.	Trabalho trivial, alguns telefonemas, desperdiçadores de tempo

Do livro *O despertar dos líderes integrais* — W. Passarella[18]

MUDA O PAPEL DOS EXECUTIVOS

Houve um tempo, mais pontualmente nas décadas de 1980 e 1990, em que havia os chamados "megaCEOs", executivos quase onipotentes que determinavam praticamente a vida ou a morte da empresa. Exemplo típico é o caso de Jack Welch, famoso ex-CEO da General Electric, que nos deixou uma frase famosa: "Controle o seu destino ou alguém controlará."

---

18   PASSARELLA, W. *O despertar dos líderes integrais: um caminho para a nova liderança do século XXI*. Rio de Janeiro: Qualitymark, 2013.

O QUE É GOVERNANÇA?

Mas esse CEO não existe mais, porque o papel do executivo-chefe mudou, e continua em processo de mudança. Exceções ficam por conta de CEOs que acumulam a função de *chairman of the board*, ou seja, presidente do Conselho de Administração. Nos Estados Unidos, há uma convenção cultural de que o CEO que não é *chairman* também está desprestigiado.

Na realidade, sob o ponto de vista da governança, esse artifício está errado, e isso está mudando rapidamente nos Estados Unidos. A era dos superpoderosos acabará.

O que não significa que a empresa deva ter um CEO fraco. Ao contrário, sem um bom CEO, a companhia não avança, porque ele é a interface entre a administração e a governança. Está no centro. Abaixo dele estão os diretores, e cada um deles, por sua vez, lidera as diferentes áreas da empresa: marketing, produção, vendas, logística, finanças etc. Do CEO para baixo, temos a execução das estratégias de negócios. Acima dele, fica a governança, que define a política de negócios. É o conselho, que na verdade constitui uma holarquia, porque trabalha em conjunto e dá o sentido de que é o grupo que detém o poder. Também no patamar de cima estão os *stakeholders*, um poder mais difuso, porém que também toma decisões.

Figura 1.4 O papel do CEO como ponte entre atores

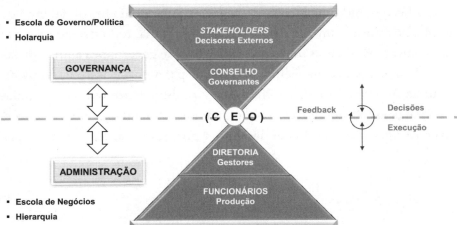

Embora existam *feedbacks*, decisões de execução para cima e para baixo, eu digo que uma empresa não pode se tonar extraordinária, mesmo com um conselho fantástico, sem um bom CEO. As coisas não fluirão bem. Por isso mesmo acabou a era do CEO super-herói e começou a era do CEO líder, que sabe se relacionar com todas as camadas da organização, que entende o processo, faz a execução acontecer, sabe motivar e engajar a equipe.

Sou, inclusive, favorável a que os CEOs e a diretoria executiva de sociedades anônimas de capital fechado e aberto tenham ações da empresa, porque eles devem estar alinhados com os *stakeholders* e principalmente com os *shareholders*. Sou favorável também a que a parte variável de suas remunerações seja dividida em dois componentes: um de curto prazo (bônus), baseado no orçamento e nas metas do ano, e outro de longo prazo, sujeito à realização de determinadas metas de valor[19] para a companhia. Pode ser, por exemplo, *"phantom shares"* (quantia em dinheiro baseada no valor atingido pela empresa), ou ainda ações da empresa que possam ser conversíveis em dinheiro depois de determinado período.

Em suma, o CEO tem um papel fundamental. E se for um mau profissional, pode afundar a empresa.

Conheço numerosas escolas de negócios atuando no Brasil, falando de gestão, liderança, aumento de eficiência, hierarquia, tudo isso no patamar da execução. Mas temos umas poucas escolas de governança aqui, aquelas que falam de política, na melhor acepção da palavra — posso citar o IBGC, a Fundação Dom Cabral, o Celint, que eu lidero, entre outras. O fundamento das escolas de governança é inspirar o trabalho com os públicos, fazer acordos, negociar, tomar decisões, e precisamos urgentemente delas.

---

19 Metas de valor (*valuation*) são as medidas de cálculo de quanto vale a companhia, como múltiplos de EBITDA ou fluxos de caixa descontado.

O QUE É GOVERNANÇA?

RESUMO DO PROCESSO DECISÓRIO

A tabela a seguir, que arquitetei e já publiquei,[20] mostra quais são os objetos, os tipos e a responsabilização de processos decisórios. Incluem-se aí os conselheiros e executivos estatutários, em empresas de capital aberto ou fechado que tenham um Conselho de Administração de fato. Para as pequenas e médias empresas, em geral se aplica a figura do Conselho Consultivo. Trataremos dessa diferenciação no Capítulo 4.

Figura 1.5 Papéis e responsabilidades no processo decisório

GOVERNANÇA E PROCESSO DECISÓRIO

INSTÂNCIA	CEO E SEUS EXECUTIVOS	CONSELHO DE ADMINISTRAÇÃO OU CONSULTIVO	PÚBLICOS PRINCIPAIS
OBJETO	• Questões imediatas • Mais rotineiras no dia a dia • Voltadas para a consecução das táticas e estratégias	• Grandes questões • Menos urgentes, porém muito importantes • Voltadas ao rumo e valores	• Questões que impactam diretamente esses públicos • Em que a vontade da maioria seja legal ou faça sentido
TIPO DE PROCESSO DECISÓRIO	• Mais monocrático, embora com coparticipação • Intuitivo	• Decisões mais refletidas e debatidas • Chegada a um consenso • Minoria leal	• Processo democrático • Voto, em muitos casos • Amostragem representativa
RESPONSA-BILIZAÇÃO	• Majoritariamente a um representante do corpo executivo	• A um grupo de pessoas ou "entidade" • Responsabilidade compartilhada	• Difusa • Não há como responsabilizar alguém

---

20   PASSARELLA, W. Curso PFC — Programa de Formação de Conselheiros. Disponível em: <https://www.celint.net.br/pfc>. Acesso em: 6 de dezembro de 2020.

MINHA VISÃO DE GOVERNANÇA CORPORATIVA

Cuidei de estabelecer todas as questões e de fazer as conexões com o que tem sido dito para definir e conceituar papéis antes de mostrar o que penso sobre a moderna governança corporativa. Aqui está a minha visão:

> Governança corporativa é a preparação para a compreensão profunda das grandes questões (aquelas muito importantes, mas não tão urgentes) de uma empresa e a tomada de decisões sobre estas, bem como sobre seu controle, por meio de instâncias distribuídas e adequadas. Equilibra poderes e foca ações prospectivas e prescritivas. Desta forma, cria valor e mira a perenização adaptativa do negócio.

Como se verifica, meu pensamento tem relação estreita com o Relatório Cadbury. Quanto ao significado de ações prospectivas e prescritivas, será esmiuçado no Capítulo 6, quando tratarmos de agenda dos conselhos.

Resta dizer que o conselho, em uma empresa, é efetivamente poderoso quando exerce comando sobre o CEO e toma decisões de direção e de controle da organização, e não do dia a dia de cada negócio em si. Sob essa perspectiva, o quadro de conselheiros é decisivamente um poder expressivo. Mas existe uma instância ainda mais poderosa do que todas: a assembleia de acionistas, que é o órgão que contrata e demite os conselheiros. Algumas das principais decisões do conselho precisam da aprovação dessa assembleia antes de serem repassadas ao CEO para execução.

Quero finalizar este capítulo com a definição-tese do que eu denomino de governança integral: "É aplicada quando o governante (conselheiro) utiliza sua integralidade (quatro aprendizados, quatro inteligências) para realizar o escopo da governança e o valor criado se reflete nos públicos (*stakeholders*)".[21]

---

21 Conceito que desenvolvo no meu curso FCC (Formação de Conselheiro Consultivo, Módulo 1: governança em geral), ministrado na CELINTBRA. Disponível em: <https://www.certificacaoemgovernanca.com.br/>. Acesso em: 24 de maio de 2020.

O QUE É GOVERNANÇA?

Os quatro aprendizados a que me refiro são aqueles que o coordenador do relatório para a UNESCO da Comissão Internacional sobre Educação para o século XXI, Jacques Delors, considera como os quatro pilares da educação ao longo da vida: aprender a conhecer, aprender a fazer, aprender a conviver e aprender a ser.[22] Para esse autor, as pessoas mais bem preparadas são aquelas que compreenderam e assimilaram esses quatro tipos de aprendizado, exercitando quatro princípios ou inteligências: a emocional, a física, a intelectual e eventualmente a espiritual.

No Capítulo 9, me estenderei um pouco mais sobre as lições de Jacques Delors, que ele denomina de *Life Long Learning (LLL)*,[23] ou seja, um compromisso para a vida inteira, e como cada conselheiro deveria se posicionar em relação a cada um dos pilares. Mas farei um breve resumo aqui.

Aprender a conhecer, para o educador francês, é: "combinando uma cultura geral, suficientemente vasta, com a possibilidade de trabalhar em profundidade um pequeno número de matérias." Traduzo essa frase como o papel do conselheiro de levar conhecimento e experiência para as organizações, buscando o domínio das técnicas e das tecnologias.

Aprender a fazer, para Jacques Delors: "A fim de adquirir não somente uma qualificação profissional, mas, de maneira mais ampla, competências que tornem a pessoa apta a realizar de forma concreta." Para mim, é considerar o conselheiro um agente que efetivamente transforma, liderando a implantação de reformas e de processos que dirigem e controlam a organização como um todo.

Aprender a conviver: "Desenvolvendo a compreensão do outro e a percepção das interdependências — realizar projetos comuns e preparar-se para gerenciar conflitos — e respeitando os valores do pluralismo, da compreensão mútua e da paz." Na minha avaliação, é o conselheiro como elemento agregador, capaz de atuar na solução de disputas, na busca do equilíbrio e de mecanismos inteligentes para a coesão dos *stakeholders*.

---

22 O relatório coordenado por Jacques Delors foi transformado em livro. DELORS, Jacques (Coord.). **Os quatro pilares da educação.** In: *Educação: um tesouro a descobrir.* São Paulo: Cortez, [s. d.], p. 89-102.

23 De fato, o termo usado por Delors é *life long learning*, que significa aprendizagem ao longo da vida. Ao colocar as três palavras em separado (LLL), quero enfatizar que também pode significar longo aprendizado sobre a vida (no caso a vida empresarial), um aforismo.

E, afinal, aprender a ser: "Para melhor desenvolver a personalidade e estar à altura de agir com maior capacidade de autonomia, de discernimento e de responsabilidade social." Complementa Delors: "Utilizando as potencialidades de cada indivíduo: memória, raciocínio, sentido estético, capacidades físicas e aptidão para comunicar-se." Para mim, é o conselheiro reunindo em torno de si o melhor de sua inteireza, de sua capacidade humana integral e de sua espiritualidade, no sentido profundo da palavra, para contribuir de maneira plena com uma célula da sociedade humana: a empresa! É o sentido da espiritualidade mais elevada, e não o sentido religioso da palavra.

A ideia dessa governança integral é um paradigma a ser buscado. Estamos no caminho, com a correta governança corporativa.

Esse conjunto está absolutamente alinhado com o sentido do ESG.

BOX: A GOVERNANÇA INTEGRAL E O ESG
CHRISTINA CARVALHO PINTO

Os caminhos para chegar à governança são os mais interessantes. Mas eu fiz o anticaminho. Toda a minha formação foi em música. Fiz graduação em piano e dança e, desde a infância, escrevo literatura, com muita frequência — tive contos premiados. Aos 16 anos, eu não sabia o que faria de minha vida. Um de meus irmãos, na época professor da FGV, sugeriu que eu aproveitasse meu talento para o texto e tentasse ser redatora em uma agência de propaganda, porque na criação de filmes eu poderia usar também minha vocação para a música. Então, sem nunca ter me interessado por propaganda, acabei me candidatando a um estágio. Com isso, comecei a aprender o que é a chamada redação nesse setor. Fui bastante bem, ganhei um monte de prêmios e fui subindo. Virei diretora de criação, vice-presidente e depois presidente criativa, e enfim fui convidada para ser presidente daquela que, naquele momento, era a maior agência do planeta, a Young & Rubicam, na época uma empresa de capital fechado. Deixei muito claro que toda a minha experiência era como criativa, e a empresa prometeu que eu seria treinada. Levaram-me para Nova York, e durante dez dias estudei gestão e procurei entender como é o movimento financeiro de uma agência. Acabei assumindo a presidência de todas as empresas do grupo como chairperson, *estendendo minha atuação para a América Latina, com a tranquilidade de saber que os principais acionistas eram pessoas de um nível ético excepcional, com preceitos e valores fortíssimos e que, com essa visão, permitiam às subsidiárias fazer suas escolhas. Tornei-me sócia da empresa. Na operação brasileira, tínhamos entre nossos valores a decisão de não atender empresas que produzissem coisas danosas à saúde. Mas, em algum tempo, entrei em uma crise, porque as megacorporações como aquela começaram a se preparar para abrir capital, e percebi uma forte mudança no todo (hoje, a Young & Rubicam é parte de um grande grupo mundial e tem outra configuração). Os* chairmen *mais sérios e mais éticos foram se retirando e vendendo suas ações. Decidi também vender todas minhas ações e fundar um grupo com uma radicalização total de princípios, e assim nasceu o Grupo Full Jazz, que ficou 24 anos trabalhando exclusivamente para marcas que entendíamos não serem danosas ao ser humano e ao planeta. Viramos referência nessa soma de alta criatividade com consciência elevada, recebemos muitos reconhecimentos nacionais e internacionais e nos mantivemos em um formato "butique", porque dissemos milhares de nãos e alguns sims. Em novembro de 2019, considerei que já havia deixado meu legado para o setor, e encerramos as atividades da Full Jazz, pois há tempos eu estava querendo criar algo de verdade. Foi quase uma "iluminação celestial", porque em seguida veio a pandemia da Covid.*

Criamos, em meados de junho de 2020, a Hollun, nome escolhido a partir do vocábulo grego holos, *que quer dizer inteiro, totalidade. Somos um coletivo, uma união de três especialistas de áreas diferentes, porém sinérgicas: eu trago minha experiência na construção de marcas inovadoras e conscientes; Sergio Domanico é um craque em marketing; e o especialista em cultura organizacional e gestão da mudança é justamente o Paulo Monteiro, que escreveu com o Wanderlei Passarella o livro* A reinvenção da empresa: Projeto Ômega. *Li esse livro há algum tempo e tive um susto bom ao verificar que tudo o que eu pensava, e que fazia muitas pessoas me considerarem um "ET", realmente existe e tem sido praticado. Convidei o Paulo e o Wanderlei para darem uma palestra para nossas equipes, e dali surgiu essa conexão. Hoje sou* **partner** *e estrategista da Hollun, para realizar dentro de empresas exatamente o conceito de ESG.*

Portanto, se me perguntarem como cheguei à governança, respondo que foi pelo sistema Braille, ou seja, tateando. Tenho trabalhado com conteúdo, já há muitos anos, produzindo artigos que fazem sentido para minha vida e que podem fazer sentido para a vida de muitas pessoas. O premiado Portal Mercado Ético, que ficou oito anos no ar, foi uma associação minha com a economista britânica Hazel Henderson, que é um ícone da sustentabilidade. E agora estou entrando em conteúdos na área da dramaturgia — séries para a TV.

CONSELHEIRO DE EMPRESAS

Acredito na governança integral porque sei que, em algum momento, o ser humano despertará para a urgência de revolucionar o embolorado — e ainda tão presente — modelo de gestão. A verdade que o conceito de integralidade traz em si é tão clara, que, à medida que o ser humano vai esgotando recursos naturais, ele também, como parte dos recursos, vai se esgotar, em termos psicoemocionais e mentais. Somos meramente parte da integralidade. Basta ver que o assunto do burnout *está no dia a dia das empresas. Dos vice-presidentes aos diretores e até a base das funções, todo o mundo relata que está desesperado. O único que não diz é o CEO. E não diz porque faz parte do ritual do cargo repetir a missão, a visão e os valores da organização, mesmo quando isso tudo está apenas emoldurado nas paredes, nos adesivos e nas chamadas de campanhas internas, mas não está sendo vivido no dia a dia. Não se espera que um CEO declare sua angústia galopante, então ele ou ela não se permite dizer o que sente.*

Anos atrás, entrevistei para o Mercado Ético (disponível no Youtube) a terapeuta de executivos Mariá Giuliese, que havia sido contratada pela Fundação Dom Cabral para fazer um estudo sobre o que acontecia com os CEOs, a partir da publicação do livro Executivos: sucesso e (in)felicidade", *da Betânia Tanure, pesquisa que demonstrava que cerca de 87% dos executivos já estavam profundamente infelizes, com depressão, síndrome de pânico e outros desvios — mas que os CEOs, nas entrevistas, não relatavam esses problemas. A questão era descobrir por que os CEOs estavam bem, se as equipes estavam mal. O resultado do estudo de Mariá Giuliese foi perceber que o CEO estava tão mal ou pior do que os outros profissionais, só não podia falar. Um presidente de empresa é contratado para dar resultados financeiros e ser o arauto, a voz da corporação. Então, ao aceitar esse desafio, se a cultura da empresa é corrosiva e a pressão dos acionistas é desumana, ele/ela acaba muitas vezes padecendo de uma dor intensa e muda. Desempenha um papel enquanto representante da organização, muitas vezes afrontando os sistemas vivos dos quais — como espécie humana — também faz parte, e não percebe que, como coartífice desse processo de esgotamento acaba tendo seus próprios recursos vitais esgotados, mental, psicológica, física, intelectual e espiritualmente.*

Só acredito em transformação a partir da escuta sincera e do acolhimento, por parte da alta gestão, dos clamores, das dores e das vozes advindas de todas as partes interessadas: daqueles que atuam como coconstrutores da empresa e de sua marca, e de todos os outros stakeholders. *Nesse cenário, o conselho tem importância crucial, porque tem o poder de fazer e porque tem em mãos a chave para provocar e transformar: é colocado pelos acionistas, portanto, tem o respeito dos* shareholders, *estabelece relação direta com os principais tomadores de decisão. Quando o conselho atua de forma corajosa e positivamente transformadora juntos aos acionistas e em conjunto com o executivo principal, o peso de responsabilidade do CEO e demais colaboradores é mitigado. O conselho tem o poder — e o dever — de causar impacto, de chacoalhar e, com isso, despertar os acionistas e o CEO para questões urgentes no âmbito corporativo, social, psicossocial e ambiental. O movimento dos conselheiros deve ser como o das placas tectônicas, mexendo nas estruturas e nos sistemas em profundidade e ressignificando a extensão da palavra "resultado".*

O que tenho visto, muitas vezes, em minhas participações em conselhos, infelizmente, é o pouco questionamento em relação exatamente às bases do ESG: os quatro aprendizados — ser, fazer, conhecer e conviver —, tão bem colocados pela Unesco, e as quatro inteligências: física, emocional, intelectual e espiritual. Dos quatro aprendizados, o de conhecer (a inteligência intelectual) se aprende em qualquer escola, em qualquer universidade, e na dura labuta. Mas nenhuma escola ensina a ser. Não sabemos quem somos e quem deveríamos nos tornar. E não aprendemos a conviver. Não é possível perceber a alteridade se não sabemos quem somos.

Para que o ESG e a governança integral de fato ocorram, é preciso que haja pessoas atuando como conselheiros que não tenham vergonha de levantar a voz e encostar a hipocrisia contra a parede. Os conselheiros precisam ser desmascaradores, porque isso liberta o CEO, o maior aprisionado de todo o modelo, e na sequência, o sistema todo.

Em síntese, tenho duas questões a ressaltar. Uma delas é o fato de o CEO estar sempre espremido entre os acionistas e os executivos do corpo gerencial da empresa. É ele quem sofre mais, o que demonstra o caráter importante do conselheiro, de atuar de uma forma até paradoxal, ao mesmo tempo elevando a autoestima desse CEO e colocando limites. É como na educação de filhos. Os pais precisam trabalhar a autoestima dos filhos para que eles desenvolvam o melhor que podem ser, e ao mesmo tempo colocar os limites para que eles entendam como podem ser úteis ao mundo. O segundo ponto é que a função de conselheiro é de impacto: além de representantes dos acionistas, os conselheiros detêm poder para conduzir a empresa na trilha do ESG e da governança integral.

Repito que o poder de transformação está no conselho. E os conselheiros precisam exercer a coragem de liderar para valer as transformações pelas quais o mundo está clamando, de uma forma positiva e construtiva.

Christina Carvalho Pinto, ex-CEO da Young & Rubicam e atual *partner* da Hollun.

No próximo capítulo mergulharemos na análise dos benefícios da governança corporativa para empresas de todos os portes.

CAPÍTULO 2
OS BENEFÍCIOS DA CG PARA EMPRESAS DE DIFERENTES PORTES

O século XXI será da governança corporativa. Usei como epígrafe do Capítulo 1 a frase de Rolf H. Carlsson, em um de seus livros: "Se o século XIX foi dos empreendedores, e o século XX, dos gerenciadores, o século XXI será da governança corporativa."[24] Quis repetir aqui essa profecia para reforçar o aspecto histórico da governança na perspectiva da evolução do capitalismo.

Lá atrás, após a Revolução Industrial, o que se fazia mais necessário era abrir empresas, fazer o trabalho de povoar o mundo com empresas capitalistas. Por isso surgiram os empreendedores — no sentido de desbravadores, dos que vão na linha de frente e tomam riscos.

Depois, esses empreendedores tiveram que passar por um novo ciclo ao perceberem que não adiantava apenas abrir empresas, fundar um negócio e seguir em frente. Era preciso administrar. A essa instância, Carlsson dá o nome de "ciclo do administrador", referindo-se aos executivos que atuam para aumentar a eficiência, melhorar os processos e maximizar os resultados.

O que estamos vendo agora, neste século, é o que Carlsson denomina de "ciclo do governante". Percebemos que não basta fundar a empresa e melhorar a eficiência, mas é preciso fazer com que ela ganhe sustentabilidade e transcenda não apenas os empreendedores como também quem a gerencia no dia a dia, que são os administradores — enfim, fazer com que a empresa esteja genuinamente atenta às demandas e ao bem-estar dos *stakeholders*, ou seja, das partes interessadas.

---

24   CARLSSON, Rolf H. *Ownership and Value Creation: Corporate Governance in the New Economy*. Londres: John Wiley and Sons Ltd., 2000.

CONSELHEIRO DE EMPRESAS

Esse talvez seja, para mim, o primeiro motivo pelo qual a governança corporativa é fundamental. Estamos entrando em outra fase da economia, que determina um capitalismo mais consciente, que tenta consertar os erros do passado e ao mesmo tempo reinventar as empresas, porque não é o caso de reinventar o capitalismo, já que não existe ainda nada melhor do que esse sistema. A governança chega, nos dias de hoje, para trazer esse equilíbrio.

O segundo ponto é que a própria história já mostrou que é muito mais eficaz envolver as partes, fazer com que os decisores possam estar juntos, engajados e comprometidos com os processos e a perenidade da companhia. Eu diria que essa ideia, que funcionou tão bem na constituição de Roma, estava um pouco esquecida. Penso na governança, figurativamente, como um urso que permaneceu hibernando por algum tempo e que hoje está desperto, porque mudou o clima e a ambiência, e tenta afastar a letargia do sono.

O terceiro ponto que me leva a considerar a governança como fundamental é a integração das partes interessadas no processo decisório. Cada uma dessas partes se comportará a seu modo, claro. Algumas o farão pelo voto; outras, por pesquisas; outras decidirão em grupo; e outras ainda, de maneira monocrática. A interação é a chave do engajamento para a garantia e o compromisso com essa sustentabilidade de resultados. É outra visão de como mudar o processo decisório de maneira efetiva.

A governança é um processo estruturado e já provou que funciona. Porém, nas pequenas e médias empresas, o problema pode ser maior, porque nem há, muitas vezes, tomada de decisão efetiva. Conheço casos em que o fundador, com a família e uns poucos amigos, ficam discutindo detalhes, enquanto as decisões de coisas realmente importantes não acontecem. E em algumas organizações, as decisões são irrefletidas, baseadas quase totalmente no aspecto emocional.[25] Muitas vezes, vemos tomadas de decisão emotivas, que não seguem nem a razão nem a intuição. Não quero dizer que o fundador ou o

---

25 Alguns exemplos: um caso de vingança contra um concorrente que leva a uma decisão impulsiva; ou uma discussão com um familiar que compõe a empresa; um funcionário desrespeitoso recebe uma sanção desproporcionada porque o chefe quer mostrar que tem poder.

empreendedor não atue com a razão, mas verifico que uma parte importante das decisões ocorre com base no emocional.

MÉTODOS E NÃO MÉTODOS

Tenho observado que o empreendedor e até o CEO têm usado muito mais a intuição para tomar decisões, enquanto os governantes, pelo contraditório e pelo debate, são conduzidos mais pela razão.

A intuição é um processo de síntese, e muito válido. Por meio dela, o executivo pode captar acontecimentos criativos, interessantes e, às vezes, até nem tão bons. Por outro lado, a tomada de decisão de um conselho é um processo analítico, de separação das partes, de avaliação dos ângulos da questão, de maneira até um pouco cartesiana. Desse equilíbrio entre os processos sintético e analítico é que resultam as boas decisões.

Na teoria, as decisões deveriam ser tomadas com base em indicadores *key performance indicators* (KPIs), mas, na prática, está demonstrado que a intuição está presente nos processos sintéticos de tomada de decisão — existem vários livros de psicologia tratando sobre o tema, da década de 1970 e até de antes. Um autor que escreveu sobre isso foi Malcom Gladwell.[26] Também recorro a um estudo organizado por Paul K. Moser.[27] Mas quero ilustrar essa questão, que alimenta certas controvérsias, com uma pesquisa realizada pela ANPAD — Associação Nacional de Pós-Graduação e Pesquisa em Administração. Os autores, ambos da UFRJ, buscaram estabelecer a relevância da intuição nas decisões empresariais.[28] Segundo eles, os profissionais que chegam ao posto

---

26 GLADWELL, M. *Blink: The Power of Thinking without Thinking*. New York, EUA: Little Brown, 2005.

27 DePAUL, Michael e RAMSEY, William (Editores). *Rethinking Intuition — The Psychology of Intuition and its Role in Philosophical Inquiry*. Chicago, EUA: Loyola University, 1998.

28 OLIVEIRA, Murilo Alvarenga e SOUZA NETO, Silvestre Prado de. "A intuição como elemento essencial no desenvolvimento de estratégias organizacionais." Artigo disponível em: <http://www.anpad.org.br/admin/pdf/3es2003-17.pdf>. Acesso em: 14 de maio de 2020.

de CEO têm capacidade sintética de ver as coisas, caso contrário, se perderiam nos detalhes. Os autores usaram como base o levantamento realizado em 1994 por Parick, Neubauer e Lank[29] para chegar a algumas conclusões, entre elas a que cito aqui: "A intuição, por ser um elemento ainda distante da compreensão de muitos, principalmente no ambiente empresarial, sofre a ação limitante de diversas barreiras. E essa distância deve-se a anos de esquecimento decorrentes da influência do modelo de pensamento convencional que privilegia a fragmentação do saber. Assim, antes de qualquer pretensão em incluir a intuição na agenda de atividades da empresa, deve-se primeiro realizar um mapeamento do perfil dos decisores segundo o entendimento e o potencial destes sobre essa dimensão. O estabelecimento de grupos distintos formados por pessoas com características semelhantes pode ser útil para diagnosticar maneiras de aplicar com maior eficácia assuntos novos e desconhecidos no contexto organizacional, pois é possível fornecer uma leitura específica e acessível a cada grupo de forma estimulante e adequada ao perfil dos seus membros."

Por outro lado, o executivo que aplica mais intensamente a intuição corre o risco de não enxergar todos os ângulos de uma questão.

Os dados da pesquisa revelam que, dos administradores entrevistados, aproximadamente 7,5% afirmaram que usam mais a intuição, e 38,9% declararam que usam mais a lógica/raciocínio em seu trabalho. Entendo que todos utilizam raciocínio, lógica e intuição, os três processos ao mesmo tempo. São muito raros os casos em que as decisões são tomadas apenas por intuição, até porque o CEO geralmente também tem seu processo de discussão com seus diretores. Mas minha experiência diz que os CEOs tendem a ser mais intuitivos, além disso, têm a última palavra.

No conselho, ninguém tem a última palavra. É um processo totalmente colegiado, de confronto[30] e consenso.

---

29   PARICK, J., NEUBAUER, F. e LANK, A. G. *Intuição, a nova fronteira da Administração*. São Paulo: Cultrix, Amana-Key, 2000.

30   Confronto de ideias, e não de egos.

LUCRO COM LEGADO

Já mencionei, no capítulo anterior, a tendência moderna dos principais CEOs do mundo, representados pelo *Business Roundtable*, afirmando que não mais trabalharão pelo *shareholder's value*, mas pelo *stakeholder's value*. Embora considerando que o *shareholder* é um dos *stakeholders*, os CEOs contemporâneos começam a tirar esse foco, em um movimento do capitalismo consciente, em que as empresas têm uma proposta social embutida.

Quando falamos em sustentabilidade, há muito do mito e do marketing. Quando vejo nas entranhas das empresas a convicção de que melhorar o processo decisório sustenta o negócio, não entendo que está sendo reduzido o entendimento de sustentabilidade como preocupação ambiental puramente, mas como solidez. Ou seja, a maneira como a empresa aprenderá a se adaptará, ou, como eu digo, praticar a perenização adaptativa.

Uma empresa que tem um conselho consegue avaliar diversos aspectos de uma crise, como foi o caso da pandemia causada pelo vírus Covid-19. A sustentabilidade, nas empresas, não é aquilo que elas pensam ser a solução para mitigar problemas do capitalismo, mas a garantia da sobrevivência do negócio e de seus proprietários. O que devem considerar é que, ao trazer a governança para a empresa, trarão possibilidades de melhorar a vida e o futuro da própria, e terão possibilidades de contribuir para uma economia circular, diminuir desigualdades e para o progresso da sociedade como um todo. E lembremos: sociedade significa as próximas gerações, inclusive a dos herdeiros e familiares.

Lucro é essencial no capitalismo, mas precisamos deixar um legado.[31]

---

31 Bill Gates é um exemplo interessante. Um homem que ficou bilionário e que, se pensasse como se pensava há cinquenta anos, se preocuparia apenas em ganhar mais dinheiro e se manter no topo da lista dos mais ricos. Ao contrário, doou boa parte de sua fortuna para causas filantrópicas — entre elas o desenvolvimento de vacina contra a doença do coronavírus. Desligou-se, inclusive, do conselho da Microsoft, tudo isso seguindo uma tendência atual de pessoas que visam algo mais nobre além do lucro.

ACIMA DO INDIVIDUAL

Há uma questão da maior importância que se aplica a tudo o que se refere à gestão: várias cabeças pensam e decidem melhor do que uma. Por isso, o conselho e o empreendedor ou CEO juntos acrescentam muito mais valor para uma organização.

BOX: VÁRIAS CABEÇAS PENSAM MELHOR QUE UMA
LIEL MIRANDA

Tenho 28 anos de carreira. Comecei em 1992 na BAT (British American Tobacco), que adquiriu a Souza Cruz, como trainee, *assim que saí da Universidade, e fiquei por 27 anos na empresa, chegando a presidente da Souza Cruz. Nesse período, morei na Inglaterra, onde fica a sede da BAT, por dois períodos, sempre em funções globais — uma vez na área de marketing, e outra, na área de vendas. Depois fui para a China, por quase três anos, quando a BAT teve uma* joint venture *com o governo chinês (tabaco, na China, é monopólio do governo). E passei 5 anos no Canadá, como diretor de marketing. Lá, a subsidiária tinha sido uma empresa aberta em que a BAT detinha uma participação minoritária; aí fechou o capital e manteve um conselho consultivo. Na Souza Cruz, fiquei 3 anos como presidente, e ocorreu o mesmo processo — era uma empresa de capital aberto até 2016; quando a BAT fechou o capital, não foi mantido um conselho, órgão que recuperei quando assumi a presidência. Em dezembro de 2019, assumi como presidente da Mondelēz no Brasil.*

Meu primeiro contato com governança, como participante, foi no Canadá. Atuando como diretor de marketing, integrei o conselho consultivo que era remanescente do conselho administrativo de quando a empresa era aberta. Nos 5 anos que fiquei no Canadá, mantivemos esse conselho consultivo, suportando a diretoria executiva da BAT, que tocava o negócio.

Minha experiência no Brasil foi muito similar. Quando cheguei aqui, o conselho administrativo havia sido transformado em consultivo, e formamos um novo grupo de conselheiros, com os quais tive contato, como CEO, por 3 anos.

OS BENEFÍCIOS DA CG PARA EMPRESAS DE DIFERENTES PORTES

Meu primeiro grande aprendizado, trabalhando com o conselho consultivo da Souza Cruz como CEO, foi ter a perspectiva externa, porque, como executivo, por mais que a gente leia, se informe, não está no mundo, lá fora. A possibilidade de observar a visão de pessoas de outras áreas e setores, inclusive jornalistas, teve um grande valor para mim. A outra coisa que aprendi, no Canadá e depois no Brasil, foi essa capacidade de observar o problema de maneira mais holística e de diferentes perspectivas, que não existe no time executivo, mais focado em objetivos e metas mais de curto prazo. Participar como CEO e como membro do conselho consultivo foi quase como trocar de chapéu para atuar nesta ou naquela função. O conselho discute estratégia, questões mais de longo prazo e mais transformadoras e que impactam a sustentabilidade e o lado social externo à organização. O terceiro aprendizado é como formar um conselho, selecionando as pessoas que tenham o perfil certo para o tipo de empresa que você é e de acordo com os desafios que precisa enfrentar. No Canadá, o que encontrei foi um grupo que era praticamente uma herança do antigo conselho administrativo da empresa — havia pessoas cuja presença fazia sentido quando a empresa era aberta, mas que em uma empresa de capital fechado deixavam de fazer sentido. No Brasil, evidentemente, houve questões de personalidade — por exemplo, um conselheiro que dominava os debates por causa de sua experiência e por ter sido membro do conselho administrativo. O que não era muito construtivo, porque o ideal é ter um conselho equilibrado, em que as pessoas interajam, porque é daí que vem a riqueza para o time executivo.

O conselho, formado com diversidade, leva a pensar as questões de maneira mais holística, considerando variáveis e perspectivas que passam despercebidas do CEO, ocupado com as urgências do dia a dia, e, portanto, ajuda o corpo executivo a tomar melhores decisões. O que tentamos fazer no Brasil foi buscar conselheiros de empresas muito grandes, mas também pessoas que atuam como investidores em startups, *de modo a ter a perspectiva de quem está fazendo a disrupção lá na ponta. Buscamos também pessoas com experiência em conselhos de empresas de varejo, porque a Souza Cruz não tem o perfil de trabalhar diretamente com o consumidor. E, enfim, buscamos pessoas que nos proporcionassem o entendimento dos ambientes econômico e político, por isso trouxemos um jornalista e uma economista. Esse mix nos deu uma visão muito ampla do ambiente em que estávamos operando. Pudemos nos espelhar no Canadá, um país bem mais igualitário e diverso que o Brasil e que registrava mais de 30% de mulheres no conselho. Isso inclusive foi um choque para mim, quando voltei ao Brasil e verifiquei que a liderança da empresa era homogeneamente branca e masculina. Nosso conselho aqui teve uma composição que contemplava a diversidade feminina, mas não conseguimos avançar na questão étnica, e esse foi um desafio, porque buscamos bastante e não logramos êxito. Na Mondelēz, avançamos na questão de gênero.*

Esse conceito de diversidade se aplica integralmente a empresas médias e grandes brasileiras. Uma empresa multinacional já tem o report *regional global, que força a sair do dia a dia. Empresas pequenas, médias e maiores, nacionais, de capital fechado ou mesmo aberto, que não têm esse escopo global precisam até mais da presença de alguém que não esteja sufocado com as urgências diárias para pensar em longo prazo e considerar a perspectiva externa.*

Profissionalmente, estou me capacitando a participar de conselhos no futuro. E a diversidade é uma necessidade que me move, não apenas para a composição de conselhos, mas também para a própria liderança das empresas. Um fato que observo é o pequeno número de negros, nas empresas em geral, na região Sudeste, e pouca representatividade socioeconômica e geográfica — no geral, os talentos são buscados quase sempre no eixo Rio–São Paulo, formados pelas mesmas universidades. Essa ainda é uma falha para atender ao preceito de que "várias cabeças pensam melhor do que uma", porque pessoas com aproximadamente a mesma experiência de vida e o mesmo background *socioeconômico tendem a pensar de maneira bastante parecida. Em última análise, as empresas de que participei têm consumidores no Brasil inteiro, e seria mais do que natural que o conselho refletisse a diversidade nacional, porque o Brasil não se restringe ao Sudeste.*

Liel Miranda, ex-presidente da Souza Cruz e atual CEO da Mondelēz

É patente a complexidade dos novos negócios frente a um mundo com desafios gigantescos, rápidas mudanças, por vezes disruptivas, que exigem um grupo de sábios, pessoas com muita experiência e visão de negócios, para poder dirigir e controlar. É papel da governança oferecer contrapesos, exercer o contraditório, questionar o senso comum. Está provado que um conselho que prima pela diversidade de experiências e de visões de mundo promove o saudável debate que inclui o contraditório, de modo que as decisões são mais profundas e realistas, e escapam do comodismo de ir todo o mundo para o mesmo lado, sem discutir as razões e os meios da caminhada. Quando falo em experiência, no geral me refiro aos mais maduros, mas não estou desprestigiando os jovens, até porque há muitos jovens em plena condição de exercer funções em conselhos porque já acumularam traquejo e sabedoria com idade relativamente baixa. O essencial para o conselheiro é ter experiência e conhecimento.

Em um conselho, o ideal é que o debate seja exaustivo, com o fim de chegar ao consenso sobre uma determinada linha de ação. Nem sempre isso é possível, e aí a decisão é tomada por votação. Mas a vantagem da discussão é que a maioria votará, mesmo sem consenso, alertada para todos os ângulos possíveis daquela questão, e as decisões poderão ser muito mais embasadas.

Em uma sociedade de capital aberto, costuma ser exatamente assim. Tenta-se o consenso por meio do debate, e se não for possível chegar à unanimidade, vota-se. Em uma sociedade de capital fechado, raramente ocorre votação. Participei do conselho de uma empresa grande, de capital fechado, faturando R$500 milhões anualmente, e nunca votamos no conselho. Sempre que se chegava a uma visão da maioria, os demais somavam e apoiavam. É o que chamo de consenso com minoria leal.

VIRANDO A CHAVE

As empresas não são apenas meros instrumentos para o enriquecimento de seus fundadores, mas têm vida própria, como um filho. A analogia é válida, porque o filho é seu por um tempo, como diz o poema de Khalil Gibran. Não sabe, no começo da vida, cuidar de si próprio, mas logo em seguida os pais têm que deixá-lo livre para o mundo. A governança tem esse sentido. O empreendedor começa, embala, incentiva. Em determinado momento, contrata um administrador (não é equiparável a mandar o filho para a escola, aos cuidados do professor?), e mais tarde implanta a governança (para que o filho ande com as próprias pernas, mas com o zelo e o apoio de gente sábia e experiente).

A dificuldade do pequeno e médio empresário é que ele começa como empreendedor. É corajoso, atrevido, ousado. Mas se esquece de que tem que virar a chave em dois momentos. A primeira dessas chaves é a mudança de empreendedor para empresário, tratando de organizar administrativamente o seu negócio, trazendo executivos e equipe para tomar conta do dia a dia. A segunda chave a virar é a de empresário para acionista, passando a integrar a governança. Quando a empresa está madura, com a governança instalada e ativa, é hora de se afastar. Bill Gates, como vimos, é exemplo de alguém que conseguiu uma terceira virada de chave, passando de acionista a investidor.

Percebo que a grande dificuldade do acionista das empresas é que ele não conhece seu papel, nem como empresário e nem como acionista. Esse conhecimento aliviaria muito as companhias, tanto que algumas estão se dedicando a treinar, a dar desenvolvimento para que o empreendedor aprenda a ser empresário e acionista e, com isso, se desapegar para que a empresa, como seu filho, progrida. Muitas vezes, o principal entrave para uma organização poder se perenizar é o fundador.

Mas é preciso reconhecer que o fundador imprime marcas profundas na companhia, pela sua visão de mundo, pelos seus valores, pela cultura que conseguiu implantar e pelo legado que deixa. E, sem dúvida, a capacidade de ver o todo, porque ele evoluiu junto com a empresa, e quando assume tarefas de acionista, vai com uma bagagem importante. Se tiver a capacidade de mudar de condição, trazendo o melhor de cada fase para a próxima, fará um bem enorme, tanto a si mesmo quanto à sua companhia.

A EMPRESA HUMANA

Na dialética da história, não é tratar de capitalismo ou socialismo, mas entender a empresa como um meio forte e robusto de desenvolvimento social. No meu curso de mestrado em Administração, tomei contato com um autor,

Paul-Eugène Charbonneau,[32] que me marcou muito. Em síntese, ele pondera que o capitalismo e o socialismo têm, cada qual, seus problemas. Mas a questão do desenvolvimento social dependerá realmente de uma empresa bem fundamentada, seguindo a melhor lógica, que talvez seja aquela seguida pelos países nórdicos. Esses países não se contentam em ter empresas com uma visão de mundo e práticas puramente liberais definidas como o capitalismo *laissez-faire*, do tipo que deixa acontecer, nem pretendem que sejam socialistas, mas têm uma forma de fazer com que exerçam o papel de melhorar as condições sociais.

Eu mesmo trato do tema da humanidade na empresa em um de meus livros,[33] baseado na filosofia da própria Unipaz.[34] Minha indagação é saber até que ponto os ideais da Revolução Francesa (Liberdade, Igualdade e Fraternidade), que entendemos como pontos cardeais da nossa sociedade, são efetivamente aplicados. O capitalismo privilegiou a liberdade, mas aumentou a desigualdade e escravizou o homem, tornando-o mera peça de engrenagem e estimulando o egoísmo e o consumismo. O socialismo, em contraponto, privilegiou a igualdade, mas suprimiu as liberdades pela força. No final das contas, nenhum dos dois sistemas pensou na fraternidade, em seu aspecto amplo de desenvolvimento, igualdade, legado, propósito, afinal, a sustentabilidade. Em meu livro, digo que falharam porque se separaram, os dois impérios: o daquela ciência eminentemente materialista, que despreza outras fontes de conhecimento como as artes e filosofia, e o da religião, que se baseia apenas na fé, sem provas e desprezando a razão. Eis um resumo do pensamento totalitário.

---

32   CHARBONNEAU, Paul-Eugène. *Entre capitalismo e socialismo: a empresa humana*. São Paulo: Pioneira, 1983.

33   PASSARELLA, W. *O despertar dos líderes integrais. Um caminho para a nova liderança do século XXI*. Rio de Janeiro: Qualitymark, 2013, p. 27.

34   A Unipaz — Universidade Internacional da Paz é uma escola de educação para a paz e de cuidado integral. Adota como metodologia uma abordagem transdisciplinar holística que favorece o equilíbrio das quatro funções psíquicas preconizadas por Jung: pensamento, sentimento, sensação e intuição, e buscando o diálogo entre arte, ciência, filosofia e tradições espirituais. Para mais informações, acesse: <https://unipaz.org.br/>.

No meu livro, digo que "é exatamente na integração sintética desses dois movimentos, tanto no campo político, econômico e social, como também no campo do conhecimento/pensamento que propomos a formação da empresa integral. Ela é uma tentativa de solução das contradições levantadas anteriormente, buscando a 'efetividade com afetividade', a 'liberdade, igualdade e fraternidade', e a 'ciência com consciência'".

A governança vem ajudar nesse requisito de humanidade para a empresa, estabelecendo uma relação ética com todos os *stakeholders*. Isso porque terá *compliance* e, mais que isso, cultura. Trará contrapesos a esse tipo de visão de mundo um tanto destrutiva do capitalismo.

Voltemos ao modelo dos países nórdicos. Uma notícia recente exemplifica o que pretendo mostrar. O maior fundo soberano do mundo, de cerca de US$1 trilhão, administrado pelo Norges Bank, da Noruega, excluiu de seus investimentos a Vale, pela falta de compromisso com a proteção do meio ambiente, e a Eletrobras, pelas repetidas violações de direitos humanos, especialmente dos indígenas e ribeirinhos da região da usina de Belo Monte.[35] A decisão foi tomada pelo Conselho de Ética do fundo.

TENDÊNCIA CONTEMPORÂNEA

Já mencionei que o capitalismo consciente, o *stakeholder's capitalism*, é um caminho sem volta, representado pelo novo paradigma sintetizado pelo ESG e por setores expressivos do empresariado, como o *Business Roundtable*. O próprio Fórum Econômico de Davos (em 2020) corroborou essa tendência. Isso traz um aspecto importantíssimo para a governança, principalmente nas grandes empresas, onde se vai buscar, de fato, fazer com que as partes interessadas trabalhem na tomada de decisão com base no engajamento e no compromisso com as companhias.

---

[35] Matéria disponível em: <https://noticias.uol.com.br/colunas/jamil-chade/2020/05/13/direitos-humanos-vale-e-eletrobras-excluidas-do-maior-fundo-soberano.htm>. Acesso em: 14 de maio de 2020.

Ressalto que é necessário não confundir o *stakeholder's capitalism* com a *stakeholder's governance*. Vamos abordar, quando falarmos de modelos de governança, do problema que ocorre quando o *stakeholder* está presente no conselho, porque configura conflito de interesses. Não se dá a isenção do conselho quando dele estão participando membros dos sindicatos, ou dos colaboradores, ou de clientes e fornecedores. Esses devem tomar decisões, sim, mas de outras maneiras e não estando presentes no quadro de conselheiros.

O VALOR DA GOVERNANÇA

Os resultados confirmam a tese do valor da governança. Veremos no Capítulo 7 os efeitos que a governança traz, não só — mas também — financeiros.

Quando se estabelece a governança, o peso que as decisões complexas trazem para o decisor fica diluído em um custo-benefício altamente vantajoso para a companhia, porque a responsabilidade é compartilhada. O fundador ou o presidente se eximem de carregar sozinhos, nos ombros, a carga da decisão tomada.

Neste ponto, é importante diferenciar as figuras de consultor, executivo e conselheiro. O consultor é alguém que normalmente vai até a empresa, faz um trabalho para resolver um problema específico, entrega e vai embora. O executivo está no dia a dia: ele cuida da execução da estratégia, apaga incêndios e toma conta do que é urgente. E o conselheiro se reserva à visão do todo, de dirigir e controlar a companhia, sem perder de vista o que é importante, e não se perder com o que é urgente no andamento do dia a dia. O peso da responsabilidade se dilui, portanto, por conta dessa divisão.

Note-se que existem alguns conselhos consultivos que não decidem, apenas aconselham. É um modelo diferente do conselho de administração, e adiante aprofundaremos o entendimento desses dois padrões.

O que pretendi, nessa distribuição de encargos, foi demonstrar que a responsabilidade pode ser dividida até mesmo com consultores independentes, mas que a implantação de um conselho propicia essa diluição de cargas a um custo bastante atrativo.

A FUNÇÃO LIDERANÇA DO CONSELHEIRO

Embora pareça natural, a liderança do conselho em uma empresa não é imediata e de fácil consecução. Os papéis de liderança reservados ao conselho (administrativo ou consultivo) podem ser resumidos em quatro blocos:

- Liderar a estruturação da governança.
- Liderar o líder (CEO).
- Liderar o desenvolvimento do *pool* de talentos em conjunto com o CEO.
- Liderar o direcionamento e controle da organização.

Cada uma dessas quatro áreas pode ser desdobrada em vários itens para abranger todos os diversos requisitos de uma boa governança.

O mais importante, porém, é compreender que, de forma diferente do CEO (que lidera um grupo de pessoas, individualmente), o conselho realiza a sua liderança em bloco. O presidente do conselho não é o chefe dos conselheiros, mas o catalisador de boas reuniões.

O conselho lidera pelo mecanismo do confronto *versus* consenso, muitas vezes pouco familiar aos executivos mais bem-sucedidos. Daí um perfil diferenciado para ser um bom conselheiro: a capacidade de liderar em grupo.

BENEFÍCIOS DA GOVERNANÇA PARA DIFERENTES TIPOS DE EMPRESAS

Para as *startups*, os benefícios ficam muito claros para mim: evitar os erros dos jovens empreendedores, que atualmente estão baseados em um tripé formado por tecnologia, um mundo disruptivo e sua capacidade de modelar de maneira diferente, saltando à etapa do protótipo com a ajuda da metodologia do MVP — *Minimum Viable Product*. A tendência dos jovens é sair da universidade e começar seu próprio negócio, porque alguns se recusam a trabalhar em empresas, e podem ser muito bem-sucedidos. Mas a ideia de começar estruturado com governança é trazer mais vivência e sabedoria para equilibrar as grandes decisões e promover o crescimento da empresa. Tenho um exemplo de um jovem de 33 anos que foi fazer um de meus cursos para conselheiros, nem tanto para aprender a ser um, mas para entender como deveria montar o conselho em sua empresa, porque confessava se sentir sozinho, com muitas decisões importantes para tomar e muitas dúvidas. Chegou a pensar em contratar um mentor, em vez de ter um conselho. Mas ponderei que um mentor observaria um ângulo da complexidade do negócio, enquanto um conselho teria pessoas de tecnologia, de mercado, de modelos de negócio e atração de capital e de outras áreas específicas, que o ajudariam a acelerar a empresa e ganhar escala. Faltava a ele, naquele momento, a virada de chave de empreendedor para empresário de que falei páginas atrás.

Um bom conselho representa excelente chancela para a atração de recursos de fundos de capital semente e *venture capitals*, menor custo de tomada de empréstimo, porque demonstra que a empresa está equilibrada e terá mais chances de tomar as melhores decisões. Como se diz em economia, *"ceteris paribus"*,[36] a empresa que conta com um conselho qualificado tem mais respeito do mercado e dos investidores.

Para as **pequenas e médias empresas,** um conselho trará equilíbrio aos sócios e fundadores, e até a capacidade de aportar sistemas de gestão. Embora o conselho não opere tais sistemas, ele pode enxergar carências na empresa — falta de processo orçamentário bem feito, de processo estratégico ou de avaliação de desempenho e ausência de política de recursos humanos — e pode contribuir para superá-las, indicando caminhos. Pode inclusive chamar consultores específicos, sem a necessidade de contratar grandes grifes, mas que sejam bons, para implantar sistemas, o que significará saltos de qualidade.

Darei dois exemplos. Participei do conselho de uma empresa voltada para consumo que não havia mapeado o perfil de seus consumidores. Possivelmente, quando a empresa nasceu, o consumidor que idealizaram

---

36 *Ceteris paribus* é uma expressão latina que significa "tudo o mais, constante", cuja compreensão pode ser estendida para "desde que todas as demais coisas permaneçam iguais". Na ciência econômica, é a análise do efeito da mudança de um determinado componente sobre outro, desde que todos os outros componentes da equação não sofram alteração.

existia de fato, mas a empresa cresceu e não se preocupou em atualizar a linha de produtos e fazer um trabalho de segmentação. Sugeri, como primeira iniciativa, contratar uma pesquisa de mercado, porque não é possível desenvolver produtos sem saber quais as características que os segmentos pretendidos valorizam. Ou seja, a empresa atuava baseada exclusivamente na intuição e estava deixando alguns públicos desabastecidos ou insatisfeitos. Outra organização de que participei não conseguia crescer porque os sócios entravam em confronto a cada reunião e nenhuma decisão era tomada. É uma boa empresa, com bons produtos, mas os sócios não tinham o foco necessário. Com a organização que o conselho conseguiu colocar em prática, o negócio cresceu assustadoramente.

Outro aspecto benéfico é um *networking* de alto nível. Quando a pequena ou média empresa monta um conselho qualificado, começa a compreender que carece de informações, como, por exemplo, as associações de que pode participar, consultores importantes com quem pode contar e *headhunters* que podem ajudar. A empresa não sabe de outros executivos que pode trazer para qualificar seu quadro. Por isso, o *networking* dos conselheiros é saudável e agrega valor às empresas.

As ***grandes empresas*** já têm boa parte do que eu já citei, e mais. Para aquelas de capital fechado, o conselho assume controles mais amplos e independentes do CEO e executivos, que podem facilitar a própria vida no atingimento de metas e bônus. Isso implica supervisionar a fixação de metas, de maneira que não sejam muito fáceis de bater, ou nem tão difíceis a ponto de exigir recursos e esforços demasiados. Vamos ressaltar que a política de bônus ganha importância à medida que a empresa evolui de médio para grande porte. Outro ponto é a supervisão mais eficiente e isenta dos talentos da organização. Quando essa tarefa fica apenas com o CEO, ele possivelmente terá a tendência bastante humana de contratar apenas profissionais que conheça bem, e o conselho não deixa que isso aconteça, recorrendo ao *pool* de talentos. Isso é crítico, inclusive para identificar quem são os possíveis sucessores. Conselhos estruturados estudam, uma vez por ano, o mapa de talentos da companhia, para ver o que mudou, quem melhorou, quem ficou para trás.

Nas empresas de médio para grande porte, o único funcionário de quem o conselho toma conta é o CEO. Porém, o conselho tem o papel de executar um *overview* de quem são os talentos da companhia. Convida regularmente os diretores que respondem diretamente ao CEO para fazerem apresentações em suas reuniões. O conselho trata de assegurar que as políticas estejam alinhadas, como as de remuneração e de avaliação, que o CEO alinha com o RH, mas que precisam estar em conformidade com o que os membros entendem como importante. Eventualmente, o conselho faz um *overview* até de talentos que não respondem para diretores, mas que estão se revelando promissores para a companhia. Não cabe a eles indicar ou vetar contratações, mas certamente poderão influenciar ou sugerir medidas para que esses talentos não sejam perdidos.

Existe, na grande empresa, pelo conselho, uma supervisão da participação dos *stakeholders* em seus compromissos com a companhia. Não nos esqueçamos de que os *stakeholders* tomam decisões indiretas, por meio de pesquisas de mercado, proximidade com fornecedores para entender, por exemplo, novas soluções tecnológicas, pesquisa interna de clima e de engajamento. O conselho solicita essas informações e, se for atuante, traz esse equilíbrio em direção ao *stakeholder's capitalism*.

Finalmente, o que desejo apontar na presença dos conselhos nas grandes empresas é o grande aporte estratégico.

O CONSELHO E A ESTRATÉGIA

Usarei uma figura de analogia. O conselho participa do processo estratégico da empresa em uma posição comparável a uma corrida de Fórmula 1. Encontra-se no início da corrida, antes da largada, ajudando com sua experiência o planejamento, a logística, a documentação, os equipamentos e as condições do piloto. No meio da corrida, está nos boxes, verificando se tudo está dando certo, se o planejamento combinado está sendo cumprido, se houve intempéries a serem superadas — e para sugerir novas ações, se isso ocorrer. E ele está ao lado do diretor de prova, acompanhando a bandeirada de chegada.

Traduzindo para a situação real: a largada é quando o conselho, junto com o corpo executivo, está estabelecendo objetivos, visão, expectativa de futuro e principalmente valores. Valores são *guidelines* que não podem ser ultrapassadas para chegar à visão estratégica, e ao mesmo tempo barreiras que não podem ser rompidas. No meio da corrida, o conselho pode querer chamar o grupo que está elaborando o plano estratégico para ver se a linha inicialmente traçada está sendo seguida ou se será necessário algum ajuste ou adaptação. A chegada dessa corrida é a aprovação, pelo conselho, da estratégia a ser implantada — ou, eventualmente, desaprovar, recomendando uma correção de curso e voltar ao começo da etapa de planejamento.

O papel do conselho é o mais importante de todos: estabelecer a estratégia, a missão e os valores. Caberá aos executivos a elaboração do processo estratégico; eles poderão chamar consultores para auxiliar, podem encomendar pesquisas, e assim por diante, bem como serão os responsáveis pela execução da estratégia no dia a dia.

O FUTURO DA GC PÓS-CRISES DE GRANDE MAGNITUDE

Os conselhos estiveram em estado de estresse durante a pandemia do coronavírus. Aumento de reuniões por videoconferência, grupos de WhatsApp, mudança da agenda de assuntos e até suspensão de atividades por alguns meses, em casos extremos. O modo "sobrevivência" foi ligado.

Mas, se a principal tarefa da governança é dirigir e controlar empresas pelos caminhos do médio e longo prazos, como fica essa guinada para o curtíssimo prazo? Os conselhos não perderiam seu papel principal?

Passado algum tempo após o término de uma grande crise, a resposta é clara como cristal: os conselhos sempre serão cada vez mais necessários! Isso porque as visões, as estratégias e os modelos de negócios pós-crise precisam se readequar, com grande intensidade, aos novos tempos e às novas demandas.

OS BENEFÍCIOS DA CG PARA EMPRESAS DE DIFERENTES PORTES

Aproxima-se um tempo em que a disseminação dos conselhos — e das boas práticas de governança em prol de resultados sustentáveis para os *stakeholders* — será mais forte do que nos últimos dez anos. Prepare-se!

BOX: JOVENS NOS BOARDS
DANIEL SZLAK

Tenho 32 anos e sou formado em Engenharia Química pela Escola Politécnica da USP. Desde o começo eu já sabia que não me dedicaria a essa carreira, mas estudar na Poli foi fundamental para que eu aprendesse a me virar. Meu próprio TCC foi em Economia, e eu já estava muito mais voltado para finanças nesse ponto da minha formação. Comecei minha carreira já em finanças, no mundo corporativo, com uma experiência curta de estágio na Procter & Gamble, que é uma empresa com governança bem estabelecida, com delegação de autoridade muito bem definida. Em seguida, fui para a IGC, uma boutique de fusões e aquisições, em uma função que já me permitia contato com o nível mais alto da governança, porque na maioria dos casos, as empresas com quem eu lidava haviam acabado de implantar algum nível de governança ou estavam no caminho para isso. Estudei muito, sozinho, para me capacitar; nunca cheguei a fazer um curso de finanças. Eu atuava mais especificamente na estruturação de processos de captação de fundos de private equity *ou em processos de venda/aquisição. Cheguei a ter clientes de capital aberto que promoveram* joint ventures *e apresentei as operações aos conselhos de administração. Foi quando tudo começou. Quatro anos depois, fui para a matriz da Kraft Heinz, em Pittsburgh, empresa que, embora naquele momento fosse de capital fechado, tinha todos os níveis de governança como uma empresa de capital aberto. Hoje a Kraft Heinz está listada nos Estados Unidos e tem uma gestão absolutamente profissional. Meu contato sempre foi com a liderança da companhia. Após um ano, vim para a Kraft Heinz Brasil para trabalhar nas operações da América Latina. Por mais um ano, fiquei responsável por todo o planejamento financeiro, e grande parte da minha rotina era sempre reportar para cima. No final de 2015, fui convidado para ser o CFO das operações da América Latina. No meio de 2017, fui convidado para ir para o Canadá, que era a segunda maior operação mundial da Kraft Heinz, e fiquei como CFO por dois anos, com uma interação muito* maior com o board, pela relevância do negócio. Participei ativamente da venda do negócio de queijo da Kraft Heinz, no Canadá, em uma operação de US$1,2 bilhão. Como contei, minha vivência com boards acontece desde o começo da minha carreira e é uma dinâmica com a qual estou acostumado.

Decidi voltar para o Brasil no meio de 2019, porque queria constituir família. E continuo sendo o responsável pelas finanças e TI da companhia na América Latina, além de também estar à frente, como managing director, da nossa operação na Venezuela.

Eu acho que experiência não está necessariamente ligada à idade, mas à exposição a situações diferentes. A gente aprende sendo exposto e sendo "jogado na fogueira", e tive a sorte de ter essas oportunidades de ser exposto a diferentes desafios, em um curto espaço de tempo, em empresas que delegam responsabilidades. Na Kraft Heinz, por exemplo, acompanhei o processo desde o começo, e sempre em uma área muito "próxima do Sol", digamos assim, em uma época em que muitas decisões grandes precisavam ser tomadas. Por exemplo, revisar planos de pensão nos Estados Unidos, organizar o sistema de aposentadoria da empresa inteira, abrir fábrica, fechar fábrica.

Preciso destacar que, desde o começo, sempre tive chefes muito bons, que mais do que mentorar, me desafiavam e davam autonomia. Isso é superimportante. É o que recomendo aos jovens executivos: selecionar, para trabalhar, empresas que contem com excelentes profissionais nas posições de liderança. É o que eu chamo de "pegar a carreira pelo chifre", que também envolve aprender a lidar com um chefe que não seja tão bacana, se o aprendizado com ele(a) for válido. Ou, então, buscar outra empresa. Ou, se não estiver me encontrando em lugar nenhum, vou montar um negócio. Isso é ser pragmático — a inércia é um grande inimigo, tanto das pessoas como das organizações. Hoje, o mundo está mais democrático, as informações estão mais disponíveis, e é mais fácil ter acesso a vagas de emprego e também de saber quais empresas são bons lugares para trabalhar. A informação deu um pouco mais de poder para a nossa geração.

Voltando ao ambiente corporativo, além de ter bons chefes, acho fundamental contar com uma equipe ótima. Eu digo que há muita gente no meu time que é bem mais experiente ou que tem muito mais potencial do que eu. Não podemos ter medo de nos cercar de gente mais experiente, que admiramos, e sempre aprender com essas pessoas.

A área financeira é muito processual, mas devemos procurar sempre desafios fora da rotina. Manter-se inquieto é uma virtude. E buscar conhecimento, a todo momento, com leituras, conselhos de pessoas que sabem mais e cursos. Aos 30 anos, fui fazer o curso com o Wanderlei Passarella e em seguida me tornei mentor na Endeavor Brasil. Estou pleiteando uma posição de mentor em uma startup, para tentar ajudar empresas em atividades com as quais tenho afinidade. Como sugestão a quem deseja encontrar espaços em boards, devo ressaltar que as empresas familiares são as mais difíceis, salvo se o interessado é alguém muito próximo do fundador. As startups são mais acessíveis, embora não precisem ainda ter conselho formal, e aceitam mentoria porque querem aprender e ser ajudadas. No caso das empresas de capital aberto, a questão é diferente, porque elas são obrigadas a ter conselhos. Mas quem tem as grandes posições nessas empresas, em geral, são os fundos de investimento, e é uma boa estratégia procurar se aproximar desses fundos.

A governança é um acelerador de tomada de decisão, não importa a idade nem a posição ocupada por um profissional, porque as regras são muito claras, e isso cada vez mais vai se tornar relevante. Penso que atuar em conselho tem a ver com criar um vínculo próximo com a empresa, ou seja, é preciso conhecer bem o essencial de suas operações no dia a dia, conviver com os demais membros do conselho e criar relação com a liderança.

> **Daniel Szlak,** responsável pelas áreas de finanças e TI da Kraft Heinz na América Latina e Managing Director da operação da empresa na Venezuela

A GC E A CRIAÇÃO DA VANTAGEM COMPETITIVA

O dia a dia do CEO pode ser brilhante, e ele pode ter uma excelente estratégia que leve a resultados fantásticos. Mas pode não ser desse modo. E em uma boa parte das vezes, não é o que acontece, mesmo porque o executivo acaba focando o urgente e esquece o que é importante. O conselho tem o papel primordial de manter os executivos com foco no futuro. Indaga e insiste em saber qual é o plano estratégico, quais os projetos que estão elencados para atingir objetivos claros. Essa pauta é recorrente para que os executivos da empresa não deixem o pensamento sobre o futuro ficar de lado. Por isso, a grande maioria dos conselheiros deve ter visão estratégica de negócios. A diversidade de composição dos conselhos implica que alguns dos membros sejam experientes em processos de organizações de diversos tipos, o que ajudará muito no aporte estratégico.

A vantagem que o conselho traz ao processo estratégico é que olha para a frente com flexibilidade, sem engessar a companhia em prol de uma tática única. Tudo pode mudar conforme os ventos sopram, e essa adaptação deve ser realizada com frequência. A crise ocasionada pela Covid-19 é um exemplo de contingência que pode fazer com que a estratégia do negócio seja alterada para se adaptar a novas circunstâncias. No desenvolvimento da pandemia, as decisões estiveram concentradas em gestão de crise, decidindo sobre revisão e suspensão de contratos, redução de remuneração, demissões e alternativas de negociação com fornecedores. Na retomada da economia, pós-crise, os conselhos retomam suas tarefas primordiais de maneira redobrada. E a governança sempre será imprescindível, porque as empresas que sobreviverem à crise terão que mudar modelos de negócio, mudar estratégia, posicionamento, linha de produtos.

A governança, pois, estimula o processo, desde a sua concepção até a cobrança periódica dos projetos e iniciativas que fazem com que a empresa siga em direção a eles. Sem projetos e iniciativas, a estratégia é uma ilusão. E, sem estratégia, não há como criar vantagem competitiva.[37]

No próximo capítulo abordaremos as estruturas típicas de GC.

---

[37] Recomendo a leitura, no final deste livro, do anexo "Governança Corporativa e a criação da vantagem competitiva — o que todo Conselho de Administração deveria saber sobre Estratégia".

CAPÍTULO 3
ESTRUTURAS TÍPICAS DE GOVERNANÇA CORPORATIVA

Há uma constatação prática de que as razões para a moderna governança corporativa,[38] que incluem, por exemplo, conflitos de agência e outras circunstâncias que já abordamos no Capítulo 1, não se aplicam às pequenas e médias empresas de capital fechado e companhias familiares. Isso porque não existe a necessidade formal de evitar eventuais conflitos que estão na raiz da corrupção humana, como vimos. Por essa razão, a governança moderna se tornou, de certo modo, formalista ou legalista. Foi isso que me motivou a buscar, entre gregos e romanos, as bases construtivistas que permitam edificar algo que faça mais sentido, dando mais amplitude ao processo de governo da organização e que fosse aplicável para todos os casos, inclusive para essas grandes empresas que adotam o formalismo demandado pelas agências reguladoras, como CVM.

Os conceitos de formalismo e construtivismo existem há muito tempo. Na educação, já foram estabelecidos, por exemplo, por Rudolf Steiner, na Escola Waldorf, e por Paulo Freire. No Capítulo 9 voltaremos à ideia de construir e transformar, quando tratarmos de outra iniciativa, a *Life Long Learning*, de Jacques Delors. Para nossa argumentação no presente capítulo, recorremos a um trecho do livro da professora Elismar Álvares:[39]

> "Se, na origem da governança corporativa, o ativismo

---

38   A partir deste ponto, passarei a utilizar a sigla GC para designar governança corporativa.

39   ÁLVARES, Elismar, GIACOMETTI, Celso e GUSSO, Eduardo. *Governança corporativa — um modelo brasileiro*. Rio de Janeiro: Elsevier, 2008, p. 54.

de acionistas minoritários gerou um sistema complexo de relações de poder, controle, mitigação de riscos e solução de conflitos — constituindo o modelo formalista ou *outside in* —, sua evolução e adoção espontânea por empresas de capital fechado delineia um novo modelo — construtivista ou *inside out* —, os quais se complementam na forma e conteúdo."

O quadro a seguir resume a diferença entre os dois conceitos.

Figura 3.1 Os dois tipos de governança corporativa

1. A GC Formalista	2. A GC Construtivista
• *Outside in* • Ligada aos aspectos jurídicos e conflitos de agência • Baseada nas regras a seguir e nos princípios de boa governança sob a ética de investidores (ativismo dos minoritários) • Mais aplicável às empresas de capital aberto	• *Inside out* • Ligada ao conteúdo que a GC aporta para a perenidade e condução dos negócios • Baseada em aperfeiçoar o processo decisório nos quesitos-chave (mais importantes e menos urgentes) para a empresa • Mais aplicável às empresas de capital fechado

Como vimos, a governança formalista é muito mais *outside in*, ou seja, vem de fora, movida por regulamentações, enquanto a construtivista é *inside out*, ou seja, ela quer se transformar, adotar um modelo de governança voltado a uma efetiva direção da empresa.

O que considero a expressão-chave que define a GC construtivista é que ela busca incluir outros participantes no processo decisório, para que esse fique o mais próximo possível dos bons resultados e da perenização adaptativa.

Enquanto no modelo formalista as empresas de capital aberto são obrigadas por lei a adotar um conjunto de práticas de governança, no construtivista não é assim. As empresas de capital fechado, familiares e as pequenas, não têm obrigação de ter governança — adotam-na porque entendem que isso trará bons resultados. A diferença é crucial. Nas empresas que optam pela via formalista, o conselho, algumas vezes, segue apenas uma pauta obrigatória, voltada para as normas regulatórias. Podem inclusive se tornar conselhos do tipo *"rubber stamp board"*, isto é, apenas bate carimbo e assina embaixo das decisões do CEO, se estas estiverem em conforme com o que exige a lei. Com isso, as empresas podem correr riscos, porque as leis estão muito mais rígidas, e os conselhos têm que exercer seus deveres, mas ainda assim pode acontecer um desvio de finalidade de seu papel.

Reveja a Figura 3.1 para verificar que as referências são autoexplicativas ao mostrar o poder de escolha. E é por isso que temos muitas empresas, no mundo todo, e principalmente no Brasil, que estão um pouco atrasadas em relação a isso, ainda não adotaram governança porque não entenderam o quanto é benéfica. Adiante, nos aprofundaremos nesse tema.

Neste momento, quero tratar da governança incipiente.

A GC INCIPIENTE

Quando as empresas estão no início do processo de instalar a governança, por exemplo, uma *startup* recém-criada ou mesmo uma *scale-up* já em aceleração, consideramos que elas têm uma governança incipiente que nasce construtivista. Se uma *startup* crescer e se transformar em uma empresa de capital aberto, precisará adotar também a governança formalista.

Entendo que, ao tratarmos dos dois tipos de governança, há uma relação de subconjunto entre eles, ou seja: toda empresa de capital aberto deveria ter, em sua essência, um aspecto construtivista, apesar de cumprir a obrigatoriedade do formalismo; as empresas de capital fechado, por sua vez, podem ser completamente construtivistas, porque não precisam do formalismo, até para não incorrer em custos desnecessários (publicar balanços, ter um conselho fiscal encarregado do *double check* dos acionistas minoritários).

Entretanto, uma parte das empresas de capital aberto e uma parte das companhias que estão em meio a um processo de estruturação de IPO *(Initial Preferential Offer)*[40] não se preocupam com o aspecto construtivista. Adotam a governança porque entendem, pura e simplesmente, que é bom ter o capital aberto a fim de conseguir recursos no mercado de capitais para seus investimentos, e apenas cumprem o que manda a lei.

Vemos, então, três níveis de empresas nessa questão: a empresa que é formalista, mas adota o construtivismo, outra que é só construtivista, e uma terceira, que é formalista e, em sua essência, não tem o construtivismo.

AS DIFERENTES ESTRUTURAS EMPRESARIAIS

Abordarei primeiro a estrutura típica da grande empresa de capital aberto. Tem uma grande complexidade, começando pelos acionistas (controladores, minoritários e a assembleia em que juntos tomam as decisões), a quem está ligado o conselho fiscal, encarregado de revisar as contas, verificar tudo o que o conselho de administração e o CEO estão realizando, com o fim de passar tranquilidade e confiança e a garantia de que está tudo sendo feito corretamente. O conselho fiscal pode, inclusive, sugerir mudanças, caso entenda que determinado procedimento não está em acordo com a lei, por exemplo. Normalmente, os membros do conselho fiscal participam das assembleias para responder a eventuais consultas que ocorram aos acionistas. Apenas as empresas de capital aberto e algumas organizações sem fins lucrativos contam com conselhos fiscais (inclusive, praticamente não se encontra esse órgão em empresas abertas fora do Brasil).

Subordinado aos acionistas está o conselho de administração, cujos membros — inclusive seu presidente — são eleitos pelos acionistas. Não há definição, em lei, de número mínimo ou máximo de membros nos conselhos de administração. O cuidado que se toma é em formar um plenário com número ímpar, para prevenir a ocorrência de empate em votações. Pela minha expe-

---

40   O IPO se trata da abertura de capital na Bolsa de Valores.

ESTRUTURAS TÍPICAS DE GOVERNANÇA CORPORATIVA

riência, os conselhos variam, em número de componentes, entre o mínimo de 3 e o máximo de 11. Na média, o número está entre 5 e 7 participantes nas médias e grandes empresas, e nas de pequeno porte, 3.

Figura 3.2 A estrutura típica de grande empresa de capital aberto

Detalhando a Figura 3.2, vê-se que, ligada ao conselho de administração, está a auditoria independente, que tem o papel de checar se a gestão está sendo bem conduzida, os números contábeis estão refletindo a realidade, se nada está sendo esquecido e se os procedimentos são seguidos em conformidade com a lei.[41] É recomendável, eu diria até exigível, que a auditoria responda ao conselho. Não deve ser o CEO o responsável pela contratação desse serviço, até porque o próprio responde ao conselho. Senão ocorreria a questão do conflito de agências, que mencionei no Capítulo 1. O CEO e sua equipe atendem à auditoria, e esta se reporta ao conselho, para que seja conferido se a diretoria executiva está trabalhando de maneira correta.

---

41 Todo o trabalho da auditoria é rechecado pelo conselho fiscal, que sancionará os relatórios antes de encaminhá-los aos acionistas.

E, finalmente, na moderna concepção da GC, que chamo de governança integral, vêm os *stakeholders*, que são os públicos principais: clientes, fornecedores, comunidade, ambiente, opinião pública, funcionários e governo, esse último importantíssimo, que leva um alto percentual da margem de contribuição gerada pelo negócio. Vamos observar, na figura, a linha cheia entre CEO e *stakeholders*, indicando que o primeiro e sua diretoria são responsáveis por cuidar do segundo, salientando que cabe ao conselho supervisionar e cobrar que esses públicos estejam sendo satisfeitos da melhor forma possível. A tarefa é complexa, porque há demandas conflitantes entre cada um dos *stakeholders*. Se o CEO confere excesso de importância aos clientes, acaba retirando do que pode pagar aos fornecedores ou do que pode fazer pelo ambiente e pelos funcionários. Há uma certa competição, e cabe ao conselho verificar esse equilíbrio (observe-se a linha tracejada), e se os *stakeholders* estão sendo atendidos, encomendar pesquisas para mensurar a satisfação de cada um, o que inclui pesquisas de mercado e de produto.

Deve-se destacar o papel dos comitês. São instituições acessórias ao conselho, sem caráter decisório, entretanto, recomendam linhas de ação depois de debaterem as questões de sua alçada. Um exemplo é quando o conselho precisa entender melhor como está a remuneração do CEO e não quer gastar tempo de uma reunião formal para essa avaliação, então passa a tarefa a um comitê de pessoas para consultar *headhunters* e levantar dados por meio de pesquisas salariais. Os resultados do estudo são levados ao conselho, com sugestão de providência em relação ao CEO daquela empresa. Os membros, a partir disso, discutirão, votarão e tomarão a decisão que considerarem adequada.

Cada empresa configura seus comitês como achar melhor, lembrando que quase sempre os grupos são compostos por membros do conselho de administração, e quando não, se forem formados por especialistas de fora da empresa, ao menos um conselheiro participa. Por exemplo, uma empresa como a Petrobras, dada sua complexidade, chega a ter quinze ou vinte comitês. Uma empresa menor, de capital aberto ou mesmo fechado, costuma ter de dois a quatro. Os mais comuns, que geralmente são fixos, são o de auditoria e finanças, que ajudará o conselho a destrinchar essas questões, o comitê de estratégia ou marketing, que estudará pontos mais ligados ao mercado e ao processo do negócio, e um comitê de pessoas e governança. Mas há comitês transitórios, chamados *ad hoc*, geralmente instalados para debater questões de crise. Raramente

ESTRUTURAS TÍPICAS DE GOVERNANÇA CORPORATIVA

um membro da diretoria participa, mas há casos em que é recomendável, por exemplo num comitê de pessoas, a participação do diretor de RH.

Não há um número definido de membros para formar um comitê. Para evitar a dispersão exagerada de ideias, geralmente são poucos membros, de três ou cinco pessoas — sempre um número ímpar.

Idealmente, empresas grandes de capital aberto deveriam ter o construtivismo como seu *modus operandi*, para que de fato aconteça o processo adequado de tomada de decisão.

Veremos agora a estrutura típica de grandes empresas familiares a partir do "Modelo dos Três Círculos" do sistema de negócios de família.[42]

Figura 3.3 A estrutura típica de grande empresa familiar

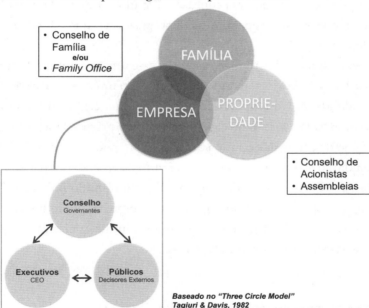

---

42 O Modelo dos Três Círculos ("The Three-Circle Model of the Family Business System") foi desenvolvido por Renato Tagiuri e John Davis, na Harvard Business School, e publicado na forma de artigos primeiramente em 1978. Depois foi transformado na tese de doutorado de Davis, em 1982, sob o título de "A influência dos estágios de vida nas relações pai-filho em empresas familiares". Em 1996, a *Family Business Review* publicou o clássico artigo de Tagiuri e Davis, "Atributos bivalentes da empresa familiar". Informações obtidas em: <https://johndavis.com/three-circle-model-family-business-system/>. Acesso em: 26 de maio de 2020.

Vemos na figura que no círculo da empresa estão inscritos o conselho, os públicos e os executivos, o que abordamos no Capítulo 2. Em alguns casos de empresas muito pequenas que tenham conselho, acontece de ser adotado um único conselheiro externo, independente, com alguns dos executivos exercendo também o papel de conselheiros. Não é o ideal, porém é um caminho de transição da governança incipiente, de que falamos há pouco.

Todo negócio familiar, segundo Tagiuri e Davis, tem uma interseção entre família, propriedade e empresa. Só que, no caso da empresa familiar, muitas vezes os membros, que são proprietários, também estão na companhia, no corpo executivo ou no conselho, e aí pode-se ter pessoas que participam dos três círculos. Veremos mais à frente que quanto mais eles estão intersecionados, maior é a probabilidade de uma confusão. Em uma empresa familiar bem estruturada, o que se faz é separar o máximo possível o que é família do que é propriedade e empresa.

No caso do círculo da empresa, estabelece-se uma governança, com conselho, executivos e públicos tomando decisões, cada um na sua área de *expertise* e responsabilidade. No caso do círculo da família, cria-se um conselho de família e um *familly office*. E no caso do círculo da propriedade, estabelece-se um conselho de acionistas ou uma assembleia — pode-se ter as duas figuras —, que ajudarão quem é proprietário e a família a entender o que está acontecendo na empresa. Desse modo, um não fica interferindo no outro. Evita-se, por exemplo, que o empresário seja rico, e a empresa, pobre porque o dono interfere no negócio. E evita-se também que a família queira interferir instalando pessoas em cargos-chave da gestão.

ELEMENTOS CONSTITUINTES DE UMA EMPRESA FAMILIAR TÍPICA

As assembleias deliberarão e decidirão em concordância com o que está firmado no estatuto ou no acordo de acionistas. O conselho de família se reunirá periodicamente, uma ou duas vezes ao ano, para entender as condições para os membros participarem do negócio, sem precisar estar dentro da empresa como executivos ou conselheiros. Esses encontros têm um caráter informativo e educacional sobre o negócio e proveem que os membros da família tenham uma interface com a empresa, aprendendo a ser acionistas.

Já o *family office* é outra instituição, que, nas empresas familiares bem estruturadas, se ocupa de cuidar do patrimônio. É um escritório real, onde os membros se reúnem e cuidam de seus interesses no negócio, contratando um gestor de patrimônio para cuidar das aplicações financeiras de cada um, e serviços complementares como assistência jurídica, contábil e pessoal para elaboração de declaração para a Receita Federal do imposto de renda de cada um, compra de passagens aéreas, contratação de planos de saúde coletivos e outras necessidades. Também é o local ideal para promover cursos aos familiares, a fim de aprimorá-los em governança e em gestão, e até garantir empregabilidade, funcionando quase como uma incubadora. Um bom exemplo é o Grupo Votorantim, de cujo processo de governança eu participei como executivo de uma de suas empresas, vários anos atrás, quando decidiu criar um *family office* para cuidar de *startups* próprias dos membros da família. Havia sido decidido que nenhum membro dirigiria os negócios das empresas, e era necessário aproveitar toda a sua qualificação profissional, já na quarta geração, para criar mercados mais afeitos a cada perfil de pessoa. Cada familiar pode até dispor de capital de seu próprio patrimônio para investir em outro negócio — e não usando o patrimônio das empresas do grupo. Um dos membros criou, por exemplo, um negócio de suco de laranja, o Natural One. Outro criou uma unidade do Banco Votorantim, divisão batizada de BVx, para *venture capital* e coordenação dos projetos do grupo ligados à inovação, incluindo parcerias com *startups* de finanças e energia e um fundo de capital de risco.[43] O *family office* pode ser terceirizado, mas em geral a estrutura é própria, bancada pelo patrimônio dos familiares. Funciona para empresas familiares de capital aberto ou fechado.

---

43 Informação disponível em: <https://epocanegocios.globo.com/Empresa/noticia/2019/11/banco-votorantim-cria-unidade-de-negocios-para-inovacao.html>. Acesso em: 26 de maio de 2020.

CONSELHEIRO DE EMPRESAS

O conselho de acionistas se reúne, em geral, trimestralmente, para aprovar as contas e os investimentos importantes, regular as questões da sociedade, eleger o conselho de administração e se ocupar dos conflitos de interesses. De certo modo, se confunde, em uma empresa de capital fechado, com o papel da assembleia (obrigatória por lei em empresas de capital aberto).

Esse modelo é o mais usual nas empresas familiares de grande porte, mas pode ser adotado pelas de médio porte, porque não é custoso e, além disso, é estrutural. Atrevo-me a dizer que uma empresa, ao sair da governança incipiente e entrando na concepção construtivista (ou seja, aumentando de tamanho e de complexidade), já vai agregando tudo o que está registrado aqui, com exceção do *family office*, porque ainda não terá porte para isso.

Vejamos na figura a seguir a ilustração do que acabei de mencionar.

Figura 3.4 Elementos constituintes da empresa familiar típica

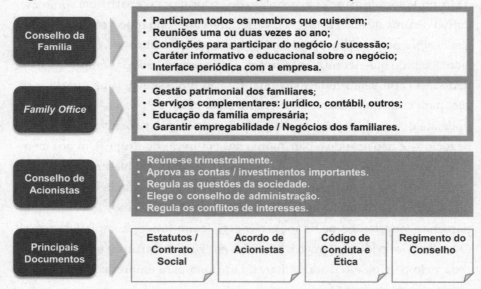

DOCUMENTOS NECESSÁRIOS PARA A GC

Sou perguntado frequentemente sobre quais são os documentos de uma empresa familiar típica que devem compor sua boa governança, já que determinados requisitos não são exigidos por lei. Eu respondo que diferem pouco de empresas de capital aberto ou fechado, e por isso decidi detalhar melhor o que está inscrito na Figura 3.4. Aliás, esclareça-se que a adoção de parte da documentação que descrevo pode ser aplicada em empresas de pequeno e médio porte que estejam se preparando para dar o salto na direção da maturidade da governança.

Há os documentos exigíveis por lei para qualquer tipo de empresa, como o estatuto e o contrato social. Sobre os outros documentos, a empresa familiar decide quais deseja implantar para estabelecer uma boa governança, e nem sequer é necessário registrá-los na Junta Comercial.

O estatuto é como a certidão de nascimento da empresa, uma carta biográfica da pessoa jurídica. Tem local, data, quem são os acionistas ou cotistas, qual a classificação fiscal e que atividades a empresa exercerá. É assunto para contadores e advogados. Não cabe ao conselheiro pretender entrar nessa seara.

O acordo de acionistas é documento mandatório para empresas de capital aberto (para as de capital fechado, é chamado de acordo de cotistas). É um documento que complementa o contrato social (este obrigatório) e cuida das regras de sucessão, da distribuição de lucros, determina a política de dividendos, da distribuição de participação em caso de venda da empresa e pode formar blocos de controle dos acionistas com mais de 50% e até definir quem pode trabalhar na empresa. Novamente, esse é um assunto para advogados societários, porque envolve interesses e limitações legais, naturalmente seguindo a vontade dos sócios. Conselhos raramente participam dessas discussões sobre o conteúdo de acordos dessa natureza.

O código de conduta e ética regula o comportamento dos sócios. Dispõe sobre a relação com a imprensa, os interesses que o grupo pode manter ou não, se está permitido o investimento em outra empresa, qual é a hierarquia a ser respeitada, quais as melhores relações entre os sócios, qual é a ética do grupo. É o documento-mãe para os valores da companhia que o conselho trabalhará junto aos executivos. Esse assunto é característico de consultores. Conselheiros podem eventualmente participar, mas não é o padrão. Os consultores trarão elementos, discutirão com a família — que é quem decide — e são os profissionais que têm a *expertise* para a implantação.

Por fim, o regimento do conselho define como trabalha, como é sua pauta, a sua ata, a forma do processo decisório, quais são seus limites na tomada de decisão, o que e como pode ser delegado aos executivos. Enfim, é um documento de alçada, e cabe aos conselheiros elaborá-lo, quando necessário, contando com apoio de consultores e advogados, mas sempre em conjunto com os acionistas.

QUESTÕES SOBRE O AVANÇO DA COMPLEXIDADE DA EMPRESA FAMILIAR

À medida que a empresa vai ganhando complexidade, ela vai avançando em estágios bem definidos, como mostra a Figura 3.5.

Figura 3.5 Estágios da empresa familiar e multifamiliar

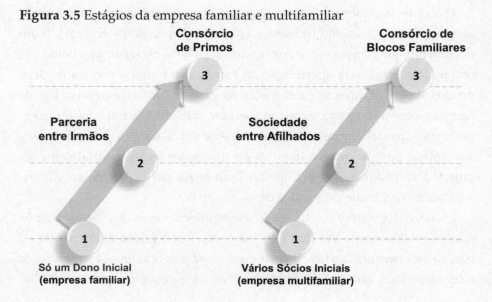

Existem empresas familiares de um só dono em empresas de vários sócios iniciais. Configuram realidades diferentes e evoluem de maneira distinta, embora com alguns componentes de semelhança. A empresa com vários sócios nem sempre representa uma parceria muito harmoniosa, e por isso também é recomendável a figura do conselho.

Estive envolvido no conselho de uma empresa que estava no estágio de consórcio de primos, terceiro passo mostrado na Figura 3.5. O fundador decidiu, em vida, incluir na propriedade da empresa dois netos, que, consequentemente, acabariam tocando o negócio quando chegasse a vez da terceira geração. Minha função foi modelar a governança, estabelecendo qual o tipo de reunião a ser feita e quem deveria participar, e ao final formamos um comitê executivo, no qual também atuei, ao lado do CFO e dos familiares escolhidos, no caso, os primos. Normalmente, a concordância não é fácil entre eles, mas a prática do diálogo entre os quatro resultou em boas decisões. Sempre conseguimos chegar ao equilíbrio.

No caso da empresa multifamiliar, vê-se que, no segundo passo, as famílias são ainda próximas. Muitas vezes, um sócio é convidado para ser padrinho do filho do outro, e a geração seguinte e torna, como denominei, uma sociedade entre afilhados. Claro que é uma nomenclatura minha, apenas para mostrar como essas empresas costumam evoluir — e evoluem geralmente para blocos familiares em consórcio. Faço uma observação absolutamente empírica com referência à sobrevida das empresas: poucas sobrevivem para a quarta geração — as que passam o fazem porque montaram uma governança bem estruturada, que trouxe equilíbrio, profissionalismo e um processo decisório bem articulado.

GÊNESE DA GOVERNANÇA — O CAMINHO DIRETO

Usei a expressão "caminho direto" porque, ao contrário do que se pode pensar, a implantação da governança não está restrita ao percurso de evolução do porte da empresa. Pode-se começar a governança mesmo em uma empresa madura, de grande faturamento.

No caminho direto, pensaremos em uma *startup*, que tem uma pessoa só atuando, o fundador, que desempenha vários papéis ao mesmo tempo: ele é o líder, o governante e o gestor. E o decisor está imiscuído aqui, muito na intuição do fundador, que consegue ouvir a voz de seu público por meio de sua vivência e do que tem internalizado. Entretanto, na fase de aceleração, os papéis já começam a ficar separados. O fundador ainda lidera para buscar o futuro desejado e faz a gestão para melhorar a eficiência, mas começa a buscar alguém que desempenhe o papel de governante, quase sempre um profissional, alguém que, na informal terminologia empresarial, tenha "cabelos brancos", ou seja, tenha *expertise* e experiência. Normalmente é um conselheiro externo, a quem se pode dar o nome de mentor. Essa é a típica governança incipiente, de que já falamos. Adiante, trataremos dos diversos papéis do conselheiro.

Figura 3.6 A gênese da governança

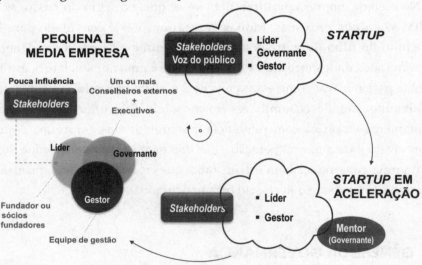

Na Figura 3.6, observa-se, seguindo em sentido horário, que a *startup* em aceleração já começa a fazer pesquisas, contratar empresas de suporte para entender como é a questão dos recursos humanos e como estabelecer diálogo com fornecedores. E ao ganhar dimensão, passando a ser pequena e média, já tem bem distribuídas as funções em três figuras separadas: um líder, um governante e um gestor. O líder continua a ser o próprio fundador, que agora tem uma equipe de gestão respondendo a ele (geralmente ainda não é uma diretoria, mas um grupo de gerentes e coordenadores), e o governante é um conselheiro externo que atua em conjunto com os executivos. Como a empresa ainda é pequena, não pode se dar ao luxo de ter três, cinco ou sete conselheiros. Então o que faz é trazer um conselheiro externo e selecionar um ou dois dos executivos para acumular funções e compor o grupo que desempenhará o papel de conselho. A ilustração mostra essa intersecção ocorrendo nesse estágio da empresa — é a governança começando a se estruturar. Da mesma forma que temos o modelo dos três círculos para empresa, família e propriedade, aqui também temos os três círculos, para o líder, o governante e o gestor. No processo de gênese, os papéis ainda se sobrepõem um pouco.

Note-se, também na ilustração, que os *stakeholders* já estão tangenciando a estrutura interna da empresa, ainda com pouca influência, mas já se fazendo presentes.

Esse é o que vejo como caminho direto para a gênese da governança, começando pela *startup*, aquele negócio inovador que tem como sede a garagem da casa, vai crescendo, aluga uma salinha, acelera seu crescimento, vai trazendo gente para o empreendimento. Lembremos de Bill Gates, por exemplo. A primeira coisa que uma *startup* em aceleração deve fazer é colocar um mentor no negócio.

No Capítulo 5, esmiuçaremos os critérios para a presença de membros da família na gestão de uma empresa, em todos os estágios, inclusive em *startups*. Também abordaremos a resolução de possíveis demandas e conflitos que poderão surgir entre os atores, a partir da perspectiva da governança.

A EVOLUÇÃO DA GC

Na figura a seguir, está esquematizada a evolução natural de uma empresa familiar, desde seu início como *startup* até chegar ao estágio de grande organização de capital aberto.

Figura 3.7 Síntese de evolução da GC

Uma consideração que acho importante destacar é o que está posto no primeiro quadro da Figura 3.7, que a centralização não é opção, mas seu uso contínuo vicia. O alerta que faço tem relação com o que abordei no capítulo anterior, sobre o empreendedor que não virou a chave para ser empresário e depois não vira para ser acionista. No primeiro estágio, o empreendedor é obrigado a assumir vários papéis e exercê-los bem, e não há outro jeito de fazer. Tem que ser centralizador, abraçar todas as atividades necessárias para fazer o negócio decolar. Porém, mais tarde, se ele continua centralizador e não separa as funções, a fim de migrar para estruturas mais complexas, o que é muito comum, esse vício costuma ser o começo da derrocada da empresa. É nesse ponto que o empreendedor enfrenta uma encruzilhada. Ou evolui para a delegação de tarefas, ou é obrigado a vender a empresa ou fechá-la, porque não dará conta da complexidade que o negócio assume se continuar agindo apenas como empreendedor. Não mais a sua ousadia, mas o planejamento e a gestão, tocados por uma equipe profissional de executivos, têm que passar a ser a prática recomendável e até obrigatória. O empreendedor precisa mudar seu foco para a governança, separar as principais classes de decisões para maximizar a probabilidade de resultados e de perenização adaptativa. Passando para a aceleração, com a governança estabelecida, será uma escalada para o sucesso.

Desse ponto em diante, trará um mentor para o negócio, contratará consultorias, e já será uma pequena ou média empresa, que caminhará com as próprias pernas. Instalará um conselho consultivo, cujo foco será contribuir para resolver as falhas de gestão, e é importante ressaltar que esse conselho não atuará como gestor, mas agregará visão, boas práticas e metodologia para gestão, porque tem experiência em várias outras empresas. Na figura, veremos que, na sequência da evolução, passará a ser uma empresa adulta, de capital fechado, já com um conselho administrativo. E enfim abrindo o capital, torna-se uma empresa complexa, com captação de recursos nos sofisticados mercados financeiros e de capital, incorporando acionistas minoritários, progredindo de um conselho consultivo para um administrativo e procurando adotar as melhores práticas de governança.

No próximo bloco de capítulos, iniciaremos as considerações sobre os aspectos mais práticos da governança corporativa.

BLOCO 2

4. A INSTALAÇÃO DO CONSELHO

5. OS PRINCIPAIS ATORES DO PROCESSO DE GC

6. A AGENDA DE GC

7. RESULTADOS COM A GC

A GC NA PRÁTICA

CAPÍTULO 4
A INSTALAÇÃO DO CONSELHO

Neste capítulo, abordarei inicialmente as motivações para a GC, ou gatilhos, como podemos chamar. Esses gatilhos têm relação com os benefícios da governança que descrevemos no Capítulo 2. Referem-se às questões que levam uma empresa a começar uma governança, mas esses benefícios são observáveis depois que a governança começa a funcionar.

Figura 4.1 Motivações para a GC

Gatilhos para o início de uma governança

- Sucessão
- Melhorar o *rating* no mercado financeiro
- Solidão do poder
- Conflitos entre sócios
- *Turnaround*
- Estagnação dos negócios
- Entrada de novos sócios
- Busca de longevidade empresarial
- Começar bem-estruturado

O primeiro gatilho é a sucessão. São vários os motivos para a importância de uma sucessão. A GC é muito usada quando o fundador decide passar o controle para a segunda geração, ou mesmo quando há transferência da segunda para a terceira geração. Pode ocorrer que o fundador queira transferir o controle, mas não está totalmente confiante de que seu filho possa ser o substituto adequado, por isso instala um grupo que estudará e passará as orientações ao sucessor. Pode ser alguém da família que precisa ser avaliado e preparado, coisa que um pai não terá isenção ao validar, ou alguém trazido do mercado. Tenho um exemplo de bastante êxito, e raro até, da sucessão da terceira para a quarta geração. É uma empresa centenária, do sul do país, que durante as três primeiras gerações tinha um dos familiares como presidente. Na quarta geração, nenhum familiar queria estar na empresa, por isso foi promovida uma governança, primeiro com um conselho consultivo, e depois, com o auxílio desse conselho, fizeram uma seleção para passar o bastão para um profissional de mercado.

Outro gatilho é melhorar o *rating* no mercado financeiro, e tem a ver com os benefícios que já mencionamos, mas muitas vezes ocorre por bancos que recomendam fortemente a presença de bons nomes nos conselhos para oferecer linhas de crédito com mais confiança. O *rating* também ajuda no acesso aos diferentes estágios de *funding* nos mercados de capital de risco e de capitais, desde aportes de fundos de capital semente, *venture capital* e *private equity*, até em uma futura abertura de ações em bolsa. As instituições financeiras enxergam os conselhos — especialmente aqueles que contam com profissionais experientes — como fiscalizadores das providências de *compliance* e gestão de riscos, e sabem que são órgãos que ajudam na direção e no controle de uma empresa, o que dá a ela boa expectativa de futuro. Não é desprezível, para o mercado, a questão do prestígio que a instalação de um conselho confere a uma empresa. Além disso, para o acionista, interessa que a empresa renda dividendos e, ao longo do tempo, seja valorizada para que, em momento futuro, caso decidir vender, faça um bom negócio. Mas vale ressaltar que os efeitos da governança serão perceptíveis para o mercado em médio e longo prazo. O simples fato de instalar um conselho não faz a empresa saltar de patamar imediatamente, pois o *valuation* é medido pelo fluxo de caixa futuro descontado. Se essa governança contribuir com projetos de negócios que tragam resultados no futuro e a empresa de fato vir a gerar cada vez mais caixa e lucros, seu valor acompanhará esse crescimento.

A solidão do poder é fator muito comum como motivador para a instalação da governança, principalmente nos casos em que o fundador é o CEO e se sente isolado, porque não tem pares com quem compartilhar, dividir, falar de seus problemas e de seus sonhos. Tem seus funcionários, mas, por mais que sejam fiéis, existe uma relação de hierarquia, de chefe-subordinados. Antes mesmo de pensar em sucessão, esse fundador sente que é importante contar com profissionais experientes que possam agregar visão estratégica aos negócios e ajudar na perenidade da empresa. Um exemplo de que me lembro — e que já mencionei no Capítulo 2 — é o de um jovem de 33 anos que fez um de nossos cursos. Ele fundou uma *startup* que estava escalando muito rapidamente e sentiu a necessidade de fazer o curso para entender como montar um conselho, porque precisava trocar ideias, checar suas hipóteses com gente mais experiente, de "cabelos brancos", como costumamos chamar, na brincadeira, os governantes sábios. Também posso enumerar pelo menos três exemplos de fundadores mais velhos que quiseram promover a governança para poder ter com quem trocar ideias e trabalhar o futuro da companhia.

Conflitos entre sócios são também um motivo bastante comum para a instalação da governança. Geralmente ocorrem na segunda geração, entre irmãos (quando é o caso de um fundador só) ou herdeiros (quando são dois ou mais fundadores). O conselho é instalado, nesses casos, para mediar ou arbitrar as demandas e os conflitos nas empresas multifamiliares ou multissocietárias. Já atuei em algumas em que o conselho era o responsável pelo voto de Minerva.

BOX: ADMINISTRANDO CONFLITOS POR MEIO DA GOVERNANÇA
FELIPE E MARCOS VILLELA PEDRAS

A empresa Villela Pedras de Medicina Nuclear foi a primeira clínica privada de medicina nuclear instalada no Brasil, em 1954, pelo fundador, o primeiro médico nuclear do país. O professor J. A. Villela Pedras, em 1953, após ser diplomado pelo American Board of Radiology, foi para a Europa, onde estagiou na Fundação Curie (Paris) e no Royal Marsden Hospital (Londres). Esteve também no Royal Institute (Manchester). Voltou ao Brasil em 1954 e fundou, no Rio de Janeiro, o primeiro Serviço de Medicina Nuclear de um Hospital Geral no Brasil, no Hospital dos Servidores do Estado do Rio de Janeiro (seu nome foi citado pela Enciclopédia Mirador Internacional por essa iniciativa), assim como a primeira clínica particular de medicina nuclear.

A clínica original ainda funciona, na Rua México, centro da cidade do Rio de Janeiro, tendo sido criada uma unidade filial em 2001, no bairro do Leblon. Quando fez 80 anos, o fundador deixou a operação cotidiana para os filhos, ainda que tivesse continuado a manter a posição majoritária, com 92% da empresa, até os 90 anos de idade, quando faleceu. Um pouco antes de falecer, ele doou cotas em nua propriedade para os filhos, para dois netos médicos mencionados a seguir, e deixou o restante em usufruto. Seu percentual em usufruto somava mais de 50% da empresa. Após o falecimento, os indicados exerceram o usufruto, e a empresa não entrou no inventário. Os filhos, que representaram a segunda geração, antes da doação de cotas em nua propriedade, tinham 2% cada um: Dauro, Ivan, Paulo e Sandra — esta a única que não era médica, mas especializada em radiofarmácia, que, afinal, é atividade correlata. O que se observou ao longo desse tempo é que foram criados "feudos", cada filho tendo sua equipe fiel e muitas vezes não se entendendo bem com os outros, até com certa competição. Nessa época, depois de uma indisposição com o fundador, o filho Paulo teve que deixar a clínica.

Em 2007, Felipe, já da terceira geração, ingressou na empresa familiar e observou que havia muitos pontos a melhorar. Tinha feito residência médica na Unicamp, assim como o primo Marcos (quatro anos depois), para obter uma visão científica e empresarial diferente daquela praticada pelo pai e pelos tios. Felipe tem perfil técnico, e Marcos, perfil administrativo, que se complementam. No início de sua atuação na empresa, Felipe buscou implementar inovações, com apoio do pai, Dauro, mas teve resistência por parte dos tios, que preferiam manter os métodos com os quais estavam acostumados havia anos. Quando Marcos também ingressou na clínica, em 2011, assumiu a parte comercial e administrativa, que era gerida pela mãe, Sandra. Tentou alguns processos de consultoria que resultaram em diagnóstico correto, mas não conseguiram evoluir, por causa de barreiras fami-

liares. Ocorreu que, com a chegada de Marcos, o fundador entendeu que precisava colocar, em vida, esses dois netos na composição societária, para não correr o risco de deixar suas cotas em inventário e a disputa se alongar tanto, que a empresa pudesse acabar na segunda geração. Atualmente, com a ausência do fundador, Dauro tem 24%, Sandra tem 24%, Ivan tem 24%, Felipe tem 14% e Marcos tem 14%. A decisão do fundador foi a de dividir a empresa matematicamente de modo que dois não possam nada (porque não atingem maioria) e quatro possam tudo.

Com essa configuração societária, Marcos e Felipe juntaram forças para profissionalizar a clínica, elaborar um plano estratégico e ganhar escala.

Em 2017, foi iniciado um processo de governança, com a participação de Wanderlei Passarella, para entender os conflitos e fazer a empresa avançar de maneira mais homogênea e eficiente. Wanderlei fez muitas entrevistas, ao longo de dois meses, com todos os membros da família, para entender o negócio, identificar quem eram as peças-chave e sugerir as mudanças.

Passou-se a fazer reuniões periódicas de sócios, com a presença de um advogado, criou-se um comitê gestor com responsabilidades de cada um bem alinhadas e contratou-se uma gerente financeira profissional. O comitê gestor, que funciona como conselho consultivo, resolve as questões do dia a dia; leva as decisões mais importantes, de maior impacto, para o conselho de sócios, que toma as decisões, sempre com a maioria de 76%.

Com isso, a empresa deu passos importantes, dentre os quais destaca-se um plano trianual para a implantação de uma filial por ano: Petrópolis em 2018, Campo Grande em 2019, e Niterói, que a pandemia fez adiar para 2021. Isso não seria possível, na opinião de Marcos, sem coesão nas decisões. A clínica não tem ainda um acordo de acionistas nem um conselho de família, mas são sonhos a serem realizados em futuro próximo, conforme a empresa ganhar mais maturidade.

A direção efetiva da Clínica Villela Pedras está a cargo de Felipe, nos aspectos técnicos, e de Marcos, nas áreas comercial e administrativa. Em 2012, a clínica comemorava, pela primeira vez na sua história, uma cifra de faturamento mensal acima do imaginado pelos sócios; em setembro de 2020 (em plena pandemia), a receita triplicou em relação a esse patamar histórico de 2012! Ou seja, a governança gera valor de fato.

Outro ponto é o *turnaround*. A figura do conselho, nesse caso, é importante quando se trata de um *turnaround* leve, quando a empresa está perdendo resultado, mas ainda não está pendurada em bancos, com dívidas grandes. Quando se trata de um muito pesado, beirando a recuperação judicial, o conselho já não é tão indicado, porque não fica *full time* na empresa. Nesse caso, é melhor um *interim manager*, ou seja, um gestor interino, que entrará com toda a força e fará uma reestruturação brutal na organização. Eventualmente, pode ser recomendável até uma dupla — um *interim manager* junto com o conselho — mas tomando-se o cuidado de os conselheiros não entrarem na gestão do dia a dia, primeiro porque não é sua função, e segundo porque não têm tempo para essa dedicação exclusiva. Há algumas empresas que dão consultoria nesse campo e são bem conhecidas no mercado.

A estagnação dos negócios é um gatilho importante. Quando os negócios estão parados, sem sinais de avanço, os acionistas se perguntam qual pode ser o problema. Trazendo um conselho, as hipóteses serão questionadas, o planejamento de futuro será repensado, as estruturas serão reajustadas, e a empresa ganhará um novo direcionamento. A sabedoria popular já ensina que água parada apodrece e que água corrente é vida. O Magazine Luiza, por exemplo, com a contribuição de seu conselho de administração, desenvolveu um modelo de negócios novo e vencedor, agregando *e-commerce* e incluindo até gêneros alimentícios em sua lista de produtos. É um exemplo extraordinário de como usar a governança para mexer com a estratégia e a estrutura.[44]

Outro motivo muito importante para a governança é a entrada de novos sócios. O fundador ou os sócios que já estão à frente da companhia instalam um conselho antes da entrada de novos parceiros, para regular a relação, trazer parâmetros e, inclusive, antecipar uma possível intenção desses novos de participarem do conselho, pois já instalado, o processo estará adiantado e mais sólido. Por outro lado, muitas vezes um novo sócio só entra quando sabe que existe um conselho e que a empresa está bem governada. Os *private equities*, por exemplo, que investem em companhias em um estágio mais avançado de aceleração, só entram em uma empresa se puderem atuar com a governança ou tiverem a liberdade de montar uma. Trataremos dos investidores no próximo capítulo.

---

44 Para mais informações sobre a governança da empresa, visite o site de relações com investidores em: <https://ri.magazineluiza.com.br>.

Mencione-se a busca de longevidade empresarial, quando um grupo tem um nome a zelar, está começando a se pulverizar, entende que precisa manter a unidade e aí instala um conselho. Um caso emblemático é o do grupo Algar, com sede em Uberlândia, Minas Gerais, que mereceu até uma dissertação de mestrado[45] por ter enfrentado um contexto de mudança no ambiente competitivo proporcionado por pressões externas e internas. O grupo, nacional, tem 50 anos e é uma companhia aberta, não listada em bolsa, desde 2007. É formado por 12 empresas que atuam em 4 divisões (agroalimentar, serviços, entretenimento e telecomunicações). A Divisão Telecom é responsável por cerca de 80% da receita da *holding* e teve que se reinventar para enfrentar gigantes como a TIM e a OI. Antes disso, havia concentração de poder nas mãos do fundador, controlador do grupo, que definia as escolhas em detrimento dos outros agentes. Disposto a reposicionar a empresa, criou o Programa de Gestão de Processos — PGP. A pesquisadora, autora da dissertação, conta que, nesse modelo de gestão, "O conselho de administração é apoiado por comitês constituídos por empregados da *holding* e por no mínimo uma pessoa de cada empresa do grupo. Procura-se, dessa forma, que as decisões corporativas sejam feitas em consenso, desde que atendendo aos objetivos da *holding*". O processo é discutir exaustivamente cada ideia para depois levar ao conselho. Dessa forma, as ações são institucionalizadas, e os empregados se tornam sujeitos das modificações.[46] Está definida desta forma a atuação da GC no Grupo Algar: "O Conselho de Administração, o mais alto órgão da admi-

---

45 GUIMARÃES, Tatiane Barleto Canizela. *Empreendedorismo como estratégia corporativa: um estudo do caso Grupo Algar*. Dissertação de mestrado. Curitiba: Universidade Federal do Paraná, 2005.

46 É importante observar o que está oficializado no site do Grupo Algar: "Seguimos as diretrizes do Código das Melhores Práticas de Governança Corporativa do Instituto Brasileiro de Governança Corporativa (IBGC). Entre as práticas que adotamos, podemos citar como exemplo a composição do nosso Conselho de Administração com no mínimo 2 ou 20%, o que for maior, de conselheiros independentes. Outros exemplos são a vedação de acúmulo dos cargos de executivo e conselheiro ou membro dos comitês e a instituição dos comitês de assessoramento de: Auditoria e Gestão de Riscos, Talentos Humanos e Governança Corporativa, e Estratégia e Inovação". Disponível em: <https://algar2018.blendon.com.br/governanca-corporativa/estrutura-de-governanca/>. Acesso em: 3 de junho de 2020.

nistração, foi criado para garantir a profissionalização e sustentabilidade do negócio, conduzir o processo decisório, definir e acompanhar as estratégias definidas. Todos os anos, o órgão é submetido a avaliação, em três frentes: uma análise do Conselho enquanto colegiado, dos conselheiros, individualmente, e do presidente do Conselho. É composto por até oito conselheiros, dos quais dois são independentes. Atualmente existem seis membros eleitos."

BOX: BUSCANDO LONGEVIDADE POR MEIO DA GOVERNANÇA
ATAULPHO VIEIRA, DANIEL BLANC E AFONSO BLANC

Ataulpho Alves Vieira e Alphonse Coelho Blanc, dois jovens sonhadores que contavam 28 anos de idade em 1969, eram sócios minoritários de um supermercado, mas não estavam satisfeitos com o que a vida lhes oferecia. Depois de muitas conversas, decidiram deixar a sociedade e ficaram, como compensação pelo valor de suas cotas, com as duas menores lojas do grupo, uma em Teresópolis e outra em Areal. Dois anos depois, construíram uma loja em Petrópolis e criaram a empresa ABC — Abastecedora Brasileira de Cereais. O empreendimento teve enorme sucesso, de tal modo que em pouco tempo tiveram que criar um centro de distribuição, uma nova loja em Friburgo. No início dos anos 1980, com a inflação que chegava a 80% ao mês, os sócios enfrentaram grandes dificuldades. Mas não desanimaram e superaram a crise, abrindo novas lojas na região dos lagos e em Itaipava. O fator inovador era um método de precificação que permitia que os produtos não tivessem o seu valor oscilante conforme a estação do ano. Nos anos 1990, viram que a empresa precisava de mais organização e controles, porque montaram uma estrutura de empresa grande, mas ainda sem o faturamento de uma. Naquela época ainda não se falava em governança. Foi um período em que muitas empresas quebraram pelo país. As multinacionais começaram a fazer pressão para comprar os hipermercados ABC, e Ataulpho e Alphonse receberam uma oferta irrecusável. Já haviam trabalhado por bastante tempo e consideraram que podia ser a hora de se retirar do negócio. Venderam a empresa em 1998 para o Grupo Garantia. Na época da venda, eram seis hipermercados da marca ABC, bastante famosa no estado do Rio

A INSTALAÇÃO DO CONSELHO

de Janeiro, e que hoje pertencem ao Grupo Pão de Açúcar. Mas foi vendido apenas o negócio — os imóveis ficaram e são alugados para os novos donos.

Depois da venda, Ataulpho e Alphonse diversificaram. Entraram para os setores de shopping centers e hoteleiro, criando a companhia Blavi Participações, uma empresa gestora de patrimônio.

Afonso, o filho mais velho da família Blanc, trabalhou nos hipermercados até 1998. Passou por diversas áreas, mas sempre gostou muito da parte comercial. Participava dos congressos da Abras — Associação Brasileira de Supermercados — e percebeu que o segmento mudou bastante com a entrada das grandes redes como o Carrefour, com novos conceitos. A Abras trazia as novidades do mercado, como controle de estoque e procedimentos modernos de gestão, especialmente com a estabilização da moeda a partir de 1992 e a queda da inflação. O controle de estoque é fundamental para qualquer varejista. Em uma das palestras apresentadas em um congresso da Abras, o tema abordado por Renato Bernhoeft (consultor da área) foi sucessão familiar. Afonso havia terminado a faculdade e observou o que a empresa estava perdendo por não realizar um processo de sucessão familiar. Já pensava em apostar em governança, mas estava propenso a primeiro liderar um projeto para inserção da segunda geração na empresa. Pesquisou muito, inclusive teve encontros posteriores com Bernhoeft.

Depois da venda dos hipermercados e da criação da Blavi Participações (sediada em Petrópolis, região serrana do Rio de Janeiro), Afonso trabalhou no dia a dia da nova empresa por algum tempo, mas depois seguiu outros caminhos — mora em Portugal atualmente. Seus estudos sobre sucessão familiar não foram interrompidos, mas em 2008, houve um intervalo nos debates com o adoecimento de Alphonse, que passou longo tempo recluso — faleceria em 2017. Em 2009, Daniel Blanc apareceu como facilitador entre as duas famílias, cuidando das decisões cotidianas fundamentais, mas tinha uma função informal de diretor, e as decisões estratégicas pouco avançaram. Reiniciou-se em 2016 a discussão entre as famílias Blanc e Vieira para acertar níveis de participação de cotistas, separação de competências e responsabilidades, além da criação de um conselho, tudo isso em um modelo de gestão moderno e descentralizado. Tudo começou com a estruturação organizacional para a segunda geração, com a criação de duas **holdings** *que controlam a Blavi: a Bladpar, da família Blanc, com 70%, e a BHS, da família Vieira, com 30%, no acordo de acionistas. Daniel assumiu em 2016 a função de* *diretor executivo e encontrou uma equipe muito sólida e coesa, graças ao bom discernimento do pai e de Ataulpho Vieira. E assim o Grupo Blavi evoluiu para a governança corporativa.*

O primeiro passo abrangeu a institucionalização do poder da segunda geração, que ganhou representatividade por meio da presença de Daniel, e a elaboração de um organograma com definição de alçadas e de responsabilidades. O segundo passo foi adotar alguns ritos fundamentais para a participação da segunda geração. E o terceiro passo foi a criação do conselho, formalizando os encontros com atas e fazendo-os periódicos. O conselho inicial teve cinco membros: três da família Blanc (Afonso, Daniel e Eduardo) e dois da família Vieira (Ataulpho, como presidente, e Bruno).

O maior desafio de Daniel foi ter que separar papéis — era sócio, colaborador e irmão. Para a profissionalização da empresa, em dezembro de 2018 decidiu-se trazer um executivo do mercado, evitando vícios familiares que atrapalhassem o processo decisório. Daniel passou a participar como membro do conselho, e Afonso assume a sua presidência. Ao cabo de menos de dois anos considerou-se como melhor solução que Daniel retornasse à posição de diretor executivo, o que ocorreu em janeiro de 2020.

Nesse momento, Afonso conheceu Wanderlei Passarella em um workshop do IBGC. Percebeu-se que ele poderia ter participação essencial, na função de presidente do conselho, como conselheiro externo e independente, com grande experiência e atuando como mediador. As famílias têm observado, desde a chegada de Passarella, uma evolução muito grande da governança na Blavi, com a identificação de objetivos, pontos fracos e pontos fortes dos negócios e dos sócios.

A motivação atual é a perenização da empresa. Está em finalização o plano estratégico, já com orçamento plurianual, uma agenda anual em pleno funcionamento, com pontos necessários e não tão urgentes, que assegurem a perenidade da empresa. Daniel, como diretor executivo, está passando por avaliações por meio de PDI e está em um processo de certificação de conselheiro consultivo. Blindado, por mecanismos, de interferências familiares. Mas está no foco futuro a criação de um conselho de famílias.

Afonso pondera que não há como uma empresa se sustentar sem a implantação da governança. E Ataulpho confessa que, se houvesse a mentalidade da governança no tempo da ABC, o sucesso da empresa teria sido muito maior.

Por último na lista dos motivos para a instalação de GC — mas não menos importante — está começar os negócios de uma empresa de maneira bem profissional e organizada, no caso das *startups*, fazendo a separação entre quem é o empreendedor, quem são as partes interessadas, e alocar na estrutura um mentor, que pode vir a ser um conselheiro. Portanto, fica clara a distinção do que é governo da empresa e o que é gestão.

Muita gente ainda se confunde achando que se deve fazer a governança para gerir. Vou repetir: governar é diferente de gerir.

ROTEIRO PARA A INSTALAÇÃO DA GC

Um conselheiro chega para participar de um negócio e verifica que não há governança estruturada. Para esse profissional, é importante saber os passos fundamentais para essa implantação. Exibirei em seguida um modelo empírico baseado em uma experiência de dezenas de casos.

Primeiro é preciso estabelecer uma visão. Não se trata aqui de uma visão estratégica, mas da visão dessa sociedade em si: o que é a empresa e o que os sócios compreendem que seja. É um trabalho delicado para o conselheiro, nesses casos, na maior parte, das vezes consultivo, que possivelmente entrevistará cinco ou seis vezes cada sócio, em reuniões estruturadas, para poder entender o que eles querem do negócio, como veem seu presente e seu futuro. É no bojo dessa visão que residem as grandes concordâncias e discordâncias.

O segundo passo é definir o modelo aplicável de governança naquela empresa. Peço aos leitores a gentileza de se reportarem ao Capítulo 3, onde já analisamos os modelos de governança. O conselheiro, nesse ponto, negociará com as partes o modelo que, em consenso ou por maioria, os sócios se sentirão confortáveis para implantar. Claro que terão que estudar e aprender os diferentes tipos de modelo, e essa tarefa, além de tudo, será um processo educativo para eles. Ao longo dessas conversas, eles vão entendendo, pesando os prós e contras, e ficarão mais à vontade para implementar a governança. Mesmo que a empresa não tenha sócios, essa é uma etapa igualmente importante para o fundador, porque às vezes ele tem total desconhecimento de onde chegará com a governança.

A terceira etapa é a implantação da governança, que exige que se conheçam as condições de contorno. Logo mais explicarei melhor.

E afinal, o direcionamento estratégico, que boa parte das empresas não tem. Os conselheiros precisam estar experimentados sobre como elaborar e acompanhar a estratégia. E muitas vezes, em derivação da estratégia, surge a necessidade de modificar a estrutura da companhia, porque a estrutura tem que seguir a estratégia.[47]

Figura 4.2 Um modelo empírico para a instalação de conselhos

A seguir exibo algumas figuras autoexplicativas, que servirão para ilustrar o que já antecipei na introdução a esse roteiro para a instalação de GC.

---

47 Famosa frase de Alfred D. Chandler em seu livro *Strategy and Structure: Chapter in the History of the American Industrial Enterprise*. Cambridge: The MIT Press, 1962.

A INSTALAÇÃO DO CONSELHO

Figura 4.3 Encontrando o caminho comum

> ▶ **Encontrando o Caminho Comum (Visão)**
>
> - Realizar reuniões com a alta administração, onde haverão perguntas direcionadoras para a construção paulatina de um consenso, onde o Conselheiro terá um papel ativo na construção de pontes.
>
> - Reuniões típicas:
>   1ª) Conhecimento mútuo
>   2ª) Visões e intenções pessoais
>   3ª) Definição de pontos comuns e divergentes
>   4ª) Apresentação individual do diagnóstico
>   5ª) Consenso sobre solução/visão

O conselheiro terá que interagir com os acionistas e executivos e analisar as condições e o histórico do negócio para apresentar a eles a sistemática para elaboração do modelo de governança e a forma de atuação do conselho, que exploraremos no Capítulo 6, como a governança operante, a mais *hands on,* ou outras.

Figura 4.4 Elaborando o modelo de GC

> ▶ **Elaborando o Modelo de Governança**
>
> - O modelo de governança será a forma como os executivos, conselheiros e acionistas irão interagir com as decisões e resultados periódicos do negócio. O conselheiro irá elaborar o *modus operandi* da governança, em função das condições e da história dos negócios e proporá a sistemática às partes.
>
> - Duas fases:
>   a) Elaboração do *modus operandi*;
>   b) Apresentação aos Acionistas/Executivos em reuniões específicas.

O próximo passo é a implantação da governança de fato, começando pelas condições de contorno. É como chamamos a fase em que serão elaborados os principais documentos que regerão a governança e dos quais já falamos anteriormente.

Figura 4.5 Implantação — as condições de contorno

> ▶ **Implantação**

Condições de Contorno: Nesta etapa, o conselheiro elaborará os principais documentos e processos que darão respaldo à governança, sempre em conjunto com o advogado indicado pela empresa. Exemplos de alguns que podem ser aplicáveis, dependendo do caso:
- Regimento do Conselho
- Acordo de Acionistas
- Código de Conduta
- Regras de Sucessão (dentro do Acordo)
- *Family Office*

Tratarei, adiante, de outra questão envolvida no processo de implantação, que é a estrutura.

TIPOLOGIA PARA INICIAR CONSELHOS

Apresentarei agora uma tipologia para iniciar conselhos que se aplicam a empresas de diferentes constituições societárias (sócio-fundador, familiar, multifamiliar e multissocietária) e de capital fechado. Isso porque as empresas de capital aberto já têm uma governança, que é uma condição legal, *sine qua non*, para serem abertas.

Mas antes de falarmos da tipologia para iniciar conselhos, é fundamental entender o seguinte: o espírito que guia a importância de um conselho é a ideia de cuidado. É a noção de criador e criatura. A figura a seguir, que aborda a empresa com um único sócio-fundador, é também aplicável a qualquer tipo de negócio.

A INSTALAÇÃO DO CONSELHO

Explico: enquanto criatura, o conselheiro tem a arte e a ciência de dirigir empresas; tomará decisões embasado na moderna ciência da governança de empresas, utilizará as melhores práticas e aplicará princípios para realizar um bom governo. Esses princípios serão abordados com maior detalhamento ao longo deste livro. Mas, e quanto a cuidar do criador? Esse é um dilema, porque, muitas vezes, o conselheiro pensa que entrará em uma companhia e atuará focado em sua boa direção, e estará alheio e não subordinado às questões familiares e emocionais da empresa. Mas, não! Na governança, o conselheiro mexerá com o cerne da sociedade, e cuidar do criador significa entender o aspecto humano e a psicologia desse fundador. Ele tem suas emoções, suas idiossincrasias, suas urgências, seus paradigmas, modelos de visão de mundo, a forma como se relaciona com as pessoas. Tudo isso parece pouco, mas é muito para cuidar. Portanto, a capacidade de inspirar as pessoas a se desenvolverem é muito importante para o conselheiro, porque terá que inspirar esses sócios ou acionistas — ou pelo menos uma parte deles — a querer melhorar, o que é uma tarefa dificílima. É a capacidade de mostrar, com paciência — e, por que não dizer, com amor — os caminhos mais técnicos para o negócio, respaldados na arte e na ciência de governar.

Uma observação que faço é que os executivos têm, em geral, dificuldade de se adaptar a empresas familiares porque estão acostumados a ambientes mais técnicos. Pois o conselheiro egresso de uma carreira executiva muito sólida em multinacional, por exemplo, quando aceita ser conselheiro de uma empresa fechada, onde começará a governança, encontra certa dificuldade. Não é um desafio insuperável, desde que o conselheiro busque ganhar competências para lidar com a questão humana. Veremos mais detalhadamente esse tema no Capítulo 9.

Darei um exemplo concreto. Recentemente, como conselheiro, eu estava conversando com um executivo de topo para ser contratado como diretor de operações em uma empresa familiar que já estava com um conselho bem montado, com profissionais muito qualificados. Na conversa, ele, todo entusiasmado, já falava em elaborar um plano de negócios e implantação de várias iniciativas. Eu perguntei: "Posso dar uma única sugestão?" Ele aquiesceu, e eu completei: "O que você tem que fazer na companhia vai tirar de letra, porque sabe fazer tudo isso. O que você precisa aprender agora, e é importantíssimo, é gerir para cima.

Ou seja, vai ter que entender o seu chefe (fundador da empresa e CEO) e captar tudo o que ele pensa. Esse é o desafio."

Como eu já disse, falta à maioria dos fundadores virar a chave. Como empreendedor, o fundador precisa ser, e acaba sendo, centralizador. Tem que cuidar de tudo no começo. O problema é que acaba se viciando nessa postura e não consegue virar a chave para ser empresário e, mais tarde, para ser acionista, atuando junto com o conselho como governante.

As considerações que acabo de fazer se aplicam a todas as quatro figuras a seguir.

Figura 4.6 Tipologia para iniciar conselhos — sócio-fundador

UM SÓCIO-FUNDADOR

▶ **Diagnóstico**:
- Cuidar do "Criador" e da "Criatura"
- Geralmente foi um empreendedor (centralizador; amigos fiéis)
- Ele já entendeu a governança, mas há a questão do poder
- Falta virar a chave de **Empreendedor** para **Empresário** e depois para **Acionista**.

▶ **Prognóstico (Conselheiros Mentores):**
Antes de implantar governança é preciso "cuidar" do fundador:
- Mentoria (8 a 10 sessões para entender bem as suas questões)
- Cursos práticos sobre governança e conselhos (tipo PFC)
- Gestão patrimonial como forma de redirecionar o controle
- Trazer outros conselheiros ao *Board* → Profissionais admirados e competentes.

Fonte da imagem: <https://pixabay.com/pt/photos/neg%c3%b3cios-empres%c3%a1rio-cadeira-1839191/>.

Dou ainda outro exemplo, este de um conselho que falhou. Fiquei em um projeto durante quase dois anos, com dois outros conselheiros bastante sintonizados. O fundador, pessoa de excepcional formação, entendia o conselho como

A INSTALAÇÃO DO CONSELHO

uma iniciativa boa para mostrar ao mercado e até gostava do debate que se desenrolava com os conselheiros, mas não estava aberto para trabalhar suas idiossincrasias. Quando o grupo trazia uma contradição, algo que estava impactando negativamente na companhia, ele vetava. O conselho começou a fazer reuniões paralelas, tentando superar essas questões, e ao cabo de dois anos concluímos que o fundador não desistiria de participar das operações e dessa forma, não se conseguiriam os avanços necessários. É um caso clássico para ilustrar a solidão do poder, de o fundador considerar que, ao implantar um conselho, terá mais pessoas para corroborar suas visões. Mas esse fundador precisava entender que existem melhores práticas. Desnecessário dizer que os três membros, eu inclusive, desistimos da empreitada.

Figura 4.7 Tipologia para iniciar conselhos — empresa familiar

EMPRESA FAMILIAR

▶ **Prognóstico (Conselheiros Conciliadores):**
- Etapa importante é o alinhamento de responsabilidades e ganhos
- Pode ser necessária a elaboração de um Pacto de Convivência
- Diminuir a presença de familiares no conselho e na gestão
- As vezes é preciso um advogado no *Board*
- Regimento do conselho focado no processo decisório

▶ **Diagnóstico:**
- Geralmente há um desalinhamento de responsabilidades e de ganhos
- Convivência desgastada
- Discutem sobre as "formigas" enquanto passam os "elefantes"
- Processo decisório travado

Fonte da imagem: <https://pixabay.com/pt/photos/mulheres-trabalho-em-equipe-equipe-1209678/>.

Figura 4.8 Tipologia para iniciar conselhos — empresa multifamilliar

EMPRESA MULTIFAMILIAR

▶ **Prognóstico (Conselheiros Integradores):**
- Alinhamento de visão do negócio é o passo mais importante
- Implantar a governança implica em profissionalizar a gestão
- Acordos de acionistas (inter e intra-famílias) é um requisito em muitos casos
- Profissional de RH (Gente & Gestão) no *Board* é muito útil para alinhar práticas

▶ **Diagnóstico:**
- Geralmente desenvolveram um bom entendimento mútuo entre famílias, mas há questões intra-famílias
- Baixo nível de governança
- Gestão em vias de se profissionalizar

Fonte da imagem: <https://pixabay.com/pt/photos/reuni%c3%a3o-equipe-local-de-trabalho-1245776/>.

Figura 4.9 Tipologia para iniciar conselhos — empresa multissocietária

EMPRESA MULTISSOCIETÁRIA

▶ **Prognóstico (Conselheiros Intermediários):**
- Evoluir rápido em todos os pilares da governança – ver no Capítulo 6, a pauta de assuntos na governança integral
- Os passos para a instalação do conselho podem ser seguidos classicamente
- Há boa chance da necessidade de número ímpar de conselheiros, entre 3 e 7, com perfis complementares (baseados no momento do negócio)

▶ **Diagnóstico:**
- Empresa madura para a governança
- Geralmente tem uma estrutura de gestão já profissionalizada
- Requerem maiores cuidados formalistas
- Avanço na governança pode ser rápido e em vários pilares

Fonte da imagem:
<https://pixabay.com/pt/photos/mulher-homem-adulto-sentar-se-3137474/>

QUEM SÃO OS GOVERNANTES E QUAL É A DIFERENÇA ENTRE CONSELHOS CONSULTIVOS E ADMINISTRATIVOS?

Os governantes são os profissionais que atuam no conselho, seja de qual tipo for. Vamos lembrar o que reza o disposto no item 2.5 do Relatório Cadbury:

A governança corporativa é o sistema pelo qual as companhias são dirigidas e controladas. O conselho de administração é responsável pela governança das suas companhias. O papel dos shareholders na governança é indicar executivos e auditores e certificar-se de que uma estrutura apropriada de governança esteja instalada. As responsabilidades do conselho incluem estabelecer as metas estratégicas da companhia, apontar, prover a liderança para colocá-las em prática, supervisionar a gerência do negócio e reportar aos stakeholders sobre a gestão. As ações do conselho estão sujeitas às leis, às regulamentações e aos acionistas em assembleia geral.

O conselho de administração está formalizado no contrato social, de modo que os governantes (conselheiros) passam a fazer parte do grupo de administradores da empresa, portanto, passam a ser regulados pela Lei dos Administradores. Essa lei entende que os conselheiros e os executivos são administradores e estão sujeitos às questões que envolvem a legislação, seja trabalhista, civil, criminal e ambiental.

Já o conselho consultivo pode não estar no estatuto da empresa e nem no contrato social, embora possa ter ata e pauta de reunião. Isso, eventualmente, constitui provas de que toma decisões, e em alguns casos de litígios ou disputas, pode-se entender que o conselho consultivo estaria também regido pela Lei dos Administradores. Por isso, a ideia do conselho consultivo é agir mesmo como administrativo, mas ir aos poucos. Como um passo inicial, com menos responsabilidade, de caráter intermediário e apenas opinativo, para a futura formalização de um grupo realmente governante.

Entretanto, não é proibido que o conselho consultivo tenha papel administrativo. O ideal para uma empresa é ter um modo de atuação governante, seja consultivo ou administrativo. Ambos são úteis, cada um à sua maneira, e muitas vezes do mesmo modo. A diferença está apenas no aspecto legal.

OS QUATRO TIPOS DE CONSELHO PELA ÓTICA LEGAL

Veremos na figura a seguir os quatro tipos de conselho e as circunstâncias e exigências para cada um, que mudam conforme a complexidade da companhia, das tarefas e responsabilidades. Note o leitor que a menção ao tamanho do mercado se refere ao mercado de trabalho para conselheiros, tema que será recuperado, com muitos detalhes, em vários pontos do Bloco 3 deste livro.

Sem intenção de causar qualquer tipo de desconforto ao candidato a conselheiro, é preciso mencionar que o risco para o integrante do conselho de administração, no aspecto legal, é altíssimo nas empresas de capital aberto, porque há diversos órgãos de regulamentação, inclusive a CVM. Nas empresas de capital fechado, o risco ainda é alto, mas existem menos órgãos de regulamentação — por exemplo, não se exige apresentação de balanços em jornal, e a CVM não fiscaliza —, mas o conselheiro é tido como administrador da companhia.

Figura 4.10 Tipos de conselho, no aspecto legal

4 TIPOS DE CONSELHOS	ADMINISTRATIVO		CONSULTIVO	
	Capital Aberto	Capital Fechado	Formal	Informal
Riscos	Altíssimo	Alto	Médio	Baixo
Remuneração	Alta	Média	Baixa	Baixa
Responsabilidade	Altíssima	Alta	Média	Média
Handson	Pouco	Pouco	Muito	Muito
Barreiras à Entrada	Altas	Médias	Baixas	Baixas
Tamanho do Mercado	Restrito 500 emp.	Mediano 10.000 emp.	Grande 50.000 emp.	Enorme 150.000+ emp.

Como se vê, o conselho consultivo pode ser formal ou informal. O formal é quando constitui um anexo no contrato social, em que se declara que auxilia,

A INSTALAÇÃO DO CONSELHO

opinando, os gestores da empresa. É nesse ponto que o conselho consultivo está prestes a se tornar um conselho administrativo. Por garantia, a ata deverá sempre registrar que o conselho **recomenda** tal decisão, e que o CEO resolverá decidir em conformidade ou não. Afinal, o conselho informal não tem qualquer vínculo no contrato social e não tem ata formalizada, ainda que possa estar na linha de frente, tomando decisões, portanto, não terá qualquer implicação perante a Lei dos Administradores. Mas, em geral, trabalha muito.

Esse é, digo eu, o ponto de inflexão deste livro: o mercado para membros de conselhos consultivos é amplo, com muitas oportunidades. Na sequência deste livro, analisaremos cada uma.

A REALIDADE DAS EMPRESAS BRASILEIRAS

A advogada Isis Magri Teixeira fez um levantamento, do qual extraí, como se pode observar na figura a seguir, algumas informações que me pareceram bastante expressivas sobre a presença das empresas familiares no universo empresarial do Brasil. O texto original foi publicado no *Jornal da USP*, e os créditos estão dados à pesquisadora.

Figura 4.11 Anotações sobre a realidade brasileira

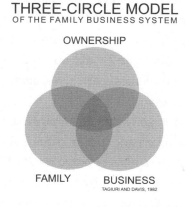

No boletim "Em dia com o Direito", Isis Magri Teixeira fala sobre as empresas familiares que, segundo dados do Sebrae e do IBGE, geram 65% do Produto Interno Bruto (PIB) brasileiro e empregam 75% da força de trabalho, além de representarem 90% dos empreendimentos no Brasil.

Fonte: Jornal da USP, 18/10/2018

*Fonte: Silveira, Alexandre di Miceli, GC desempenho e valor da empresa – St. Paul Institute of Finance, 2005

Realidade nas empresas familiares:

- As três áreas se interseccionam
- Nem sempre a intersecção é construtiva
- Miceli* mostrou que o valor agregado ao negócio tende a ser maior quando se separa CEO e Chairman
- Num salto indutivo, podemos inferir que a separação, máxima possível, dos três papéis é saudável para a perenidade da empresa

Temos dito que o tamanho do mercado para conselheiros consultivos em empresas de capital fechado é muito diferente do tamanho do mesmo mercado para empresas de capital aberto. Temos no mercado brasileiro inúmeras empresas que mal conhecem as boas práticas de gestão, quanto mais o governo. No momento em que se instala um governo em uma empresa, ocorre uma verdadeira catálise no processo. Eu tento, em meus programas, estimular os conselheiros, fazendo-os ver que são pessoas de catalisação. Eles podem entrar em uma companhia e ajudar muito a estabelecer um modelo de governo que terá impacto direto na gestão. Sabemos que governo e a gestão devem estar separados, mas há vasos comunicantes. E nos casos brasileiros em que falta conhecimento sobre gestão e governo, a presença do conselheiro ajuda demais.

Recomendo que o candidato a conselheiro compreenda muito bem o modelo de Tagiuri e Davis, que já mostramos, mas sobre o qual vale a pena mais uma reflexão explorando a Figura 4.11. O conselheiro deve compreender como lidar com a propriedade, no sentido do patrimônio de cada acionista, lidar com a família e com suas relações e idiossincrasias, e finalmente, com o negócio. No modelo brasileiro, essa confluência entre propriedade, família e negócio é ainda muito acentuada, e nem sempre essa intersecção é construtiva. Alexande di Miceli Silveira, como vemos na Figura 4.11, estudou e concluiu que o valor agregado ao negócio tende a ser maior quando se separa CEO e chairman.

Na nossa visão prática, empírica, pelo processo indutivo, podemos concluir que, para conseguir fazer uma boa governança, é preciso fazer, como os antigos alquimistas, um processo de *solve et coagula*, ou seja, dissolve-se o que existe na empresa, separam-se os componentes e depois se coagula, isto é, define-se qual é o papel que cabe a cada um, trazendo novos elementos (conselheiros externos independentes) para acrescentar propriedade de liga. No fundo, um trabalho educativo.

Ressalte-se que a própria longevidade da empresa se beneficia dessa separação, quando o trabalho da governança obtém o que eu chamo de perenização adaptativa. O funcionamento será mais próximo do ideal no momento em que cada *player* estiver ocupando seu devido lugar na empresa. É o caminho das pedras para montar uma governança efetiva que melhore os resultados da empresa.

No capítulo a seguir discorreremos sobre os principais atores do processo de GC.

CAPÍTULO 5
OS PRINCIPAIS ATORES DO PROCESSO DE GC

Neste capítulo, me aterei ao papel ideal de cada participante que representa os interesses maiores de uma companhia e de sua posse do poder decisório mais imediato. Reporto-me ao Capítulo 3, onde comento a estrutura típica da grande empresa de capital fechado — governantes, executivos e públicos. Quando falo de decisões mais imediatas, refiro-me a todos, menos aos públicos, porque esses são decisores sutis, donos de um poder indireto, pois sua voz passa pelos executivos. Lembrando que estabeleço aqui o papel ideal; na vida prática, sabemos que as coisas podem ser bem diferentes.

Família — os membros familiares que detêm participação nas ações ou cotas da empresa têm o papel de compreender, ainda que minimamente, o negócio, para poder estimular os demais familiares como coparticipantes. Pode-se atingir isso por meio da participação no conselho da família, que já mencionamos, e nos encontros do *family office,* caso exista. Não há necessidade de que tenham um papel ativo na empresa. Aliás, é preferível que não interfiram e que estimulem os demais familiares a ter essa função.

Acionistas — também denominados sócios ou cotistas. A nomenclatura "acionista" é utilizada para empresas grandes, sociedades anônimas, de capital aberto ou fechado. Cotistas são os detentores da propriedade de empresas Ltda., onde os participantes são mais discricionários. E "sócio" é uma nomenclatura comum. O papel principal, e ideal, desses personagens, quando restritos a detentores da propriedade, é serem os embaixadores do negócio. Podem contribuir como críticos da empresa, acompanhando o que está ocorrendo, em contato com os governantes, em reuniões não tão frequentes, semestrais ou anuais, ou nas assembleias. Devem ser críticos, mas também promotores das qualidades da empresa junto aos seus mercados. Outro desempenho crucial é escolher e nomear os governantes, e para isso precisam desenvolver critérios. Esse processo de escolha normalmente é profissionalizado se a empresa contar com capitalistas de risco em seu quadro de sócios, como anjos, fundos de capital semente, *venture capital* e *private equity*; ou ainda não é profissionalizado, o que representa um problema, porque costuma ser feito com base em indicações de amigos em grande parte dos casos. Quanto mais o processo de escolha dos governantes for feito com base em critérios profissionais, que levem em conta competências, experiências e méritos dos potenciais conselheiros, muito melhor será a formação da governança. É essencial que haja um processo educacional com os sócios sobre como serem bons acionistas. Trago uma citação do livro de Kignel e Werner que sintetiza o que estou abordando:

> "O que caracteriza o sócio profissional é a sua capacidade de eliminar conflitos de interesse, evitando, assim, que sua decisão seja baseada em benefício próprio ou de sua família, e não sobre as reais necessidades da empresa. As ações do sócio profissional estão diretamente ligadas à gestão, englobando, portanto, o respeito a um processo decisório compatível com a necessidade da empresa e consequentemente com o mercado interno e externo. O processo decisório deve contemplar quatro níveis de conhecimento: da empresa, de seu funcionamento, do mercado e de seus processos."[48]

Ressalto que educar esse acionista é importantíssimo para que ele saiba qual é o seu papel. É um processo muito autocentrado, porque tem a ver com autoconhecimento. O acionista tem que querer se educar. É como deci-

---

48   KIGNEL, Luís e WERNER, René A. *...e Deus criou a empresa familiar*. São Paulo: Integrare Editora, 2007, p. 205.

dir fazer uma terapia: só cabe ao paciente essa decisão. O acionista precisa ter contato com a teoria, com os conceitos, com a definição de o que é o governante. Ou seja, precisa se educar para isso. Às vezes, o papel de conscientizar cabe ao conselheiro, quando compreende que há essa deficiência, e nem sempre isso acontece com facilidade. Quando o acionista compreende sua necessidade de se educar, a empresa ganha um aliado de peso.

Governantes — têm o papel da direção e controle da organização. Não me deterei nessa definição, porque já está citado, quando falamos do Relatório Cadbury.

Executivos e CEO — têm o papel de liderar e, eventualmente, transformar a organização rumo ao futuro desejado. Deve implantar o direcionamento da companhia, conforme definição dos governantes, gerir e buscar a eficiência dos processos. São as pessoas que estão *full time* na companhia, principalmente o CEO, que tem a função de elo entre os componentes da pirâmide (ver Figura 1.4 do Capítulo 1).

PAPEL DOS GOVERNANTES NAS *STARTUPS*

Há um documento recente do IBGC[49] que aqui condenso resumidamente, recomendando que o papel dos governantes em *startups* e *scale-ups* é começar a empresa com uma governança, que é a chave para aumentar as chances de ser bem-sucedida na relação com aqueles outros participantes do processo: anjos (donos do chamado *seed capital*, o capital semente para plantar o empreendimento), o *venture capital* (capital aplicado quando a *startup* já está em uma fase de tração) e ainda o *private equity* (quando a empresa já alcança a fase de *scale-up*, ou alto crescimento com escalabilidade de seu modelo de negócios[50]). Falaremos de todas essas fases em seguida. Mas vale lembrar que o investi-

---

49 Instituto Brasileiro de Governança Corporativa. *Governança corporativa para startups & scale-ups*. São Paulo: IBGC, 2019. (Série IBGC Segmentos).

50 FOWLER, G. Verbete draft: o que é scale-up. Disponível em: <https://www.insper.edu.br/noticias/verbete-draft-o-que-e-scale-up/>. Acesso em: 15 de junho de 2020.

dor-anjo pode ser pessoa física ou mesmo um fundo de investimento, como os fundos Criatec[51], dos quais a BNDESPAR é a principal investidora, dedicados à participação em micro, pequenas e médias empresas inovadoras. Também existe o *"equity crowdfunding"*[52], que funciona igualmente como capital semente, no início de uma empresa.

A relação desses outros participantes no processo de governança está diretamente ligada à ideia de um governante profissionalizado, junto com o fundador. Para que essa relação comece azeitada, a recomendação é que se vá montando a governança, numa *startup*, de forma progressiva. Inicialmente com um mentor (ver figura 3.6 do Capítulo 3) e depois se sofisticando para fazer face a essas relações com acionistas externos que vão se tornando cada vez mais complexas. Preparar-se para isso é essencial.

AS QUATRO FASES DA GOVERNANÇA EM STARTUPS E SCALE-UPS

O IBGC, no documento citado, identifica quatro fases.

A fase da governança na **ideação**, que é a inicial. Nesse caso, a governança é composta normalmente por um mentor e trata de focar nos papéis e na responsabilidade dos sócios, na propriedade intelectual, na remuneração das partes e nas participações do processo decisório. É a fase de desenvolver a ideia (ou hipótese), entender os problemas a serem resolvidos e a lacuna do mercado que se quer ocupar. Nessa etapa ainda não existe atividade operacional, mas já se pode planejar, utilizando métodos de gestão.

Depois vem a segunda fase, da **validação**. É chamada de MVP (Minimum Viable Product) e nessa a empresa vai constituir a governança de fato, com

---

51 O Criatec, em 2020, está em sua 3ª edição e já apoiou mais de setenta empresas brasileiras, viabilizando o registro de cerca de sessenta patentes e a criação de quase mil produtos

52 Segundo a Associação Brasileira de Crowdfunding de Investimento, o *equity crowdfunding* "permite a pessoas físicas em geral participar, via Internet, do capital de uma empresa nascente, comumente designadas '*startups*'. No Brasil essa modalidade é também identificada como investimento colaborativo." Para mais informações, visite: <http://equity.org.br/equity-crowdfunding/> . Acesso em: 15 de junho de 2020.

seus documentos principais: regimento, estatuto etc. Aqui, produto, mercado e modelo de negócios da *startup* encontram-se em experimentação, buscando responder às incertezas que foram mapeadas na fase de ideação. É quando são testadas as proposições e suposições levantadas na primeira fase. Replicando o que diz o relatório do IBGC, neste ponto, a empresa está formalizada, tem atividade operacional e pode receber os primeiros aportes de recursos de terceiros. Pode também passar a contar com a colaboração de mentores e *advisors* de maneira mais frequente.

A terceira fase é a de **tração**. Também pode ser chamada de PMF (Product Market Fit). Aqui o mentor já se transforma em um conselheiro, convoca mais um profissional, e se começa a separar a execução dos governantes, a definir quem são os executores, e separar os sócios, porque nesse ponto ainda pode haver uma linha de confluência. E então planejar e controlar o negócio, principalmente enfrentando os desafios principais, que são conquistar clientes, aumentar o faturamento e os lucros, sem abrir mão dos princípios e valores da organização, para construir uma base sólida para escalar.

E finalmente, a quarta fase, de *scale-up*, ou **escala**, que trata de consolidar as práticas de governança. Possivelmente a etapa em que a empresa já está se preparando para o *private equity*. Nessa fase, o desafio é crescer — de preferência em ritmo acelerado —, sabendo explorar as oportunidades ótimas e conseguindo expandir o negócio em termos geográficos, de mercado ou produtos.

O leitor observou que fizemos uma relação entre esses vários agentes em momentos específicos do desenvolvimento de uma empresa com um modelo de negócios escalável e baseado em inovação (*seed capital* — ou investidor anjo —, *venture capital* e *private equity*), cada um atuando em uma fase diferente, na validação, tração e escala. A principal recomendação é que a empresa comece profissionalizada, estruturada, porque terá grandes ganhos na relação com essas outras figuras que participam de seu processo de crescimento, basicamente como investidores — o que diferencia esses investidores é efetivamente o tamanho do *ticket*. Em alguns casos, acontece de um ou outro querer participar como governantes, ou indicar pessoas para o conselho ou para a área executiva. Porém (mais à frente detalharei melhor este ponto), o investidor deveria se manter como acionista, afastado da empresa, a não ser que conheça muito bem o negócio em que está investindo e possa contribuir mais diretamente.

Um ponto importante é a possibilidade de surgirem conflitos de agência entre acionistas externos e a família proprietária. Mas há uma diferença: a família (seja um fundador ou vários sócios) normalmente não abandona o controle e não perde essa característica de controlador, porque busca a longevidade da empresa, enquanto os investidores estão mais preocupados com a maximização do valor de seu capital investido no menor tempo possível.

BOX: O VALOR DA GOVERNANÇA
ADOLFO MELITO

Na minha trajetória, durante 25 anos dirigi empresas de médio porte, nacionais e multinacionais, uma das quais de capital aberto. Portanto, estive sempre envolvido com as questões de gestão e governança em empresas. Em 2006, concebi e montei o Instituto de Economia Criativa, que presido e que tem uma relação muito clara com o tema da governança corporativa.

Há cerca de 10 anos, mergulhei no tema criatividade e inovação para empresas e, como consequência, na governança para startups, em um trabalho conjunto com a Fecomércio. Nessa parceria, propus a introdução, no Brasil, do crowdfunding de investimento, que operou no país em 2014, mesmo antes da criação de um regulamento próprio. Em 2017, à frente da Associação Brasileira de Crowdfunding de Investimento, depois de ter contribuído para estabelecer o marco legal para o setor, fundei a MyFirstIPO.

Ao debater o tema naquele mesmo ano junto a um fórum promovido pela CVM e pelo IBGC no Rio de Janeiro, fui convidado para integrar o Laboratório de Inovação Financeira, instituição criada pelo BID, ABDE e CVM, cujo propósito foi o de inovar nos segmentos relacionados a Fintechs, Investimento de Impacto e Finanças Verdes.

OS PRINCIPAIS ATORES DO PROCESSO DE GC

Junto ao IBGC em São Paulo, começou a se reunir um grupo relacionado ao ecossistema empreendedor inovador. Fui convidado a me juntar a esse grupo e trabalhei por um ano e meio, terminando com a divulgação do chamado "Caderno de Governança Corporativa de Startups e Scale-ups". Participaram do projeto pessoas ligadas ao IBGC e todo o universo de organizações que faziam parte desse trabalho de investimento: as próprias startups, *incubadoras, aceleradoras e associações em geral, como a Endeavor, inclusive o Instituto Economia Criativa. Minha atuação, atualmente, é de consultor e empreendedor no segmento de* crowdfunding *de investimento, fusões e aquisições e projetos relacionados a* startups.

Cuidamos do ordenamento para que as startups *sejam atendidas nas diferentes fases de sua maturidade. Pensamos em adotar um modelo diferente para cada fase, mas verificamos que a governança é uma coisa transversal e que o mais importante é que a* startup *nasça com o conceito de governança. Não obrigatoriamente já com a formação de conselho e toda a formalidade. Costumo dizer que quando alguém começa uma* startup, *com uma excelente ideia e um excelente time, que consegue entender o mercado e o tamanho desse mercado, e todas as questões favoráveis ao negócio, esse alguém ter que saber construir uma empresa — a parte mais sensível e difícil. A base para isso é, sem dúvida, a governança, porque é por meio dela que se estabelecem as relações internas e externas: como tratar funcionários, fornecedores, clientes, definir quais os princípios a empresa utilizará para se nortear e como será a relação dela com todo o público externo.*

Naturalmente, quando uma startup *passa por uma aceleração, por exemplo, existe uma metodologia para a sua preparação durante três meses, com mentoria e orientações para passar fase por fase, e a governança está dentro desse processo, como conceito sobre o qual a empresa terá que se preocupar, além da experiência e da pesquisa de mercado. Nenhuma empresa nasce configurada, pronta, com diretoria e conselho. Isso vai sendo ajustado aos poucos, desde que ela compreenda o que deve ser feito e entre na fase de provar que tem as condições para competir no mercado, com qualidade. Tudo isso apoiado pelo princípio básico da transparência.*

É exatamente nessa fase que os investidores, no Brasil, se apresentam. O investidor quer ter um pouco de controle sobre a empresa na qual está investindo. E aí está a diferença entre ter um investidor-anjo ou um investidor profissional fazendo o trabalho de venture capital, e o crowdfunding. Quero ressaltar que o único segmento que tem regras e metodologia de mercado pela CVM é o crowdfunding *de investimento, além, naturalmente, dos fundos. Estamos atualmente às vésperas da publicação, pela CVM, de uma revisão arrojada da norma de* crowdfunding *instituída em 2017, com a elevação dos limites de captação anual dos atuais R$5 milhões para o mínimo de R$10 milhões — isso corresponde a permitir a* startups *a "abertura do seu capital" via* crowdfunding.

Uma empresa, mesmo já na fase de scale-up, *não precisa ter um conselho, mas o importante é que tenha um* mindset *de governança, e já é muito comum que as* startups *tenham mentores, que nem sempre são investidores. Penso que a própria* startup, *mesmo que não tenha conselho, já se autoimpõe uma disciplina, visto que os investidores são geralmente grupos de pessoas ou empresas que recebem e acompanham, por meio de relatórios, os resultados da empresa. Esse modelo configura o amadurecimento de empreendedores frente à prestação de contas e a responsabilidade corporativa. Do lado do investidor, sabem que devem dar autonomia e tempo de amadurecimento. Esses investidores se mantêm em contato com os empreendedores. Mesmo não exercendo controle, podem se reunir e debater temas de interesse comum sobre o futuro da empresa. Desse modo, formal ou informalmente, uma empresa na fase de* scale-up *pode adotar até três conselheiros.*

Os empreendedores de uma empresa iniciante, portanto, já sabem que, ao planejar a atração de investidores, vão fazê-lo dentro de um processo de governança, com método, organização, objetividade e transparência, para estabelecer credibilidade e confiança. Ou seja, têm que ter gestão, controle e apresentação de resultados. Pode ser um pouco cedo (já que a estrutura está em formação) para se preocuparem com todos os requisitos para que se constitua uma governança de fato, mas precisam estar preparados para que, em breve tempo, tenham que dedicar pelo menos 20% de seu tempo a isso. Ou seja, precisam ter o mindset *da governança, desde o início, para que o processo seja virtuoso. E os próprios investidores sabem os pontos que devem ser incentivados, que devem ser cobrados, e sabem que as* startups *precisam de autonomia. É assim no Brasil e é assim no mundo.*

Adolfo Melito, criador do Instituto Economia Criativa

CRITÉRIOS PARA FAMILIARES TRABALHAREM NA GESTÃO DA EMPRESA

No mundo ideal, os únicos critérios deveriam ser experiência e competência. Na prática, vemos que não é bem assim. O acordo de acionistas ou cotistas deveria ser explícito a respeito desses critérios, detalhando o que se entende por experiência e competência. Exemplos de critérios: um membro da família, para trabalhar na companhia, deve ter no mínimo cinco anos de experiência em função gerencial em empresa de porte médio ou grande* (ver, adiante, a Figura 5.3 — Classificação de empresas pelo porte); como competência, deve ter ensino superior em área da atividade-fim da empresa e ter MBA concluído em escola de renome internacional, domínio de inglês ou outro idioma relevante para os negócios da companhia, com proficiência certificada.

Embora altamente desejável, a escolha por esses critérios é rara e motivo de inúmeros fracassos, porque o que parece predominar nas empresas familiares, principalmente as de capital fechado, de pequeno e médio porte, é o critério da confiança. É nítida, em muitas empresas, a presença de familiares não tão bem preparados e ocupando lugar de destaque. Essa contingência reforça a importância de começar uma *startup* já com uma governança, preparando, nas quatro fases que acabei de mencionar, todos os princípios e as ideias que nortearão seu crescimento. Tenho outro exemplo: trabalhei em uma empresa, como conselheiro, em que o executivo-chave de vendas era o funcionário número 1. Era nitidamente inadequado, porque estava ultrapassado. Além disso, tinha questões pessoais importantes, mas era mantido no posto porque era pessoa de extrema confiança do fundador, apesar de até criar dificuldades com os outros executivos, que o viam como alguém que ocupava espaço sem trazer resultados. Não era um familiar, mas essa representa um tipo de situação que observamos sobretudo em empresas familiares, onde os critérios não são exatamente competência e experiência. De certo modo, esses tipos funcionam como uma espécie de alter ego do fundador.

Apenas como ilustração, produzi uma *checklist* dos principais critérios de escolha para que um familiar do fundador ou dos sócios possa participar da empresa em funções executivas ou de governança.

Figura 5.1 Exemplo de *checklist* de pré-requisitos

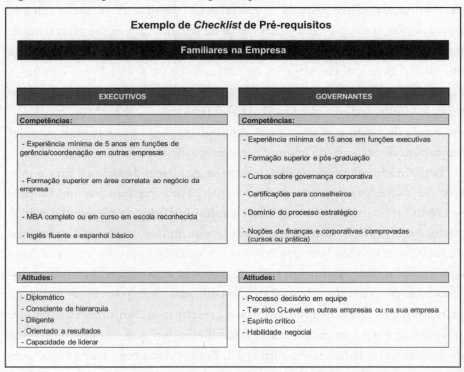

É bastante comum que a relação entre familiares seja muito conflitiva. Estão em jogo questões emocionais, questões da infância, idiossincrasias e memórias do passado que povoam a cabeça dos familiares que atuam como executivos ou apenas acionistas. Por exemplo, atuei no conselho de uma empresa familiar, e nas reuniões os irmãos acabavam sempre trazendo a figura do pai, queixando-se do privilégio dado ao irmão mais velho de se sentar no assento da frente no carro. Era uma queixa recorrente dos irmãos contra essa preferência do pai, que na visão deles mostrava uma falta de critério e ausência de equidade no tratamento. Nas discussões de negócio, a questão teimava em aparecer novamente. O ideal, novamente — e o ótimo é inimigo do bom —, é que haja critérios objetivos de quem deve atuar onde e como. Por isso produzi a tabela vista na figura anterior.

Uma vez, como conselheiro consultivo de uma empresa, fui ajudar a elaborar a política salarial dos sócios. Havia conflitos, e eles exerciam vários papéis dentro da organização, como conselheiros, executivos e acionistas. Todos esses papéis eram imiscuídos na relação. A forma de remuneração era mantida porque era algo consolidado no passado, por imposição do fundador. Exerci uma tarefa que excedeu um pouco as funções de conselheiro e, com outras pessoas, ajudei a montar uma política equilibrada e que fizesse sentido quanto à remuneração de cada papel.

COMO É, NA PRÁTICA, A RELAÇÃO ENTRE CONSELHEIROS E EXECUTIVOS

Novamente pensando no ideal, é recomendável que se encontre uma forma de separar os papéis de modo que um não interfira no outro. Na prática, porém, boa parte das empresas não tem porte para ter os públicos separados, e as relações são de intersecção. Tenho um exemplo de uma empresa de grande porte em que trabalhei como conselheiro e onde existia um membro da família que exercia quatro papéis ao mesmo tempo: conselheiro, CEO, membro da família e acionista importante. Como vimos na gênese da governança, esses papéis estão inter-relacionados, mas o caminho para que uma empresa possa fazer sua perenização adaptativa e obter benefícios com a governança é ir fazendo, ao longo do tempo, o que chamo de *solve et coagula*, que mencionei rapidamente no Capítulo 4.

Figura 5.2 Relações na prática

> ### SOLVE ET COAGULA
>
> A arte e a ciência da boa relação entre as partes constituintes do processo de governança e gestão de uma organização consiste na aplicação da alquimia do *solve et coagula*:
>
> - Dissolver o que existe
> - Procurar diminuir as áreas de intersecção
> - Reagrupar trazendo novos elementos para a adesão do todo

A ideia é ir separando os papéis, dando a César o que é de César. Vamos imaginar um acionista que exerce a função de CEO porque assim consegue se remunerar mais. Pode haver aí uma tensão, porque, como membro da família, ele pode pretender vender o negócio, mas como executivo, pode ter a intenção de perenizar a empresa para continuar recebendo como executivo.

Ao identificar uma relação conturbada por causa de papéis múltiplos, com risco de conflitos iminentes, o conselheiro deve tentar separar ao máximo esses papéis, dentro da realidade de cada empresa, dentro do porte de cada uma, a estrutura que ela tem. O conselheiro tem que entender a ciência e a arte das relações para poder aplicar o que é possível. Dissolver o que existe, procurar delimitar bem essas áreas de intersecção para diminuir a interferência, e finalmente reagrupar, trazendo novos elementos catalisadores para a adesão do todo, como conselheiros e consultores externos.

Nas grandes empresas de capital aberto, onde, por força de lei, os papéis são bem definidos e delimitados, esse tipo de problema é minimizado. Mas nas empresas de capital fechado, que optam pela condução construtivista da governança, o conselheiro tem uma tarefa diplomática a desempenhar. Não

OS PRINCIPAIS ATORES DO PROCESSO DE GC

há manual, por isso encaro a questão das boas relações como arte. Tem que entender o histórico da situação, a raiz das discórdias, os paradigmas trazidos pela família, e ir trabalhando a dissolução desses problemas para, ao final, fazer o reagrupamento.

PORTES DE EMPRESAS

Para uma melhor clareza acerca dos diferentes portes de empresas, trago agora duas classificações, detalhadas na figura a seguir: elas separam as empresas por tamanho, com base no faturamento anual.

* **Figura 5.3** Classificação de empresas pelo porte

Classificação IBGC: Fonte: https://www.ibgc.org.br/		Classificação BNDES: Fonte: https://www.bndes.gov.br	
Pequena:	até R$20 mi/ano	Microempresa:	Menor ou igual ao R$360 mil
Média:	entre R$20mi e R$100 mi/ano	Pequena empresa:	Maior que R$360 mil e <= a R$4,8 milhões
Média/Grande:	entre R$100mi e R$400 mi/ano	Média empresa:	Maior que R$4,8 milhões e <= a R$300 milhões
Grande:	acima de R$400 mi/ano	Grande empresa:	Maior que R$300 milhões

Observa-se que há uma diferença entre o que diz o IBGC e o BNDES. A diferença está na finalidade, porque o BNDES empresta dinheiro também para microempresas e para empresas voltadas para a inovação, que podem escalar muito rapidamente — e esse é o grande motivo de se incluir a governança nas *startups*.

De qualquer modo, a classificação do IBGC talvez tenha que ser atualizada, porque quando se trata de governança para *startups* e *scale-ups*, será preciso considerar, além das pequenas e médias companhias, as microempresas.

O PAPEL DO PRESIDENTE DO CONSELHO

Nem todas as empresas contam com a figura de presidente do conselho. Muitas vezes, o presidente pode até assumir outro título, como coordenador, dependendo, por exemplo, da suscetibilidade do fundador, que se frustra por não presidir o conselho.

O papel do presidente do conselho, basicamente, é presidir a reunião, fazer com que os participantes debatam amplamente os assuntos da pauta, estimular o que chamo de confronto-e-consenso, para chegar à melhor solução. Detalharei um pouco mais.

O atributo mais importante para a boa dinâmica de um conselho consultivo ou de administração é a capacidade de seu presidente de desafiar seus membros e buscar o consenso nos assuntos mais importantes para a organização.

Nessa frase encontramos presentes os três elementos que, juntos, compõem os aspectos-chave, na função do presidente, para concretizar esse atributo crucial a fim de maximizar a dinâmica do trabalho dos conselheiros: o que é importante de ser discutido, o desafio aos membros do conselho e a construção do consenso.

O que é importante de ser discutido e decidido em Conselho?

É papel fundamental do presidente decidir sobre a pauta de assuntos, cobrar a execução das pendências da ata e dela eliminar ou prorrogar itens. Os assuntos a serem abordados devem se distinguir por:

- Constarem de uma lista prévia de assuntos a serem discutidos em determinadas fases do ano.

- Serem de relevância para a mesa diretora (conselho), e não de alçada do corpo executivo. Essa confusão é muito comum e drena valor do processo.

- Assuntos que sejam levados pelos conselheiros, com preferência sobre outros encaminhados pelos executivos (que muitas vezes tentam "dirigir" a atenção da mesa diretora).

Comumente se vê que o escrutínio constante do presidente pela escolha dos assuntos a serem discutidos e pela elaboração da pauta requer tempo, conhecimento da empresa e ajuda de outros com poder crítico de separar o "joio do trigo".

Desafiando os conselheiros

Tendo a pauta definida, os membros do conselho precisam ser interrogados, arguidos, desafiados a apresentar suas visões, suas possíveis decisões e os impactos delas decorrentes. Poucos presidentes agem de maneira a promover o debate de ideais. A dinâmica dos jornalistas que lideram programas como o Globo News Painel, por exemplo, lembra-nos como é de fato a arte de desafiar ideias. É um traquejo de idas e vindas, resumo de posições, evolução de entendimentos... Tudo para enriquecer o momento final: o consenso.

Chegando ao consenso

Não há democracia em uma mesa diretora! Democracia significa decisão da maioria. Superior à decisão democrática é a decisão por consenso. O debate exaustivo existe para se chegar em um ponto em que todos fiquem confortáveis com uma decisão, demonstrando que há nela uma boa probabilidade de acerto. Ou que, pelo menos, em casos raros, poucos se permitam juntar ao barco sem estarem totalmente convencidos, mas de acordo com a decisão a ser tomada. Nesses casos, formam a chamada "minoria leal".

Essas três ações, aparentemente simples, são cruciais para a função do presidente do conselho de administração. A presença delas distingue os conselhos que aperfeiçoam decisões, focam questões mais importantes e fazem a diferença para a gestão do negócio. Na sua ausência, temos uma governança mediana. Certamente não é isso o que desejam os acionistas, os investidores e nem os públicos principais da organização. Nada melhor do que buscar a excelência, especialmente quando se trata do órgão máximo de uma empresa. Os resultados agradecerão.

O PAPEL DO SECRETÁRIO DO CONSELHO

Ao lado do presidente do conselho, o secretário é figura importante, mas não são todas as empresas que contam com essa função. A ele cabe secretariar a

CONSELHEIRO DE EMPRESAS

reunião, no sentido de consolidar a pauta, fazer o agendamento com a organização de horários, quando necessário mandar publicar a convocação, produzir a ata, registrar em cartório, dar publicidade e manter os arquivos. Ele tem o papel de guardião de todas as decisões tomadas em reuniões do conselho.

O secretário pode ser alguém de fora do conselho, como um advogado, ou até mesmo um dos conselheiros que assuma o papel. Às vezes, o presidente do conselho acumula a função de secretariar. Tudo depende do porte da empresa, de sua complexidade e de sua capacidade de absorver os custos que envolvem a designação de um profissional para cada função.

Em resumo, o papel crucial do presidente e do secretário do conselho é agir como mediadores e conciliadores dos diferentes interesses.

No próximo capítulo, veremos a agenda de governança corporativa.

CAPÍTULO 6
A AGENDA DE GC

Vimos que a diferença formal entre conselho consultivo e administrativo é constar ou não do contrato social da empresa. Mas o que se deseja do conselho consultivo é que ele tenha a mesma abrangência do conselho de administração, ou seja, que realmente tome decisões no sentido de dar os rumos e trazer os controles de que a companhia precisa para evoluir em seus negócios.

A PRÁTICA, NA PARÁBOLA INVERTIDA

Na prática, mesmo os conselhos de administração podem se comportar de maneira diferente do modelo ideal, na medida em que forem mais *hands-on* ou *hands-off*, ou seja, meterem ou não a mão na massa. Há até uma máxima brincalhona sobre o papel dos conselheiros: deveriam ser *noses-in* e *hands-out*.

Trarei uma figura para comentar a atitude de *hands-on* e *hands-off*. A teoria não é minha. Aproveitei-me da teoria do David Nadler[53] e a recompus na forma de uma parábola — isso não existe no livro dele; foi uma invenção minha. Apropriei-me da expressão "conselho governante", que está no topo da parábola. Seja que tipo de conselho for, consultivo ou administrativo, o ideal seria chegar a esse modelo de conselho governante. Mas há versões diferentes, sobre as quais comentarei a seguir.

---

[53] NADLER David A. (Editor), BEHAN, Beverly A. (Editor), NADLER, Mark B. (Editor). *Building Better Boards: A Blueprint for Effective Governance.* Mercer Data Consulting: Jossey-Bass, 2005.

CONSELHEIRO DE EMPRESAS

Figura 6.1 Modos de atuação nos conselhos

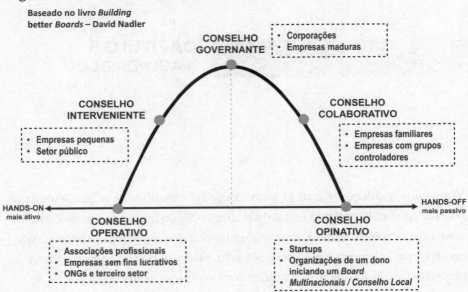

Os comportamentos dos conselhos variam conforme a cultura da companhia, a maturidade, o grau de complexidade e até o setor de atuação. Algumas variáveis, portanto, farão com que os conselhos assumam papéis diferentes.

Vamos observar o modelo de **conselho governante** nas grandes corporações, que efetivamente aplicam a governança construtivista, e não apenas a legal, e, de modo geral, nas empresas maduras, nas quais existe a compreensão, por parte de acionistas, conselheiros e executivos, sobre como é o processo ideal da governança. É o modelo equilibrado, em que o conselho não é nem passivo e nem ativo, no sentido de interferir na gestão, e mantém a neutralidade em relação à sua agenda, como veremos ainda neste capítulo.

Na maior parte das empresas, o que mais se vê, partindo para o extremo do *hands-off*, são conselhos muito passivos, que ficam fora do processo decisório, porque são apenas **opinativos**. Não que seja uma desonra, porque depende da circunstância e do momento da empresa. Numa *startup*, por exemplo, é possível que haja um mentor que ajuda, orienta, dá opiniões, mas é o empreendedor, que, por força da situação, é o centralizador, quem toma as decisões do dia a dia. Outro exemplo frequente é a organização de um único dono, iniciando um *board*. Esse é um grande desafio para os conselheiros, porque o fundador tem muito poder acumulado, sente a solidão do poder, mas demora um tempo para se desapegar de certos papéis; ele ouve os conselheiros, debate com eles, mas nem sempre adota as recomendações. E há também o caso de multinacionais que formam um conselho local em um dos países em que atuam. Isso é muito claro, por exemplo, quando o presidente de uma multinacional estabelece um *"advisory board"* (para aconselhamento) ou um *"sounding board"* (para atuar como ouvintes privilegiados) em uma situação em que ele está distante do país e precisa ter informações sobre as nuances socioculturais da organização local. Nesse caso, o conselho não pode tomar decisões, porque estas virão da matriz, mas tem um poder opinativo muito grande para ajudar o presidente local. Esse modelo escapa completamente da teoria ideal e muitas vezes até nem é considerado um verdadeiro conselho.

Tenho um exemplo concreto. O Banco ABC Brasil, empresa de capital aberto com ações negociadas na B3, é controlado por um dos maiores grupos financeiros do Oriente Médio, a Arab Banking Corporation, que se instalou no Brasil em 1989, inicialmente em uma *joint-venture* com o Grupo Roberto Marinho. Anwar Ali Al Mudhaf, o presidente do conselho de administração, é árabe, mas o vice-presidente é brasileiro, Tito Enrique da Silva Neto. O CEO e todos os executivos são brasileiros e donos de aproximadamente 5% das ações.[54] O modelo do conselho é de independência em relação à matriz. Há vários conselheiros brasileiros. Ainda com base na teoria de Nadler, podemos entender que o Banco ABC Brasil configura um modelo intermediário entre o opinativo e o governante, que é o conselho **colaborativo**. É um exemplo de empresa de capital aberto que é gerida no Brasil como se não fosse multinacional, possivelmente tendo começado no país com um *advisory board* que depois migrou para o conselho de administração.

O modelo **colaborativo** é aplicado, muitas vezes, em empresas familiares ou de grupos controladores, nas quais os conselhos estão mais

---

[54] Informações disponíveis nos seguintes endereços eletrônicos: <https://ri.abcbrasil.com.br/nossa-historia/>, <https://ri.abcbrasil.com.br/governanca-corporativa/diretoria-e--conselho-de-administracao/>, <https://ri.abcbrasil.com.br/governanca-corporativa/composicao-acionaria/>. Acesso em: 12 de junho de 2020.

atuantes, quase chegando à condição de governantes; conseguem opinar e ter suas recomendações acatadas ou não, e em alguns casos realmente deliberam, argumentam e convencem. A grande luta dos conselheiros é buscar seguir a trajetória no sentido anti-horário, na Figura 6.1, de sair da posição opinativa para a posição governante, passando a ser uma central de decisões.

Voltando à Figura 6.1, no outro extremo da parábola, temos o conselho **operativo**, típico de associações profissionais, empresas sem fins lucrativos ou ONGs. Normalmente, essas empresas têm vários acionistas ou partes interessadas importantes no processo, e estruturas enxutas. Participei de uma instituição chamada Mão Amiga,[55] que cuida de crianças autistas oferecendo um trabalho de complementação à educação formal, já que não há escolas especiais. A criança fica na escola formal durante meio período, e no outro período vai para a associação para trabalhar a socialização e outros aspectos. Participei *pro bono*, por três anos, e o conselho ajudou muito essa organização, com a mão na massa de verdade. Fiz, por exemplo, porque não existe estrutura para realizar esses trabalhos, uma campanha de *crowdfunding* para a instituição — eu mesmo operei, chamei os participantes, fiz a chamada de doações, vendi, comprei, e conseguimos um bom caixa para as atividades da associação.

Outro exemplo interessante é a Abiquim,[56] a Associação Brasileira da Indústria Química (ligada à Confederação Nacional da Indústria), entidade de cujo conselho participei por sete anos. Tínhamos cerca de trinta presidentes das grandes empresas do setor químico e petroquímico e criávamos comitês que eram muito *hands-on*. Fiz parte do comitê de comércio exterior, que atuava intensamente, inclusive se reunindo fora do dia da reunião do conselho diretor. Nós, conselheiros, trabalhávamos bastante, porque não havia uma grande estrutura, embora a associação seja muito bem organizada.

---

[55] Mais informações em: <https://www.maoamiga.org/>. Acesso em: 11 de junho de 2020.

[56] Mais informações em: <https://abiquim.org.br/>. Acesso em: 11 de junho de 2020.

No meio termo, temos o conselho **interveniente**. Muitas vezes, esse modelo é aplicado em empresas pequenas ou do setor público. Os sócios, que querem ter seus interesses atendidos, intervêm para que as decisões os favoreçam. Conselhos desse tipo caminham em uma linha tênue, correndo o risco de descambar para a falta de conformidade para com a neutralidade necessária. Vejamos uma circunstância especial: existe um conselho governante, mas em razão de algum cataclisma, como a perda do CEO, a empresa entra em crise; nesse caso, o conselho governante migra para o papel de interveniente por um período, até que o problema se resolva — efetivamente, intervém na operação para fazer com que a crise passe.

Durante a pandemia da Covid-19, vimos vários casos semelhantes. Aconteceram diversas situações anômalas, complicadas, em que os conselhos foram chamados para entrar no dia a dia, pensando como reposicionar rapidamente as organizações, em uma atitude mais interveniente.

No capítulo anterior, falei do caminho direto, um percurso em que a *startup* já vai montando um *board*. Mas o que acabo de descrever desmistifica o entendimento de que os conselhos são sempre governantes. Existem caminhos diferentes. É o caso de organizações começando um conselho já com um determinado grau de maturidade e de cultura, e aí esses modelos vão se compondo.

É importante destacar que o conselho consultivo pode ser um passo em direção ao conselho de administração. Não só pelos modos de atuação mostrados na parábola, mas pela simplicidade de ser implantado, de modo a fazer um *test drive* do que é a governança — o conselho consultivo tem menos implicações. Em algumas empresas, todavia, pode ser interessante não migrar para um conselho de administração, mas sim para o modo de atuação governante.

Também não é raro haver fundadores, atuando como CEOs, que queiram montar um conselho que sirva apenas para corroborar suas ideias e decisões. Mas o ideal mesmo é ter um grupo que exerça o contraditório e que pratique o confronto de ideias para chegar a um consenso e a um bom termo.

PAPÉIS EXTRAORDINÁRIOS

Cabe incluir aqui uma questão: os conselhos consultivos requerem especificidades maiores. Pensar que são distintos dos conselhos administrativos apenas por não constarem do contrato social é somente uma parte da verdade. Existem algumas diferenças importantes. Uma delas é que, em um conselho consultivo, é comum que os próprios conselheiros, ou um deles, que esteja mais afeito ao tema, trabalhe melhor o processo estratégico, trazendo modelos. Em uma organização que conta com conselho de administração, normalmente essa tarefa é da diretoria executiva, que pode até trazer um consultor.

Em empresas de pequeno porte, o conselho consultivo chega até a implantar, do zero, o plano orçamentário e a parte tática da operação do empreendimento. Ou seja, o conselho consultivo pode até assumir tarefas como um apêndice da direção executiva da empresa no que diz respeito a conceitos e formas de implantação de processos. Por isso, é preciso que esses conselheiros saibam mais profundamente como lidar com processos importantes dentro das companhias, para opinar, trazer modelos, às vezes trabalhando em paralelo com alguém interno que cuidará da implantação.

E há um terceiro papel, comum em conselhos consultivos, que é atuar como mediador. Isso porque há situações de conflitos entre sócios ou familiares, e nas reuniões os conflitos afloram. Se o conselheiro não desempenhar esse papel de mediação, a reunião pode até não ter um final feliz em termos de tomada de decisão. Isso não acontece em um conselho administrativo porque, por lei, os conselheiros são administradores da companhia e têm responsabilidade legal perante a Lei dos Administradores, por isso terão que tomar decisões, passando por cima de conflitos.

Em um conselho consultivo que presido, tive que desempenhar recentemente um papel muito importante de mediador dos grupos familiares que são sócios, sendo que alguns membros das famílias compõem o conselho. Estamos desenhando um novo direcionamento estratégico, e meu papel como presidente é mediar os debates. Não existem conflitos, nesse caso, mas visões diferentes do negócio, e a discussão é natural e saudável, porém, se não houvesse mediação, as discussões poderiam acabar inconclusivas. O papel de mediação não é definir se as pessoas estão certas ou erradas, mas muitas vezes os vícios de alguns são suas virtudes levadas ao excesso, apropriando-me do pensamento aristotélico em seu livro *Ética a Nicômaco*.[57] O corajoso pode, sem mediação, agir com audácia e levar a organização para o risco. O parcimonioso, por sua vez, pode chegar ao excesso da sovinice. Esses dois pontos de vista, em choque, têm que encontrar um meio-termo. Esse é o papel do conselheiro mediador: entender o ponto positivo de cada um e trazê-los para a mesa.

Outro ponto é que os conselheiros tenham que realizar trabalhos fora das reuniões. Por incrível que possa parecer, já vi organizações com mais de R$1 bilhão de faturamento não terem um planejamento orçamentário decente. E conheço vários conselheiros que tiveram que fazer esse trabalho, dialogando com a controladoria ou com o contador da companhia para identificar pontos passíveis de melhoria.

Finalmente, para acelerar a curva de aprendizado das empresas, muitas vezes, sem mesmo cobrar por isso, os conselheiros consultivos darão opiniões até mesmo em processos específicos, como instalação de sistema de ERP — *Enterprise Resource Planning*, coisa que um conselho de administração não faz.

A AGENDA DO CONSELHO

Quais são os mais importantes assuntos que devem ser endereçados pelo conselho administrativo ou consultivo?

Aos governantes cabe, de maneira conceitual, tomar decisões sobre os assuntos não urgentes, porém importantes, como já vimos no Capítulo 1. Consultei alguns autores que pensam, pesquisam e escrevem sobre outras atribuições que devem ser realizadas pelo conselho de administração. Renato Bernhoeft e Miguel Gallo,[58] por exemplo, nos dão uma lista das mais importantes:

---

57   Aprendi a compreender o pensamento de Aristóteles na leitura de KATCHER, Alan. *A importância de ser você mesmo: o enfoque LIFO para uma organização produtiva*. São Paulo: Atlas, 1985.

58   BERNHOEFT, R.; GALLO, M. *Governança na empresa familiar*. 2ª ed. Rio de Janeiro: Campus, 2003, p. 115.

- Orientar e controlar o executivo principal.
- Analisar as evoluções dos ambientes. Formular a estratégia, seus principais objetivos e suas políticas.
- Representar os acionistas e proteger seus interesses. Manter relações com eles e informá-los.
- Proteger os interesses dos empregados.
- Vigiar o cumprimento da legislação, dos estatutos da empresa e das demais responsabilidades sociais.
- Selecionar o executivo principal. Avaliar seu desempenho. Decidir seu desligamento. Ajudar a preparar sua sucessão.
- Aprovar a estrutura de responsabilidades. Apoiar e orientar os dirigentes.
- Garantir a sobrevivência da empresa, agindo em caso de crise.

Por sua vez, no programa de certificação de conselheiros profissionais internacionais, Pro.Dir — The Professional Director Certification Program, ministrado pela Governance Solutions,[59] David Brown explicita quatro áreas cruciais para a agenda dos conselhos de administração.

Performance Direction: Plano Estratégico, Missão, Visão, Valores, Objetivos e Metas, Risco, Tolerâncias e Apetite.

Policy Direction: Delegação de Autoridade, Código de Conduta, Riscos, Recursos Humanos, Caixa e Investimentos.

People Direction: CEO, Board, Comitês, Talentos, Seleção e Renovação dos Key People.

Resource Direction: Orçamento: Plano de Operações Anual e Plano de Investimentos.

O conteúdo do programa também esclarece que o "controle" sobre esses itens só acontece no sentido macro. É o *management* (executivos) quem deve se ater aos detalhes. É papel do conselho estabelecer os indicadores e os mecanismos para definir como esses quatro direcionadores serão ava-

---

59 SOLUTIONS, Governance. Pro.Dir — The Professional Director Certification Program. Disponível em: <https://www.certificacaoemgovernanca.com.br/prodir>. Acesso em: 14 de maio de 2020.

liados, e a periodicidade. Lembrando que você não consegue obter o que planeja (isoladamente), mas sim o que você mede, aquilo a que você aloca recursos e o que recompensa (no sentido geral).

Pontos comuns surgem em ambas as visões: a estratégia, o direcionamento do executivo principal, os riscos. Em geral, ainda sem colocarmos nossa própria definição de quais são esses pontos específicos, podemos ver o quadro geral e depois explicitar as questões particulares.

O "mandamento" mais genérico que, em nossa visão, podemos estabelecer é que o conselho deve se ater às questões mais importantes e menos urgentes da empresa. Já tratamos desse tema, por isso apenas reforçarei que, em primeiro lugar, as questões mais importantes são as que definem os resultados atuais e futuros dos negócios, e, em segundo lugar, elas geralmente são as mais amplas, mais difíceis, mais procrastinadas e, portanto, menos "urgentes". Ainda em relação aos conceitos mais genéricos, Lank[60] especifica quatro macro áreas para a ação dos Boards:

1) Moldar o direcionamento estratégico de longo prazo da empresa.
2) Tomar decisões que envolvam consequências potencialmente de longo alcance.
3) Alocar ou realocar recursos financeiros substanciais (por exemplo, investimentos de capital), ou recursos humanos (por exemplo, a indicação ou a demissão do CEO).
4) Tomar decisões que estabeleçam precedentes importantes e que possam ser difíceis de reverter.

Especial atenção deve ser dada ao item quatro desta lista. São as típicas decisões estratégicas do longo prazo ou de valores referenciais para o negócio.

---

60 LANK, A. G. *et al.* "Governando a empresa familiar". In: ÁLVARES, E. (Org.). Rio de Janeiro: Qualitymark; Belo Horizonte: Fundação Dom Cabral, 2003.

DIREÇÃO E CONTROLE

A governança tem o papel crucial de dirigir e controlar a empresa. Não tenho receio de repetir, porque inclusive reforça o relatório Cadbury, que já mencionamos.

Mas gosto de dividir o papel da direção em duas vertentes: estabelecer onde se quer chegar e como chegar lá (estratégia), bem como marcar o passo e o ritmo dessa aventura estratégica (acompanhar e controlar) para que os executivos não a percam de vista no dia a dia.

Para o exercício da direção, cobrar periodicamente a evolução dos projetos e iniciativas, que dão concretude ao objetivo desejado. Sem tratar das questões concretas, fica-se só no universo platônico das ideias. É isso o que eu chamo de ações prospectivas, porque prospectam o caminho para a frente.

Da mesma forma, também divido o papel de controle em duas frentes: aquelas ligadas à estruturação do conselho (coesão societária, emissão de documentos, identidade da empresa) e aquelas ligadas à supervisão da gestão, não apenas controlando a direção estratégica, mas verificando se o que está sendo feito na companhia está de acordo com as leis e com os rumos definidos pelo conselho. São controles financeiros, de checagem da criação de valor *compliance*, gestão de risco e outros.

PAUTA DO CONSELHO

Assim, de nossos estudos e de nossa experiência, separamos a pauta de decisões dos conselhos em duas classes distintas: as relativas às *ações prospectivas*, que estão no "*core*" do processo de governança, e a relativas às *ações prescritivas*, constituídas pelas condições de contorno e supervisão da gestão e do *board* executivo.

A figura a seguir ilustra o que entendo por essas ações. Comentarei na sequência.

Figura 6.2 Pauta de assuntos na governança integral

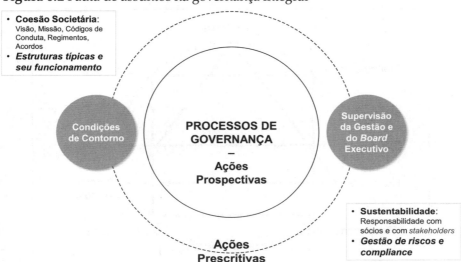

Em relação às ações prescritivas, as chamadas condições de contorno envolvem a **coesão societária**, ou todos os documentos que organizam o processo de governança. Embora não sejam decisões apenas dos conselheiros e não estejam na pauta das reuniões com muita frequência, é recomendável que sejam revisadas periodicamente para conhecimento e alinhamento de todos, e para as devidas ações de supervisão da missão e visão, tendo o conselho como o guardião. Envolvem também **sustentabilidade e riscos**, porque o conselho é o elemento de adesão e catálise dos executivos com os *stakeholders* principais. A questão da sustentabilidade, como também preconiza a B3, passa pela efetiva inserção desses públicos nas considerações estratégicas dos negócios. A efetiva gestão de riscos e *compliance* também é uma exigência cada vez maior para as empresas, sejam esses riscos fiscais, tributários, trabalhistas ou de natureza operacional. O *compliance*, ou adequação às normas, é um complemento importante para a gestão dos riscos, e ambos devem estar frequentando constantemente a agenda do conselho em sua pauta anual.

As ações prospectivas são as que consideramos como ponto **fundamental** na pauta do conselho, e tratarei delas daqui até o final do capítulo.

Figura 6.3 Ações prospectivas na governança integral

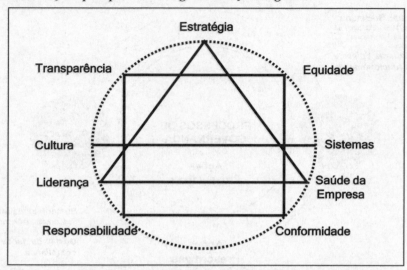

Governança Integral: Quatro Princípios, Três Pilares, Dois Imperativos

Fonte: Livro *A reinvenção da empresa — Projeto Ômega*

CONFRONTO PARA CHEGAR AO CONSENSO — A GOVERNANÇA INTEGRAL

É importante destacar que os conselheiros não tomam decisões sozinhos. Toda decisão precisa ser tomada pelo conjunto de conselheiros, por maioria ou unanimidade, dependendo do contrato social da companhia e conforme as regras do Direito Societário. Todo conselho é regido por uma dicotomia fundamental: confronto *versus* consenso. É mandatório que haja o debate, e por isso mesmo é que o conselho precisa contemplar a diversidade, para que sejam analisadas diferentes visões de mundo — como reza a frase atribuída a Nelson Rodrigues, toda unanimidade é burra. Trataremos da composição dos conselhos mais profundamente adiante.

No livro *A reinvenção da empresa*,[61] já citado no Capítulo 1, estão indicados os elementos de uma "governança integral", ou quatro princípios, três pilares e

---
61 PASSARELLA, Wanderlei. *Op. cit.*

dois imperativos. Detalharei melhor esses componentes, e o leitor pode acompanhar o raciocínio recorrendo à Figura 6.3.

Os quatro princípios são aqueles que todos os códigos de melhores práticas ao redor do mundo preconizam: transparência, equidade, responsabilização e conformidade. Não são exatamente itens da pauta anual, mas de uma pauta perene de observação intrínseca dos conselheiros.

Os três pilares são realmente o que deve estar na pauta em todas as reuniões: estratégia, liderança e saúde da empresa.

Finalmente, os dois imperativos, cultura e sistemas de trabalho, formam um par indissociável para as modernas preocupações de uma governança ativa.

Vamos ver cada elemento em detalhes.

OS QUATRO PRINCÍPIOS

A transparência envolve a boa comunicação interna e externa, uma ouvidoria ligada ao conselho, relatórios detalhados aos públicos e apresentação de resultados e dos caminhos futuros. A equidade requer tratar as partes de forma justa e equânime, evitar realizar negócios com partes interessadas, cuidar para o equilíbrio dos públicos e focar nos interesses da empresa. A responsabilização (ou *"accountability"*) exige que os administradores prestem contas de sua atuação e respondam por todos os atos e fatos sob sua responsabilidade. E a conformidade (ou *"compliance"*) manda que respeitem integralmente o código de ética interno e as leis, normas e regulamentações aplicáveis aos seus negócios.

OS TRÊS PILARES

Estratégia — o anexo deste livro traz, detalhadamente, orientações sobre todas as questões que o conselheiro deverá conhecer sobre estratégia, tratando do que chamo de "Criação de Vantagem Competitiva". Resumidamente, antecipo que o conselho é fomentador e guardião da estratégia e que, por essa razão, mais de 50% do tempo das reuniões de conselho deveriam ser alocados ao processo estratégico. Saber desenvolver um direcionamento é dever de um conselheiro, que também precisa acompanhar a implantação dos projetos e iniciativas estratégicas.

Liderança — além de liderar o CEO, o conselho deve estar muito bem informado a respeito da estrutura de pessoas da companhia, conhecendo as principais políticas e acompanhando os principais indicadores. Em relação ao time de alta gestão, tratará especialmente de remuneração e benefícios, sucessão, contratação e demissão. E no tocante à avaliação e ao aproveitamento de pessoal, precisa acompanhar o *pool* de talentos e os planos de desenvolvimento.

Saúde da empresa — é obrigação do conselheiro conhecer, dirigir e controlar os aspectos econômico-financeiros da empresa, familiarizando-se com DREs (Demonstrativos de Resultados do Exercício) e indicadores, fluxo de caixa e DOAR (Demonstrativos de Origem e Aplicação dos Recursos) ou DFC (Demonstrativos de Fluxo de Caixa), análise patrimonial e valor da companhia, carteira de investimentos e plano orçamentário. Estar atento a inovação e mercado, observando projetos criativos, fazendo análises periódicas de posição mercado e acompanhando o plano de marketing e comercial. Em termos de ambiente e motivação, na empresa, recomendar pesquisas de clima interno, acompanhar (e instalar, se não houver) a ouvidoria e apreciar indicadores de produtividade.

OS DOIS IMPERATIVOS

Uma empresa precisa ter identidade, conhecer a si mesma (no axioma socrático). Por isso o conselho deve saber responder as perguntas a seguir e, da mesma forma, estimular os executivos, acionistas e funcionários a fazer o exercício de dar respostas a essas perguntas, que definem a **cultura** da empresa:

- Quem somos nós?
- Qual é nosso propósito e nossa contribuição relevante?
- Quais são os valores pelos quais nos guiamos?

- Como fazemos nossos negócios por aqui?
- Quais as características únicas que enfatizamos nas relações com nossos públicos?
- Praticamos o ajuste de autenticidade?[62]

Definidas as características de cultura, devem-se investigar os **sistemas** que as sustentam. O conselheiro deve saber quais são os processos-chave que reforçam essas características, como são feitos hoje na empresa e como deveriam ser. Para assegurar a validação de suas propostas, os conselheiros devem acompanhar os marcos de referência e indicadores-chave.

No capítulo s seguir, abordaremos os resultados que podem ser obtidos com a GC.

---

62   Ajuste de autenticidade é o diálogo difícil entre os membros da empresa, para se confrontarem se o que pregam é congruente com o que fazem. Em todos os níveis.

CAPÍTULO 7
RESULTADOS COM A GC

Quero começar este capítulo com os ganhos proporcionados pela GC a partir da atuação dos conselhos consultivo e administrativo.

Já exploramos, no Capítulo 2, os benefícios da governança. Pode parecer redundante falar agora de ganhos da governança, mas quando nos referimos a benefícios, quisemos abordar as vantagens *a priori*, antes de implantá-la, conceituando os benefícios de seu conceito à luz do século XXI, momento em que a GC tornou-se, mais do que nunca, estratégica e fundamental para a sustentabilidade dos negócios. Após a implantação, com os resultados *a posteriori*, é possível verificar o que efetivamente aconteceu. Claro que pode haver um *overlap* entre benefícios *a priori* e os ganhos *a posteriori*.

Vamos comentar o que nossa experiência nos mostrou, participando em conselhos e ajudando na instalação em dezenas de empresas. E observamos, de modo empírico, os ganhos, que anotamos na figura a seguir.

CONSELHEIRO DE EMPRESAS

Figura 7.1 Ganhos com a governança

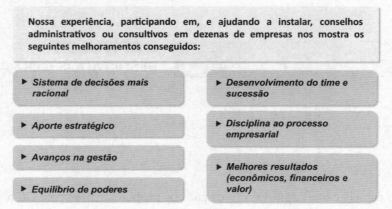

O debate dentro de um grupo de governantes que tenta chegar a uma decisão, na maior parte das vezes em consenso, abarca os diferentes ângulos de uma questão. Costumo comparar, ilustrativamente, pessoas em diferentes lugares observando um objeto no espaço. Pelo fenômeno físico da paralaxe, cada pessoa verá diferentes partes desse objeto e cada uma terá uma conclusão diversa a respeito do mesmo objeto.[63] Uma percepção será diferente da outra. Em um debate, cada membro do grupo traz um ângulo particular a respeito de uma questão — todos os pontos de vista são ressaltados, e o processo de tomada de decisão é mais racional.

---

63   No folclore hindu existe uma lenda sobre os sete sábios cegos que nunca haviam sido apresentados a um elefante. Certo dia, chegou à aldeia um comerciante montado em um elefante. Os cegos, avisados, correram para a rua, ao encontro dele. O primeiro sábio apalpou a barriga do animal e declarou: "O elefante é como uma parede." O segundo sábio tocou na presa do elefante e discordou: "Este animal é pontudo como uma lança." O terceiro apertou a tromba e disse que os outros estavam enganados: "Nada disso! O animal é como uma serpente mansa, que não tem dentes na boca." O quarto sábio acariciou o joelho do elefante e protestou: "É muito parecido com uma árvore." O quinto sábio apalpou uma das orelhas e entendeu que o elefante era como uma cortina ambulante. O sexto sábio disse que todos estavam errados, ao tocar a cauda do elefante: "Este animal é como uma rocha, com uma pequena corda presa ao corpo." O sétimo sábio pediu a uma criança que desenhasse, na areia do chão, a figura do elefante. Tateando os contornos do desenho, compreendeu que todos os seis sábios estavam certos e enganados ao mesmo tempo. E disse: "Assim se comportam os homens diante da verdade: pegam apenas uma parte, pensam que é o todo, e continuam tolos!" O papel do conselho é ouvir todos os pontos de vista e fazer com que todos os participantes compreendam o todo a partir das partes.

Quando trabalhamos com profissionais diferentes, em um conselho, vemos que cada um traz suas experiências, os pontos que deram certo e os que não deram, e ajudam com muito mais compromisso do que se estivessem apenas dando uma consultoria. Participarão da implantação e cobrarão na implantação, trazendo um aporte estratégico inestimável, que considero um dos principais ganhos com a governança.

Já repeti algumas vezes que governança e gestão são coisas diferentes, mas como os governantes geral e preferencialmente já atuaram como gestores e conhecem bem as características de uma boa gestão, com certeza identificarão deficiências e ajudarão muito nos avanços da gestão da empresa que estejam governando. Trarão outras visões sobre processos e sistemas que podem ser implantados ou melhorados para uma gestão mais eficiente.

Outra coisa que já abordamos, mas que vemos funcionar na prática quando se tem um conselho, é o equilíbrio de poderes. Não existe mais uma "eminência parda" na companhia, mas fóruns de decisão que se equilibram para fazer as melhores escolhas em suas áreas de alçada e de competência. Isso torna o processo verdadeiramente democrático. Minha visão é a de que costumamos definir democracia, na sua acepção de modelo de Estado, como uma visão de processo de escolha de representantes por voto, ou seja, um processo de representatividade. Na verdade, democracia é um sistema de tomada de decisão pelas partes, e o Estado está longe disso, porque quase nunca as partes principais são chamadas a tomar decisões nas situações em que têm alçada e competência para decidir.

Na governança, temos também o desenvolvimento do time e o monitoramento do *pipeline* de sucessão. Os governantes têm o papel de avaliar periodicamente, junto com os líderes da área de Recursos Humanos, quem são os possíveis sucessores para as posições críticas do negócio. Esse é um processo que é (ou deveria ser) apolítico, meritocrático e estruturado para identificar quem são os futuros líderes da companhia e fazer com que assumam na hora certa.

A governança, essencialmente, disciplina o processo empresarial. Os governantes trabalham com uma pauta, com agenda, com acompanhamento de projetos, e isso traz uma enorme disciplina, porque separa o que é realmente importante daquilo que é só urgente. Quando se trabalha com uma pauta anual, por exemplo, garante-se que o processo de tomada de decisão sobre os elementos que se repetem e que precisam ser verificados periodicamente estarão sendo observados. Sobre o planejamento orçamentário, na maioria das vezes, quando se começa um conselho, a empresa tem um processo de planejamento incipiente. Uma das consequências de ter um conselho é trabalhar com o plano orçamentário. Os itens mais importantes, de modo geral, são as previsões de receita, as razões que fundamentam essas previsões, os custos associados, os custos variáveis (quanto maiores as vendas, maiores os custos de produção), os custos fixos (como estrutura e sistemas de informação, que independem do volume de vendas), despesas financeiras e outras que não estão diretamente alocadas no processo de angariar receitas. Tudo isso é montado para se projetar ao EBITDA, que é o lucro operacional antes da depreciação, amortização de taxas e impostos, até chegar ao lucro líquido. Esse é o processo básico. Cada empresa terá os ajustes que considerar necessários para seu plano. O conselho participa, em alguns casos, sugerindo um modelo. Esse modelo é passado para os executivos trazerem, em uma reunião, as premissas de vendas e de receitas, antes de começar o planejamento — em geral, por volta de setembro ou outubro de cada ano. São premissas econômicas que envolvem as perspectivas de flutuação de juros e câmbio que influenciarão direta ou indiretamente os resultados. A partir daí, o *management* estima elevar a produção de um item ou desenvolver um novo produto, abrir uma nova praça, ou até fechar uma unidade, quando for o caso, tudo isso para justificar a perspectiva de variação de receita, lucro e caixa. Feito isso, o conselho avaliará o plano e fará as perguntas. Os conselheiros precisam ser muito hábeis — e ter experiência e sabedoria — para fazer as perguntas certas. Sempre, para uma boa pergunta, será encontrada uma boa solução. Com as modificações resultantes das soluções, é gerado então o planejamento orçamentário, entre novembro e dezembro, para o exercício seguinte.

Finalmente, completando os comentários sobre a Figura 7.1, com a governança obtêm-se os melhores resultados econômicos, financeiros e de valor.

MELHORES RESULTADOS

Eu me deterei um pouco mais nos resultados, visto que são os mais tangíveis de todos os ganhos que listamos antes, porque podem ser medidos objetivamente.

Começo pelas **empresas de capital aberto**. Para a elaboração da Figura 7.2, a seguir, tomei por base a dissertação de mestrado de Álvaro José Ribeiro Caldas.[64] O trabalho chamou minha atenção porque é uma produção brasileira, bastante recente, de apenas cinco anos atrás, que mostra uma correlação positiva entre um Índice de Governança Corporativa (IGC), de um desempenho superior de valor de mercado, para as empresas da B3 entre 2010 e 2013.

Figura 7.2 Resultados em empresas de capital aberto

> Diversas pesquisas científicas recentes mostram uma relação direta entre governança corporativa e desempenho:
>
> - Bohren & Odegaard (2006): GC, através de seus mecanismos importa em desempenho econômico (Q de Tobin*, ROA, ROS).
> - Durnev & Kim (2006): as empresas com rankings mais elevados de GC são mais valorizadas no mercado de ações (Q de Tobin).
> - Caldas, Álvaro J. R. (2015): encontrou correlação positiva entre IGC (Índice de GC) e desempenho superior de valor de mercado (VMS) para as empresas da Bovespa, entre 2010 e 2013.

Variável	Identificação	Operacionalização	Referência
Desempenho de mercado superior no ano	VMS_{ano}	$\left(\dfrac{(\sum VrMerc_{Setor}) - VrMerc_{empresa}}{n_{setor} - 1} \right)$ $VrMerc_{empresa}$	Elaborado com base em Besanko *et al.* (2012) e Cardoso (2013), com base nas variáveis usadas por Andrade *et al.* (2009) e Ghani, Martelanc e Crescitelli (2012)

Fonte: CALDAS, A. J. B. *Governança corporativa e desempenho superior e persistente das empresas listadas na BM&FBOVESPA*, 2015.

* Q de Tobin é a razão entre o valor de mercado de um ativo físico e o seu valor de reposição.

---

64 CALDAS, Álvaro José Ribeiro. *Governança corporativa e desempenho superior e persistente das empresas listadas na BM&FBOVESPA*. Dissertação de Mestrado apresentada ao Programa de Pós-Graduação em Administração e Controladoria da Universidade Federal do Ceará. Fortaleza, 2015.

Vários pesquisadores, ainda na primeira década do novo milênio, descobriram que a governança, por meio de seus mecanismos internos e externos, importa em desempenho econômico. Principalmente pelo indicador chamado "Q de Tobin", que é a razão entre o valor de mercado de um ativo físico e seu valor de reposição.

Explicando: o valor de mercado de um ativo físico é o que os investidores ou compradores estão dispostos a pagar por essa empresa. Em empresas de capital aberto, isso é muito claro — é só multiplicar o número de ações por quanto vale a ação naquele dia. Portanto, o quanto o mercado está disposto a pagar pela empresa varia dia após dia, ou de hora em hora, ou ainda de minuto em minuto, porque existe um índice objetivo de como avaliar o valor de mercado da empresa.

Por sua vez, o valor de reposição representa quanto custaria construir o zero uma empresa como essa que está sendo avaliada, com ativos, alocação de pessoas e tudo o mais. Esse cálculo, mesmo aproximado, oferece uma razão entre o que o mercado paga pelo quanto o ativo representa em termos de reposição, e se tem uma ideia da valorização daquele ativo. Isso porque o mercado paga muito mais por um ativo que já funciona e goza de prestígio do que por uma empresa que começa do zero.

BØhren e Ødegaard,[65] por exemplo, já haviam percebido essa diferença em 2006 e notaram também em relação ao ROA (Return on Assets) e o ROS (Return on Sales). Durnev e Kim,[66] até antes, em 2005, concluíram que as empresas com *rankings* elevados de governança e transparência são mais valorizadas nos mercados de ações.

Mas Caldas, na dissertação citada, centrada sobre a B3, foi quem mostrou um caso brasileiro, encontrando correlação positiva entre IGC (Índice de GC) e desempenho superior de valor de mercado (VMS) para as empresas da B3, entre 2010 e 2013.

---

65 BØHREN, Øyvind; ØDEGAARD, Bernt Arne. Governance and Performance Revisited. In: ALI, Paul; GREGOURIU, Greg N. (Eds.). *International Corporate Governance after Sarbanes-Oxley.* New York: Wiley, 2006.

66 DURNEV, Art; KIM, E. Han. To Steal or Not to Steal: Firm Attributes, Legal Environment, and Valuation. *The Journal of Finance,* v. 60, n. 3, p. 1461-1493, junho de 2005.

A partir de vinte critérios, pré-requisitos mensuráveis (sobre os quais não cabe aqui entrar em detalhes), que poderiam diferenciar os níveis de governança das empresas, estabeleceu um índice para os empreendimentos listados na B3.[67] E procurou entender como flutuou o valor de mercado dessas empresas entre 2010 e 2013, período em que o Brasil enfrentava uma situação econômica razoavelmente estável, assim não tendo que se preocupar com qualquer viés de recessão ou crise. Ressalte-se, também, que são vinte fatores de análise, o que elimina a possibilidade de coincidência, tendência ou arbitrariedade na demonstração do desempenho superior das empresas com melhor governança.

A Figura 7.2 mostra a equação proposta por Caldas com o valor de mercado superior (valor de mercado da empresa em relação aos outros concorrentes do setor), que lhe permitiu encontrar uma correlação positiva: quanto maior o índice de governança corporativa, mais essas empresas se valorizam em relação aos seus concorrentes. A dissertação de Caldas é uma demonstração fundamentada do valor da governança corporativa.

As **empresas de capital fechado** não divulgam informações. Para este livro, como exemplo, usei elementos comparativos de duas empresas, A e B, com gráficos que mostram dados em escala com os dados reais, sem revelar números dessas empresas, para não prejudicar o sigilo, porque são empresas de cujos conselhos participei. Falarei genericamente sobre o que aconteceu.

---

[67] A análise foi feita sobre balanços publicados e relatórios anuais, excluídas as empresas de setor econômico "Financeiro e Outros" na BM&FBOVESPA. A não inclusão dessas instituições deve-se às características peculiares das atividades do setor, não favorecendo a comparação das métricas de rentabilidade e de valor com outros setores. Além disso, a população é composta por empresas que apresentam negociação de ações ordinárias (ON), ativas e com o valor de mercado para os exercícios sociais findos nos períodos de 2010 a 2013, na base de dados Economática®. Dessa forma, a população consiste em 224 empresas. O período do estudo abrange os exercícios financeiros encerrados nos anos de 2010 a 2013, totalizando quatro anos, para favorecer a construção do desempenho superior e persistente, assim como utilizado em pesquisas anteriores (RUMELT, 1991; CARVALHO; KAYO; MARTIN, 2010; CARDOSO, 2013), além de serem os períodos mais recentes, à época, com dados divulgados para análise da pesquisa.

Figura 7.3 Resultados da empresa A

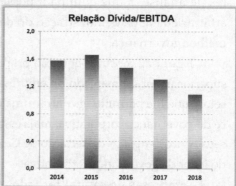

A empresa A tinha o objetivo de reduzir endividamento, para interromper sua tendência de aumento, melhorar a solidez e garantir que o negócio gerasse valor. A empresa, então, montou um *board* de governantes, inscrito no contrato social como conselho de administração, embora fosse de capital fechado. No conselho, as decisões foram tomadas de maneira contraintuitiva, de modo que podemos identificar que realmente há uma correlação entre os resultados que aconteceram e a governança.

Em um setor que entre 2014 e 2018 poderia ter sido muito afetado pela crise severa, que no Brasil teve consequências muito fortes para as empresas, a resposta que o conselho deu não foi aumentar as vendas; o que fez foi mudar a estrutura da companhia, trouxe novos executivos, trabalhou na redução de custos mudando a logística de produção, transferiu áreas, fechou linhas ineficientes, fez uma reformulação fabril na planta principal para aumentar a eficiência, investiu em tecnologia e insistiu em eficiência de marketing. Foi um caso clássico de um *board* governante. No gráfico da esquerda, na Figura

7.3, pode-se ver que o patrimônio líquido da empresa, mesmo com receitas constantes, quase dobrou. Foi o principal resultado (note-se que o eixo Y do gráfico está em escala monetária hipotética, em milhões de reais). A dívida líquida também se manteve estável porque, embora tenha ocorrido uma melhoria de geração de caixa operacional (EBITDA) de quase 50%, a empresa continuou investindo para aumento de produtividade e eficiência. Pode-se ver, também, a própria geração de caixa livre da companhia subindo muito fortemente. Com isso, a dívida, em relação à geração de caixa operacional veio caindo para um ponto muito saudável, próximo de 1, nesse período. Esse resultado, baseado em caso real, mostra como uma governança estruturada pode impactar positivamente uma companhia.

Crescimento de empresa não ocorre apenas pelo aumento do faturamento. Conheço exemplos de empresas que ficaram por anos com um faturamento estável ou mesmo levemente decrescente, mas com aumento expressivo de lucro e geração de caixa, em função de boas decisões de gestão e investimentos em melhoria contínua tomadas. O fator mais facilmente mensurável é o nível de patrimônio líquido, que nesse caso que menciono subiu quase 70%, dando a dimensão do valor criado.

A seguir, mostrarei outra empresa, B, cujo objetivo, quando comecei a participar do conselho em 2014, era gerar dividendos crescentes e diminuir riscos. Eram vários acionistas, membros da mesma família, e todos eles dependiam desses dividendos.

Pode-se ver, na Figura 7.4, a seguir, que o capital circulante líquido — de alguma forma a medida do capital de giro, ou seja, nesse caso, uma reserva de caixa — estava, em 2014, muito abaixo dos dividendos. Quer dizer, a empresa tinha muito menos reservas do que era distribuído em dividendos, o que era um risco. Portanto, o conselho considerou como tarefa inicial atender ao objetivo de garantir dividendos e diminuir riscos. O *board* tomou, como primeira providência, trazer um gerente-geral. Até então, a companhia tinha vários acionistas familiares trabalhando como executivos em algumas áreas específicas, e a situação era até conflitiva, porque não havia muita clareza na divisão de tarefas. O trabalho do conselho foi no sentido de convencer esses acionistas a se afastar das funções de gestão e ficar em um *board* que chamamos de conselho de sócios. Foi um processo clássico de contratação competente de um gerente-geral preparado: o conselho trouxe *headhunters*, fez muitas entrevistas, conseguiu trazer uma primeira pessoa, que rapidamente se verificou que não daria certo, e logo em seguida reposicionou a decisão e trouxe uma segunda, com muito mais certeza, e aí efetivamente as coisas aconteceram.

Figura 7.4 Resultados da empresa B

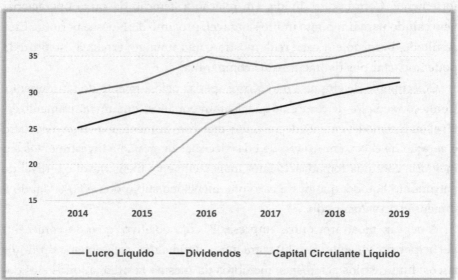

Esse gerente-geral focou seu trabalho, por orientação do *board* e do conselho de sócios, nos pontos cruciais do negócio. Colocar para funcionar os ativos que estavam sem utilização ou aumentar daqueles que estavam operando muito abaixo do esperado; desenvolver o plano orçamentário, que a empresa ainda não tinha; fazer o plano estratégico das áreas de produção, marketing e vendas, dado que a empresa tinha esgotamento de mercado e precisava definir quais novas atividades poderiam ser implementadas nessas áreas, e finalmente trabalhar a ideia de constituir um colchão de liquidez, assegurando que parte dos dividendos ficasse nesse capital circulante líquido e parte fosse utilizada em novos investimentos.

Como resultado, tivemos crescimento constante do lucro líquido. O nível de dividendos também foi aumentando, embora tivessem sido reservados mais dividendos para compor esse colchão de liquidez, que saiu de um índice 15 para um índice 32, ou seja, mais do que dobrou (veja-se o eixo Y da Figura 7.4, que é uma escala monetária hipotética em milhões de reais). Com isso, garantia-se os dividendos por pelo menos um ano, caso tudo desse errado na companhia e a receita caísse a zero, o que era quase impossível. Note-se que o gráfico mostra que em nenhum momento foram reduzidos os dividendos; o que se fez foi manter o nível de distribuição de dividendos ao suficiente para assegurar o padrão de vida dos sócios, mesmo que o lucro líquido aumentasse. Nos dois últimos anos é que o conselho considerou razoável aumentar a distribuição de dividendos.

Esse *board* ficou no papel que eu chamo de modelo interveniente, como vimos na parábola do Capítulo 6, porque foi decisor e ao mesmo tempo participante da gestão, em alguns momentos.

AS BARREIRAS QUE PODEM CERCEAR OS IMPACTOS POSITIVOS DA GC

Com base na experiência, vejo duas barreiras importantes. Quase todos os maus resultados derivam de atitudes equivocadas do acionista e do CEO. Esses dois elementos são fatores de sucesso para a governança e, paradoxalmente, também são causas de insucesso, às vezes até de modo inconsciente. E há uma terceira barreira, que é a combinação dos dois: o acionista fundador que é também CEO. Nesse caso, somam-se os fatores, e a barreira fica duplamente mais complicada.

Os acionistas podem se tornar barreiras, especialmente em empresas de capital fechado (nas de capital aberto a governança é exigida por lei, e os acionistas não podem barrar, embora possam atrapalhar), porque querem ter uma governança na empresa, mas muitas vezes decidem interferir, sem conhecer adequadamente o que é a governança e não a distinguem da gestão. Esses acionistas até podem conhecer bem a gestão, por terem feito cursos, mas não se aprofundaram como deviam na governança e começam a confundir os papéis. Mais ainda: não conhecem a ideia da governança construtivista e tendem a achar que é assunto de empresa maior, formalista, com altos custos; temem que a governança possa ter um papel fiscalista, com intuito de controlar e apontar erros. Surgem daí os boicotes inconscientes.

A solução para eliminar essas barreiras é uma só: educação. Os acionistas precisam se organizar, fazer cursos, seguir um processo educacional de longo prazo, para conseguir compreender o que é governança, tanto quanto conseguem compreender o que é gestão. E finalmente, participar de organizações como a Family Business Network,[68] para trocar experiências de como é o processo de governança de suas empresas.

A outra barreira é o CEO, porque ele é o elo na pirâmide invertida que já mostramos, o ponto de convergência entre os governantes e acionistas e a diretoria e pessoal de operação. Se o CEO falhar, a governança falha.

As soluções do *board* para prevenir ou impedir tal barreira: cuidado ao contratar, ao estabelecer metas, ao monitorar o desempenho do CEO. O *board* deve efetivamente assumir essa posição de superioridade hierárquica, com todas as implicações que essa elevação traz como consequência para o trabalho do CEO. Aquele acionista que é fundador e CEO costuma ser o maior problema, porque em vários casos ele se sente "*by*-passado" e acaba boicotando; muitas vezes não implanta medidas que o *board* sugere, e em outras se ocupa das questões urgentes, sem criar condição para que o *board* possa atuar em um modelo mais governante. Normalmente, nesses casos, os conselhos atuam mais no modo opinativo.

Quero mostrar dois casos em que a governança não teve sucesso. Um deles é o exemplo do fundador que também atua como CEO e que impõe grandes restrições a qualquer gasto. Essa pessoa sentia a solidão do poder, mesmo tendo um grupo de funcionários leais, que estavam há muito tempo na empresa, e quis implantar um *board* porque precisava de alguém com quem compartilhar questões do negócio. O *board* começou a funcionar, identificar áreas de mudança, recomendar a implantação de processos de controle e de direcionamento mais atuantes, mas, pela restrição monetária imposta pelo

---

68 Informações em: <http://www.fbn-br.org.br/>. Acesso em: 21 de junho de 2020.

fundador e CEO, quase ao nível da sovinice, quase nada era implantado. Ocorreu, por exemplo, que o *board* conseguiu trazer um consultor para recursos humanos, um profissional reconhecido que cobrou um valor muito abaixo do mercado para a empresa, pelos seus trabalhos. Fez um excelente trabalho, mostrou tudo o que tinha que ser implantado, mas nada foi executado. À medida que deveríamos saltar para uma segunda etapa, de estabelecer metas para os executivos com base em direcionamento estratégico e planejamento orçamentário, não existiam as políticas de RH que dariam a devida sustentação. Então, começou a se formar uma cascata de projetos importantes que não andavam. Basta dizer que esse *board* se dissolveu ao verificar que não tinha mais como atuar.

No segundo caso, por uma questão de sucessão, que foi o evento infeliz do falecimento do fundador, os herdeiros não se sentiram seguros para dirigir a empresa e montaram um conselho com três profissionais de altíssimo nível, preparados para o papel. Em determinado momento, sem consultarem o conselho e contarem com sua participação no processo, os sócios contrataram um novo CEO, que posteriormente apresentaram para o *board*. Ou seja, o grupo não teve, desde o início, supervisão direta sobre o CEO. E o pior foi que, em pouco tempo, o CEO tomou atitudes, à margem das decisões do conselho, que foram minando o caixa da companhia. Algumas dessas atitudes até eram duvidosas em relação aos padrões desejados. Obviamente, os resultados da companhia pioraram rapidamente. O conselho acabou sendo dissolvido, apesar de sua excelente formação.

O MOMENTO CERTO DE TRANSIÇÃO

Vejamos agora como uma empresa deve migrar de conselho consultivo ao conselho administrativo.

Em primeiro lugar, a tese que venho defendendo ao longo deste livro é a de que o conselho consultivo pode ser um passo para a implantação do conselho de administração. Uma empresa de capital fechado pode até nem ter interesse em migrar para um conselho de administração, dado que terá implicações legais como a obrigatoriedade de fazê-lo constar do contrato social. E não há nada de errado em decidir permanecer dessa forma. Mas o passo lógico é que o conselho consultivo vá migrando e, com o tempo, se torne um modo de atuação governante e ratifique isso por meio da migração para um conselho administrativo. Uma empresa pequena, ou mesmo uma *startup*, pode constituir seu conselho de administração, se quiser. Mas, em geral, o que se vê mais nas empresas que decidem fazer essa migração é estarem mudando de porte médio para porte médio-grande.

No meu entender, só há uma motivação para essa progressão: a maturidade da empresa e de seu processo de governança. Não é uma questão de haver um resultado específico a ser alcançado, um ponto na curva de receitas, lucros ou qualquer outro critério objetivo. O fator mais relevante é a maturidade da empresa. Os acionistas devem entender a importância da governança e, de fato, querer partilhar suas decisões e responsabilidades, o que traz consequências muito positivas, tanto para os sócios quanto para a companhia.

Quero compartilhar aqui o depoimento de Patrick Simon, presidente do Conselho de Administração do Grupo S2 (Redley, Cantão, Kenner e Bisi). Suas considerações sobre sua experiência em instalar um Conselho de Administração e suas dicas para os empresários que estejam pensando em fazê-lo estão em uma entrevista[69] que concedeu ao site do CELINT.

BOX: INSPIRANDO EMPRESÁRIOS A IMPLANTAR A GOVERNANÇA
PATRICK SIMON

Sou sócio do Grupo S2, um grupo empresarial de desenvolvimento de produtos de alto valor agregado no segmento de calçados e vestuário, proprietário das marcas e da rede de lojas Cantão, Redley, Bisi e Kenner.

---

[69] O Valor da Governança Corporativa para uma Empresa Familiar. Entrevista disponível em: <https://www.celint.net.br/post/2015/09/09/o-valor-da-governan%C3%A7a-corporativa-para-uma-empresa-familiar>. Acesso em: 6 de dezembro de 2020.

RESULTADOS COM A GC

Nós somos verticalizados nas partes do processo de trazer produtos a mercado que agregam ao valor percebido pelo cliente. No vestuário, isso significa o desenvolvimento de produto, "branding" e parte da distribuição via lojas (monomarca).

Recentemente, internalizamos até partes do processo de industrialização de roupas que não agregam ao valor percebido, mas nos trazem vantagens tributárias.

Em calçados, focamos a parte de desenvolvimento e fabricação. Vendemos menos de 10% do volume em lojas próprias. Conseguimos ter assimetrias competitivas no design e em algumas tecnologias na fabricação de placas de borracha sintética.

Há anos temos seguido um modelo "asset-light", focando geração de caixa livre. Isso, de certa forma, tem formado parte da nossa estratégia. Desde 2009, quando parei de trabalhar no mercado financeiro americano para focar os negócios da família, eu decidi me empenhar para termos um balanço forte, por influência de Warren Buffet, a quem admiro. Outro driver na definição da estratégia é a lei tributária brasileira. Como já mencionei, nos posicionamos na industrialização de roupas, o que não teríamos feito se não fosse pelo incentivo fiscal. Claro que todos estes conceitos precisam ser revisitados no futuro.

É um desafio contínuo não só lidar com as forças normais de mercado, mas também com as dificuldades criadas pelo governo. O único consolo é que, em teoria, nossos competidores também têm que lidar com os mesmos desafios impostos pelos órgãos públicos. O desafio é maior para os players menores que são obrigados a ter uma estrutura pesada (em relação a seus faturamentos) de contabilidade e estrutura de pessoal para cumprir com todas as regras burocráticas impostas ao segmento.

Com uma carreira que começou como analista de investimentos nos Estados Unidos e uma formação que inclui um CFA, não poderia imaginar uma estrutura de governança diferente para a S2. O que eu não imaginava era o quanto ter um sistema de governança corporativa com conselheiros independentes ajudaria o meu relacionamento com meu sócio, no caso, meu irmão mais velho. Ter profissionais que nós dois respeitamos, tendo o mesmo poder de voto nas decisões mais importantes da companhia, traz uma tranquilidade enorme. Quando nós dois temos opiniões diferentes, é muito mais fácil não levar para o lado pessoal se temos profissionais independentes pesando de um ou de outro lado. Há uma preservação natural da relação familiar.

Outro fato positivo, e fundamental, é a mudança de atitude dos donos da empresa. Acredito que é muito mais saudável para uma empresa ter um CEO que não age com as idiossincrasias de dono da empresa, mesmo se for dono de 100% das cotas ou ações. Um CEO tem que seguir as mesmas regras que os outros funcionários e ter um conselho acima dele ou dela que cobra resultados e ajuda na formulação de estratégias. E, além disso, toda a empresa sente o peso das decisões tomadas pelo Conselho, reage positivamente a elas e atende as demandas de forma muito mais profissional.

Também tenho a bagagem de ter passado pela era das "dot.com" no começo do século e depois toda a resultante avalanche de regulamentos que foi a Lei Sarbanes-Oxley. Vi o quanto era pobre a governança corporativa nas empresas americanas de capital aberto. E, mesmo após toda aquela legislação, ainda acredito que se não houver boas intenções no topo, um conselho com membros independentes não garante boa governança.

O ponto fundamental para um conselheiro é entender a sua responsabilidade fiduciária. Tem que tratar do patrimônio da empresa a um nível até mais alto do que trataria dos seus próprios ativos. Como portfolio manager de um trust department, onde investia o capital de outros, vigiado sempre por juízes e beneficiários, aprendi o quanto é séria essa relação.

Essa experiência tem sido fantástica! Ter um "reservatório" de experiências e bom senso disponível para a empresa na hora de se tomar as decisões mais importantes é um tremendo avanço para a S2. Conselheiros com experiências diferentes, em ramos de atividade distintos, com idades diversificadas e personalidades diversas contribuem muito para a riqueza do Grupo. Fica fácil para a família compreender que as decisões agora estão mais gabaritadas. Além disso, meu trabalho como chairman se tornou mais fácil, porque quando tínhamos um conselho consultivo, a empresa não sentia o mesmo nível de pressão. Hoje percebo que as demandas do conselho de administração são levadas mais a sério. Meu CEO está vigilante para não tomar decisões que talvez caibam ao Conselho tomar.

O que aconselho para as empresas familiares, de capital fechado, que estejam pensando sobre governança corporativa, primeiro de tudo, é que a família tem que entender que não é porque alguém tem o mesmo sobrenome que o fundador, que automaticamente deveria ter um cargo, alto ou baixo, na empresa. O segundo ponto crítico é que dividendos e salários são coisas completamente diferentes. Salários devem ser determinados puramente de forma meritocrática, alinhados com o mercado preferivelmente por consultores especializados. Dividendos, por outro lado, são distribuídos conforme os lucros e de acordo com a participação acionária na empresa.

Se a família entender que dividendos devem ser a fonte de geração de riqueza para a família, e não os salários, então uma estrutura de governança com um conselho de administração que inclui, na maioria, conselheiros independentes, é o claro caminho do sucesso. O foco no sucesso do negócio passa a ser muito grande. Há uma chance maior de a empresa ultrapassar gerações.

Há algumas fases a serem observadas para instalar um conselho de administração numa empresa familiar.

A primeira fase é um alinhamento familiar para os conceitos mencionados antes. A separação entre família e empresa, entre salários e dividendos. Isso precisa estar bem firme. Em segundo lugar, não é necessário que exista uma regra do tipo "ninguém da família pode trabalhar aqui", ou vice-versa; cada caso é diferente e precisa ser analisado. Li um estudo no The Journal of Finance *mostrando que empresas familiares tinham um retorno maior que as empresas não familiares. Ter uma família ligada à empresa pode ser um ponto positivo. Por outro lado, facilmente pode se tornar um ponto negativo se a família não compreender a questão dos salários e dividendos. E, por último, é preciso um bom nível de intervenção de fora, consultores para ajudarem na consecução dos sistemas de gestão e das estruturas profissionais.*

Se alguém me perguntar qual é o momento ideal para iniciar uma governança corporativa independente, minha resposta é esta: quanto antes melhor. Basicamente, o momento certo é quando a empresa puder ter recursos para remunerar os conselheiros, o que pode acontecer muito cedo na trajetória de vida da organização. Eu vejo claros benefícios nessa atitude. No meu caso, tenho outro negócio particular aqui nos Estados Unidos, onde moro, uma locadora de motocicletas, e gostaria muito de iniciar um conselho. Seria ótimo ter o input *de outros profissionais, da área de marketing e de outras também. Seria muito valioso. Já penso sobre isso!*

Patrick Simon, sócio e chairman of the Board no Grupo S2 — Cantão, Redley e Kenner

No próximo bloco de capítulos, trataremos dos procedimentos necessários para a construção da carreira de conselheiro profissional.

BLOCO 3

COMO CONSTRUIR SUA CARREIRA COMO CONSELHEIRO EMPRESARIAL

8. O MERCADO PARA CONSELHEIROS PROFISSIONAIS

9. REQUISITOS PARA ATUAR COMO CONSELHEIRO PROFISSIONAL

10. SER CONSELHEIRO PROFISSIONAL (QUANDO JÁ SE ESTÁ NO CONSELHO)

11. CRIAÇÃO E PROSPECÇÃO DE OPORTUNIDADES

12. COMO GANHAR REPUTAÇÃO, RELEVÂNCIA E VISIBILIDADE DE MERCADO

13. REMUNERAÇÃO PARA CONSELHEIROS

14. GESTÃO DO PATRIMÔNIO DO CONSELHEIRO

CAPÍTULO 8
O MERCADO PARA CONSELHEIROS PROFISSIONAIS

Analisarei o mercado, estatisticamente, a partir do número de empresas que temos. A intenção é identificar empresas nas quais é cabível a presença de um conselho, dependendo do porte.

A estatística mais recente que encontrei foi a do Sebrae, que registra mais de 19 milhões de empresas no país.

Figura 8.1 Número de empresas no Brasil

Fonte:
site do Sebrae (dados de 11/5/2020): <https://datasebrae.com.br/totaldeempresas/>.

Excluindo-se desse total as Microempresas Individuais (MEI), as Microempresas (ME) e as Empresas de Pequeno Porte (EPP), as demais somam quase 2 milhões, um número muito expressivo. A Figura 8.1 detalha os ramos de atividade dessas empresas, destacando-se os setores da agropecuária e de serviços.

O número de empresas triplicou no Brasil nos últimos sete anos, devido ao fenômeno das microempresas e das microempresas individuais.[70]

Um estudo que corrobora a situação está publicado na edição de fevereiro de 2019 de *Pequenas Empresas Grandes Negócios*.[71] Outro estudo, realizado em 2013 pela PWC,[72] registrava apenas um terço do que se registra mais recentemente. Pela comparação, verifica-se que o que efetivamente cresceu foi a terceirização de mão de obra.

Em relação ao número de empresas médias e grandes, com mais de 100 funcionários, fui buscar referências na Classificação Nacional de Atividades Econômicas (CNAE) do IBGE. Os dados mais recentes são de 2015 e não fazem distinção por número de colaboradores por setor de atuação — o *breakdown* é feito apenas por comércio. Por essa razão, me baseei em um dado menos recente, de 2012, mas que de alguma forma dá uma noção da situação do *breakdown* e nos permite inferir como as coisas funcionam. Àquela época, o total de empresas com mais de 100 funcionários chegava a quase 47 mil. Vejamos:

---

[70] É digno de nota o grande volume de MEI, certamente em função da terceirização de mão de obra. Mas há um debate mais acentuado, em que se questiona se o aumento do número de microempresas individuais e mesmo microempresas não representa uma precarização do trabalho, de pessoas desempregadas que tiveram que encontrar uma forma de empreender. Outro ponto é que a MEI tem um imposto fixo, muito mais barato do que os custos que uma ME precisa ter, além dos impostos, com manutenção de contador, taxas de licença de funcionamento e outras.

[71] De 2008 a 2017, triplicou o número de empreendedores no país, passando de 14,6 milhões para 49,3 milhões, segundo a pesquisa GEM/Sebrae. Estudo disponível em: <https://g1.globo.com/economia/pme/pequenas-empresas-grandes-negocios/noticia/2019/02/03/brasil-tem-20-milhoes-de-empreendimentos-no-brasil.ghtml>. Acesso em: 29 de junho de 2020.

[72] De acordo com a PWC, existiam mais de 6 milhões de empresas de todos os tamanhos no Brasil em 2013: 500 mil PME, 100 mil grandes empresas ou transnacionais, e o restante era constituído de ME de escala e receitas muito pequenas. Informações disponíveis em: <https://www.pwc.com.br/pt/publicacoes/setores-atividade/assets/pcs/private-compay--services-pcs-13-pt.pdf>. Acesso em: 29 de junho de 2020.

Figura 8.2 Número de empresas com mais de 100 funcionários

Nº de Funcionários	100 a 249	250 a 499	500 +
BRASIL	**26.676**	**10.035**	**10.227**
Norte	1.430	581	645
Nordeste	4.337	1.974	2.213
Centro-Oeste	2.060	749	751
Sudeste	13.878	5.052	5.021
Sul	4.971	1.679	1.597

Fonte: IBGE – CNAE, dezembro de 2012.

Obs.: os dados mais recentes são de 2015, mas não fazem a divisão por número de funcionários para todos setores de atuação das empresas.

Esse estudo, lamentavelmente, não está mais disponível no site do IBGE, mas foi resgatado de uma pesquisa que realizei por volta de 2013. Como se vê na tabela da Figura 8.2, mais de 36 mil tinham entre 100 e 499 funcionários, e outras 10.227 declaravam mais de 500 funcionários. Constava também, dos dados da CNAE de 2012, estimativa da existência em torno de 150 mil empresas com mais de 30 funcionários e 600 mil com mais de 10 funcionários.

NÚMERO DE EMPRESAS COM POTENCIAL PARA GOVERNANÇA

Traçando comparativos entre todos os estudos que citei, posso inferir uma lógica para a identificação do número de empresas com potencial para governança. Detalharei o raciocínio a seguir.

Mais de um milhão de empresas novas surgiram entre 2013 e 2020, que não são ME, MEI ou EPP, podem ter bom faturamento, mas também podem ter baixa estrutura de pessoal, ou poucos funcionários. Exemplos de empresas nessa classificação fiscal, que podem ser pouco empregadoras, de acordo com o Sebrae: cultivo de milho, horticultura, restaurantes, incorporadoras, comércio de combustíveis etc.

Supondo que apenas 10% dessas 1.934.709 empresas tenham porte para uma governança (50 funcionários ou mais), temos 193 mil em uma suposição até conservadora.

Dessas 193 mil, possivelmente 50 mil têm mais de 100 funcionários (dados CNAE 2012), e há 10 mil com mais de 500. Dessas, 2.500 empresas já têm conselho administrativo (350 com capital aberto listadas na B3 e mais 2.150, aproximadamente, de capital fechado[73]).

Seguiremos com a lógica das empresas com porte para governança. Considerando as 10 mil com mais de 500 funcionários, e excetuadas as 2.500 que já têm conselho administrativo, podemos calcular que 7.500 empresas têm potencial para até 5 conselheiros externos — a média é conservadora, porque há muitas empresas grandes que têm conselhos de até 11 membros. Considerando as 50 mil empresas com mais de 100 funcionários, todas têm potencial para até três conselheiros externos. E considerando as 143 mil empresas restantes, todas têm potencial para um conselheiro externo.[74]

Portanto, a partir de quase 200 mil empresas que têm porte para governança, há um mercado potencial de 330 mil posições para conselheiros externos. Mas sejamos ainda mais conservadores e consideremos que apenas 1/3 dessas organizações se disponham a ter uma governança — então podemos inferir um mercado potencial para 110 mil posições de conselheiro.

Peço ao leitor que atente para essa informação: existem, no Brasil, apenas 1.200 conselheiros certificados, ou cerca de 1% dessa demanda potencial. Fica claro o tamanho do mercado ainda não ocupado por profissionais em nosso

---

[73] Esse dado de mais de 2 mil empresas de capital fechado que contam com conselhos não está registrado em lugar algum. Cheguei a esse número entrevistando colegas conselheiros e pesquisando participantes de algumas entidades representativas como o IBGC e a Fundação Dom Cabral, com os quais concluímos esse número aproximado.

[74] Quando me refiro a conselheiro externo, quero designar pessoas que não sejam os sócios ou alguém de dentro da estrutura da companhia.

país. Ou seja, precisamos formar mais conselheiros, ter gente mais bem preparada,[75] e essa é a razão deste livro: mostrar esse caminho potencial de atuação em conselhos — que pode ser ainda maior em volume se considerarmos áreas correlatas que detalharei ainda neste capítulo.

Vejamos como é o mercado da governança em outros países.

EMPRESAS DE CAPITAL ABERTO NO BRASIL E NO MUNDO

Quero fazer um preâmbulo de como estão evoluindo as empresas de capital aberto. Temos uma noção intuitiva de que, quanto mais desenvolvido o capitalismo, maior será o número de empresas de capital aberto e maior será o potencial de novas companhias que abrirão o capital em bolsa. Não é o que está ocorrendo, conforme veremos adiante.

Embora uma parte das empresas siga uma ordem natural de evolução de seus negócios, passando pelas etapas de *startup*, *scale-up*, pequena empresa, empresa de capital fechado e companhia de capital aberto, essa última não seria o ápice do caminho. Na verdade, esse é um caminho direto, mas não há relação entre essa evolução e a lógica de que ter capital aberto é o ponto culminante de uma organização. Vejamos o que está acontecendo no Brasil e no mundo.

O grande avanço de governança, no século XXI, ocorrerá nas empresas de capital fechado, em sua maioria familiares ou multifamiliares. As empresas abertas já têm governança e estão diminuindo em número.

No ano de 2016, 349 empresas estavam listadas na B3.[76] Mas vamos notar que, no início da década, no ano 2000, o número era de 449 — uma queda equivalente a mais de 22% (ver gráfico a seguir). Uma discussão importante a ser levada em consideração é o custo do processo de abertura

---

75 No Brasil só existem duas instituições que promovem a certificação de conselheiros — o IBGC e a CelintBra. Informação de junho de 2020.

76 Informação disponível em: <https://www.revistari.com.br/212/1225>. Acesso em: 29 de junho de 2020.

de capital, no Brasil, acrescido do custo de manutenção da empresa como companhia aberta.

Figura 8.3 Evolução do número de empresas listadas na B3

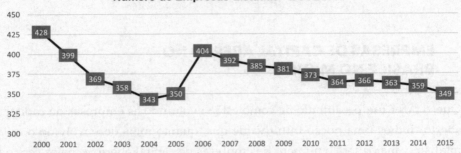

Fonte: <http://www.revistari.com.br/>.
Em 2016, 349 empresas estavam listadas na Bovespa (*Revista RI*, maio de 2017).

Foi um processo de fechamento de capital, com empresas saindo da bolsa. Quando comecei essa análise, julguei que o fenômeno se devesse às crises sucessivas que o mercado brasileiro de capitais enfrentou, oscilando para baixo até 2005, depois se recuperando até 2007, quando passou a cair novamente, até chegar ao menor nível em 2016.

Mas essa constatação não se aplica apenas ao Brasil. Vejamos a situação nos Estados Unidos.

A curva norte-americana, que vinha de um aumento constante desde 1980, chegou a um máximo, em 1996, de 8.090 empresas listadas em bolsa. Como se pode ver no gráfico a seguir, esse número veio caindo e atingiu o mínimo de 4.102, em 2012,[77] que equivale à metade. A explicação dos motivos que levam a esse fenômeno está em um artigo publicado pela Bloomberg,[78] segundo o qual isso vem ocorrendo principalmente

---

77 Informação disponível em: <https://www.theglobaleconomy.com/USA/Listed_companies/>. Acesso em: 29 de junho de 2020.

78 Informação disponível em: <https://www.bloomberg.com/opinion/articles/2018-04-09/where-have-all-the-u-s-public-companies-gone>. Acesso em: 26 de junho de 2020.

pelas fusões e aquisições — as empresas grandes estão se fundindo em velocidade rápida para criar valor pela sinergia da fusão, eliminando duas empresas para formar uma. O artigo também evidencia que está havendo fechamentos de capital devido ao aumento das regulações, que implicam mais custos de manutenção como companhia de capital aberto, riscos e inclusive oferta hostil[79] de compra das ações, que podem ameaçar os controladores ou pelo menos os grupos que formam o acordo de acionistas. São fatores que podem ocorrer quando se deixa a empresa aberta para poder ter acesso a capital mais barato, que entra no caixa via *equity*, e não via empréstimos e financiamentos tomados junto a instituições financeiras, e tudo isso tem levado as companhias a fechar capital. O terceiro motivo de queda no número de empresas de capital aberto é o causado pelas disrupções das *startups*, que tomam o lugar dessas empresas porque crescem financiadas por meio de fundos de capital de risco, e não mediante a oferta de ações no mercado.

Figura 8.4 Empresas listadas nos EUA

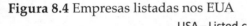

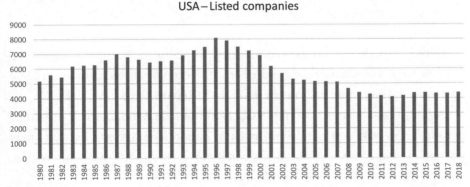

Fonte: <https://www.theglobaleconomy.com/USA/Listed_companies/>. Acessado em: 25 de junho de 2020.

---

79 Oferta hostil é quando um grupo, percebendo que pode adquirir o controle comprando um percentual das ações totais de uma empresa, aborda acionistas individuais minoritários oferecendo valores acima do que está cotado na bolsa daquele país.

O fenômeno é mundial. Não se restringe ao Brasil e aos Estados Unidos. Vejamos outro exemplo, agora no Reino Unido e na Europa.[80]

Figura 8.5 Empresas listadas no Reino Unido

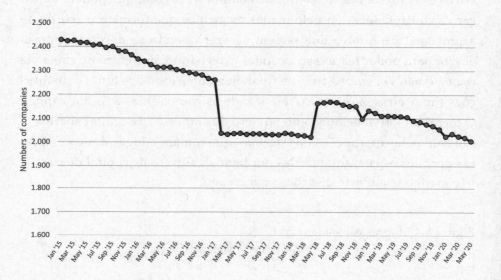

Como se pode ver no gráfico anterior, também na Europa as empresas listadas em bolsa estão decrescendo:[81] em 2015 estavam listadas mais de 2.400 empresas, número que baixou em maio de 2020 para a faixa de 2 mil.

Assim, nossa tese é a de que a GC será mais demandada, nas próximas décadas, não pelo seu caráter formalista, ligado às empresas listadas, mas por seu caráter construtivista, pelos benefícios e resultados que proporciona, como já demonstramos nos capítulos anteriores.

---

80   Boa parte das empresas listadas na Bolsa de Londres são companhias fundadas e com sede em outros países da Europa.

81   Informações disponíveis em: <https://www.statista.com/statistics/324547/uk-number-of-companies-lse/>. Acesso em: 26 de junho de 2020.

NÚMERO DE CONSELHEIROS HABILITADOS NOS PAÍSES DESENVOLVIDOS

Vimos que no Brasil temos em torno de 1.200 conselheiros reconhecidamente habilitados. No Reino Unido, o *Institute of Directors* (IoD) tem 30 mil membros com nível de qualificação para conselheiro. Entre esses, mais de 2 mil *chartered directors*, considerado o nível máximo de habilitação (só pelo IoD, fora outras certificadoras).[82]

O Canadá é um caso especial que quero ressaltar. Com uma população de 1/5 da brasileira, tem um PIB muito próximo do nosso, em torno de US$1,7 trilhão, o que denota produtividade muito maior. Conforme dados fornecidos a mim pela Governance Solutions Inc., existem 1.600 companhias listadas em bolsa, 4 vezes mais do que o número brasileiro. E em relação a conselheiros certificados, tem um total de 3.700. Por outro lado, e eis aqui o dado que corrobora nossa tese sobre o potencial de mercado, no Canadá há mais de 100 mil conselhos em empresas do setor público, empresas sem fins lucrativos, privadas e familiares, cooperativas, associações e outras sociedades.

PERSPECTIVAS PARA O MERCADO BRASILEIRO

O mercado brasileiro é ainda incipiente, mas com enorme potencial, dado o elevado número total de empresas. Temos que qualificar os acionistas, dando-lhes educação, assim como aos conselheiros e aos executivos e os próprios acionistas que começarão a ser conselheiros. E a todos os profissionais que tencionam atuar nessa área ou que ainda desconhecem esse potencial, é importante que percebam como o segmento pode crescer significativamente enquanto nossa economia também se desenvolver.

As empresas de capital aberto, listadas em bolsa, estão declinando em todo o mundo, pelos motivos já explicados. Assim, o mercado que desponta para a

---

82   Informações disponíveis em <https://www.iod.com/>. Acesso em: 29 de junho de 2020.

governança está nas empresas de capital fechado ou outras, nessa abordagem construtivista que persegue resultados, que busca a governança voltada para a essência do que é governar.

Os mercados nos países maduros, como o Canadá, têm centenas de milhares de posições para conselheiros, já em operação. Lá, a necessidade de preparo e qualificação é grande, tanto que muitos profissionais vão para o nível máximo de certificação.

Podemos supor que haverá uma grande evolução no capitalismo brasileiro quando as empresas começarem a adotar a governança em larga escala e a instalação de conselhos atingir o potencial estimado.

Pergunto: será que, aqui, primeiro o capitalismo tem que se desenvolver para que a governança se desenvolva ou a governança se desenvolve primeiro e ajuda o capitalismo a evoluir? E eu mesmo respondo: digo que é uma relação biunívoca, porque a minha tese é a de que nem o capitalismo como está e nem o desacreditado socialismo resolverão os problemas que temos, mas sim que empresas bem estruturadas, bem geridas e bem governadas servirão de alavanca para que nosso país possa se desenvolver.

POSSIBILIDADES CORRELACIONADAS À CARREIRA ESTRITA DE CONSELHEIRO

Declaro, sem modéstia, que usei de criatividade para propor uma variação de nomenclatura que revele uma gradação nas diferentes atuações de que pode se ocupar um conselheiro. São, muitas vezes, termos considerados sinônimos entre si, mas no gráfico a seguir estão ajustados, conforme a minha própria experiência, para mostrar as possibilidades correlacionadas à carreira de conselheiro, contudo, que não sejam, na acepção rigorosa da nomenclatura, posições de membros efetivos de conselhos.

Este livro trata da carreira estrita de conselheiro — o *director*, como se diz em inglês —, que, como se pode ver do lado direito da Figura 8.6, a seguir, são os profissionais que efetivamente tomam decisões, governam. Nesse gráfico, as responsabilidades pelas decisões vão crescendo em direção à direita.

Figura 8.6 Possibilidades de carreira

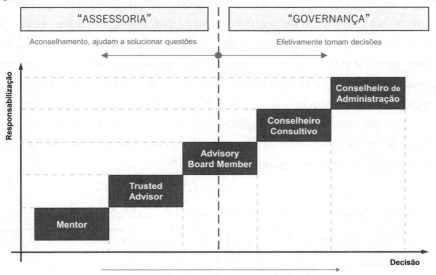

Por outro lado, na parte esquerda do gráfico, estão demonstradas posições que são mais de assessoria, de aconselhamento, para ajudar a pensar e endereçar respostas aos principais desafios de uma empresa. Seria quase como o *board* opinativo que mencionamos anteriormente, com a diferença de que no *board* opinativo trata-se da forma como o grupo opera, mas aqui, neste gráfico, queremos mostrar a forma como ele se estrutura. Mesmo na composição de conselho administrativo ou consultivo, a operação pode ser opinativa. Mas no lado esquerdo, a constituição é estrutural: começa-se como mentor, e o nível de responsabilização vai subindo. É uma gradação que estou propondo com base em tudo o que tenho visto em minhas passagens por empresas de diversos setores.

CONSELHEIRO DE EMPRESAS

Diferenciarei cada uma dessas funções com base em três questões.

1. Qual é o tipo de relação desse profissional com a empresa?
2. Como funciona essa relação?
3. Onde mais se aplica essa relação?

Veremos, no gráfico seguinte, os tipos de relação. Antes, é preciso destacar que todas essas funções não são cumpridas *full time*, ou seja, são agentes externos que participam de reuniões esporádicas, de uma a quatro vezes por mês, eventualmente com algum trabalho de casa envolvido. Em suma, não fazem parte da estrutura fixa de pessoal da empresa. E não podem ser considerados na categoria de consultores, porque esses trabalham com projetos; completada a encomenda, vão embora. No caso da assessoria e da governança, ambas são contínuas, quase perenes. Em média, são compromissos que duram de três a cinco anos, de acompanhamento das grandes decisões da companhia e do direcionamento e controle.

Figura 8.7 Diferenças de atuação nas diversas modalidades

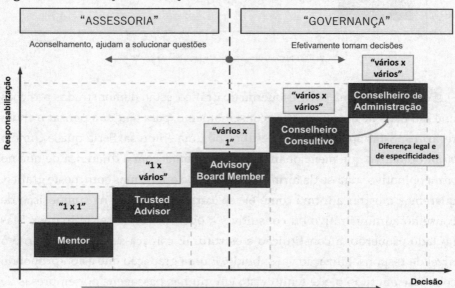

A relação com o **mentor** é um com um, muito típica. Vamos nos lembrar da *startup*, em que o fundador (ou presidente ou diretor) começa um conselho incipiente, formado por ele e um mentor. Quase se confunde com o *coach*, mas difere no método — o *coach* faz perguntas, quase em uma reprodução da maiêutica socrática, esperando que o *coachee* chegue às suas próprias conclusões. O mentor é chamado a trazer sua experiência, para aconselhar, dar respostas e trabalhar respostas junto com o mentorado. Aplica-se mais nas *startups* ou mesmo em grandes empresas onde o CEO/fundador enfrenta problemas e precisa de alguém com quem trocar impressões e de quem receber aconselhamento.

A relação com o *trusted advisor* é um com vários. É um conselheiro de confiança que se reúne com diversos sócios da empresa, ou com o sócio e sua diretoria. A relação funciona bem porque é alguém que tem trajetória consistente, é aceito pelo grupo e cumpre o papel de aconselhar em reuniões periódicas sobre questões importantes da companhia.

A relação com o *advisory board* é de vários com um. Observe-se, no gráfico, que essa posição está em intersecção entre assessoria e governança. É muito aplicável no caso de um fundador/CEO que está em situação de solidão de poder e quer ter um grupo de notáveis para assessoramento e, às vezes, tutela, dependendo do nível de dependência. Costuma funcionar quase como uma transição para a composição de um **conselho consultivo** — quando o *advisory board* muda de escala, deixando de ser um agente de assessoramento do fundador/CEO e passando a ser um agente de tomada de decisões da companhia. A atuação passa a ser vários com vários, e mesmo que ainda não seja estruturalmente um conselho, funciona como tal. Isso é comum acontecer. Quanto ao **conselho administrativo**, como já vimos, a diferença é apenas formal: tem que estar no contrato social da empresa, com as especificidades que já abordamos nos capítulos anteriores.

À GUISA DE CONCLUSÃO

Ao se qualificar para trilhar a carreira de conselheiro, um profissional abre um leque de alternativas correlacionadas, que não são estritamente a de conselheiro consultivo ou administrativo (foco deste nosso livro), mas que apresentam pontos comuns quanto à experiência e às competências.

Nesse mercado ampliado, há um contingente de empresas potencialmente interessadas muito maior, que abraça as pequenas e mesmo parte das microempresas. Embora a remuneração possa ser menor nas pequenas e médias, a amplitude e pulverização da atuação oferecem novo atrativo aos profissionais a quem este nosso livro se destina. Adiante, trataremos de remuneração com mais detalhes.

Então, é pertinente supor que boa parte (talvez 30%) daqueles 1,9 milhão de empresas, classificadas como "demais empresas" pelo Sebrae, possa contratar esse tipo de assessoria, tornando-se um mercado gigantesco (mais de meio milhão de posições) para os profissionais formados em governança.

No capítulo a seguir, abordaremos os requisitos necessários para que um profissional possa atuar como conselheiro profissional.

CAPÍTULO 9
REQUISITOS PARA ATUAR COMO CONSELHEIRO PROFISSIONAL

Da mesma forma que as empresas formam seus modelos de governança corporativa, os conselheiros também têm uma gênese, uma trajetória que seguem no rumo da profissionalização.

A GÊNESE DO CONSELHEIRO

São dois os caminhos iniciais para uma pessoa se firmar como conselheiro.

Um deles é quando a empresa considera que determinado profissional tem conhecimento e experiência importantes para ela e, por motivos diversos que destrincharemos quando falarmos de oportunidades, lhe faz o convite para assumir a posição. É um passo aleatório, que não está no controle do profissional, mas que ocorre com frequência. No entanto, apenas participar de um conselho não faz de alguém um conselheiro. Tenho visto, na prática, nas dezenas de conselhos de que venho participando há mais de vinte anos, conselheiros que ocupam a posição, mas não exercem a função de fato. Dá-se o mesmo com o líder — há chefes nomeados que não são líderes.

O outro caminho é estudar. O profissional buscará entender o que é ser conselheiro, primeiro como autodidata, lendo livros sobre governança, ouvindo pessoas experientes, e depois decide fazer cursos para dar início ao processo de preparação.

Mas é preciso um processo dialético, de estudo e trabalho, que junte experiências e aprofundamento. Detalharei a seguir uma sequência de quatro fases, que considero ser o caminho adequado para a construção de uma profissão sólida. Ressalto que o conselheiro não tem registro oficial, e essa nem é uma profissão regulamentada, como no caso de outras ocupações, que se beneficiam de conselhos regionais como CREA, CRM ou OAB, e nem sequer consta da CBO — a Classificação Brasileira de Ocupações. Apesar disso, para ser conselheiro, o caminho se assemelha ao de um médico, por exemplo: graduar-se em Medicina, fazer residência, trabalhar em plantões, dar consultas, realizar cirurgias, manter-se fazendo cursos de especialização e participando de congressos para atualização. É algo que se constrói ao longo do tempo, com dedicação.

Na figura a seguir, a primeira fase está constituída dos dois gatilhos que mencionei: participar de um *board* a convite da empresa ou estudar para se preparar e se tornar apto para exercer função de conselheiro.

Figura 9.1 A gênese do conselheiro

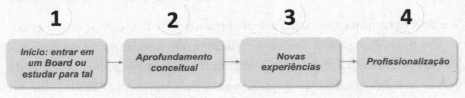

A fase dois, que chamo de aprofundamento conceitual, ocorre quando o profissional já acumulou estudos e experiência e começa a buscar conhecimentos mais aprofundados que levam a certificações. A certificação é fundamental e precisa ser obtida nessa fase, sendo bom que o profissional persiga o objetivo de ter mais de uma. Nessa fase, e talvez já na anterior, buscar um mentor, que seja um conselheiro experiente, é uma perspectiva que pode acelerar o aprendizado.

O próximo passo — obrigatório — são as novas experiências. Não é suficiente ter estudado, ter se certificado, ter participado de um *board*, se não acumular experiências em empresas atuantes em diferentes mercados para

REQUISITOS PARA ATUAR COMO CONSELHEIRO PROFISSIONAL

poder estabelecer comparações e adquirir uma visão mais densa de o que é ser um conselheiro.

O quarto passo dessa gênese, que eu chamo de profissionalização, é quando o conselheiro já está preparado para atuar em mais de um *board* simultaneamente, de maneira profissionalizada. Evidentemente, o profissional não interromperá o processo de aprofundamento e de novas experiências, porque essa é uma demanda perene de aprendizado contínuo. Neste capítulo ainda voltaremos a esse tema.

O QUE SE ESPERA DO CONSELHEIRO

Preparei, na Figura 9.2, a seguir, um sumário das expectativas em torno do papel do conselheiro, tanto o consultivo quanto o administrativo.

Figura 9.2 Competências, habilidades e atitudes requeridas
Perfis Requeridos:

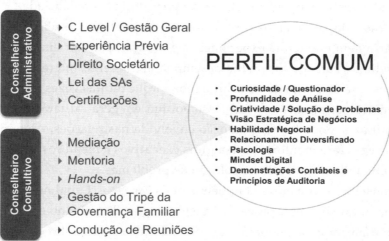

No caso do **conselheiro administrativo**, é quase uma necessidade esperar que o profissional tenha tido experiência no que se chama, no jargão corporativo, de *C-Level*, ou seja, nível de *chief* — CEO, CFO, COO, CTO e demais. Ou seja, é quase óbvio que o conselheiro administrativo deva ter passado previamente pela condição de quem atuou em função de diretoria na gestão corporativa. Ou, pelo menos, que seja alguém que tenha uma visão geral do negócio.

Claro que se espera também que o conselheiro administrativo seja alguém que tenha uma experiência prévia, em conselhos, que seja interessante para aquela companhia, que faça sentido para formar a diversidade de um *board* de conselho de administração. Um exemplo é quando uma empresa passa por uma transformação digital muito forte e pode ir buscar um executivo *C-Level* que já atuou em transformação digital em outra empresa para compor seu *board*. Em outro exemplo, uma empresa que está passando por uma restruturação financeira importante buscará um ou dois conselheiros que tenham essa experiência.

Para o conselheiro administrativo, o conhecimento de Direito Societário e Lei das SAs[83] é uma demanda importante, a fim de poder entender como atua uma empresa de capital aberto.

Afinal, embora não seja uma exigência absoluta, é um *plus* que o conselheiro administrativo tenha certificação por entidade credenciada.

No caso do conselheiro consultivo, não é vital que conheça Direito Societário nem que tenha experiência em atuação anterior em conselhos. O conselheiro consultivo tem um desempenho diferente, interessante para a empresa até do ponto de vista humano, porque muitas vezes terá que fazer mediação de alguns conflitos. Isso porque, em geral, atuará em empresas familiares, onde há mais emoção envolvida nas relações. Além disso, muitas vezes fará mentoria para alguns executivos e membros da família, acompanhando e ajudando na solução de problemas.

O conselheiro consultivo também é mais *hands-on*. Usualmente, ajudará a implantar sistemas, processos, metodologias de trabalho e atividades que em uma empresa maior já estão em mãos de especialistas contratados na estrutura.

---

[83] Lei nº 6.404, de 15 de dezembro de 1976 (que dispõe sobre as Sociedades por Ações), complementada pela Lei nº 6.385, de 7 de dezembro de 1976 (que dispõe sobre o mercado de valores mobiliários e cria a Comissão de Valores Mobiliários) e alterada pela Lei nº 10.303, de 31 de outubro de 2001.

REQUISITOS PARA ATUAR COMO CONSELHEIRO PROFISSIONAL

Ainda terá que compreender bem o tripé da governança familiar: empresa, família e propriedade. Tudo isso é a base para que saiba conduzir bem uma reunião. Aliás, essa é uma capacidade fundamental para qualquer conselheiro: saber coordenar uma reunião para que se chegue a boas conclusões.

Itens para uma reunião de conselho produtiva

- Inserida num contexto de pauta anual
- Agenda prévia distribuída aproximadamente entre:
    - 50% para estratégia (futuro)
    - 30% para questões atuais (presente)
    - 20% para performance e controle (passado)
- Conduzida pelo presidente (ou coordenador da reunião) de modo a que todos se manifestem nos assuntos
- Tempo estipulado para cada assunto e o responsável pela apresentação de cada um
    - se houver necessidade, assuntos que se alongarem devem ser prorrogados ou solicitada deliberação por e-mail, por videoconferência ou em reunião extra
- Material de preparo para os assuntos a serem discutidos são enviados previamente (pelo menos cinco dias de antecedência)
- Prática constante do confronto x consenso

Quanto ao perfil comum, tanto a conselheiros consultivos quanto administrativos, a Figura 9.2 é autoexplicativa, mas reforço, para efeito didático. Um conselheiro deve ter curiosidade no sentido de buscar aprender o que não sabe e ser questionador no sentido de duvidar de ideias prontas. Para isso, é preciso que pratique profundidade de análise das questões, inclusive as não aparentes. É importante o conselheiro saber fazer a pergunta certa, mais do que saber responder. Desse mergulho de conhecimento, certamente haverá estímulo à criatividade, principalmente para a solução de problemas e para evitar cair em armadilhas.

Todo conselheiro deve ter visão estratégica de negócios, o que não significa que tenha que ser um estrategista, mas que deva conseguir abarcar o conjunto metodológico de elaboração de diferentes estratégias e compreender a interação entre elas. Esse conhecimento favorece a habilidade negocial, no sentido de superar barreiras e contornar obstáculos e resistências. É claro que ajuda muito, nessa tarefa de negociação, ter uma amplitude de relacionamentos diversificados, até porque o conselheiro aporta *networking* para a empresa. Para transitar bem entre diferentes públicos de esferas distintas, uma base de psicologia é recomendável. Muitas vezes esse preparo de psicologia, de compreensão do espírito e da psique humana, permitirá captar sinais pouco claros, no dia a dia, e antecipar problemas.

Uma necessidade contemporânea, em todos os negócios, é ter um *mindset* digital. Para isso, fazer cursos na área, acompanhar conselhos mais avançados nesse mister e, principalmente, se dedicar a compreender a inovação.

Finalmente, todo conselheiro deve ser capaz de ler e entender demonstrações contábeis, de preferência tendo conhecimento de princípios de auditoria, como materialidade e resultados de fato. Não precisa ser um *expert* em contabilidade e finanças, porque a estrutura da empresa conta com profissionais para isso, mas deve ter condições de acompanhar e avaliar demonstrações de resultados, balanços patrimoniais, demonstrativos de fluxo de caixa, para não se surpreender com exigências de auditoria.

Esses são os atributos que considero essenciais para que um profissional aposte na gênese da carreira de conselheiro.

O CONSELHEIRO E A SABEDORIA

O conselheiro é um sábio que compreendeu o conceito aristotélico do caminho da moderação e consegue ter uma visão holística, isto é, sabe que as partes estão no todo e o todo está nas partes. Consegue ter, ao mesmo tempo, uma visão analítica, separando as partes para poder compreender como o processo se dá, e sintética, conseguindo rejuntar as partes para observar a questão de uma forma condensada. Essa capacidade de observar o conjunto é muito importante para formar o conceito da empresa, saber como está a saúde dela, trabalhar diversas varáveis ao mesmo tempo para compor essa visão geral. E ainda, a sabedoria compreende também ser capacitado para as questões humanas. O conselheiro é alguém que se educou e ampliou sua consciência de como são importantes as relações humanas para o negócio.

O CONSELHEIRO E A EXPERIÊNCIA

Minha visão pessoal sobre a experiência pode não ser unânime, mas vem do empirismo e da observação: bons conselheiros passaram por experiências diversas em suas carreiras, em várias empresas, e não apenas em uma; cada um teve um aprofundamento em uma área distinta enquanto executivo, mas todos tiveram uma visão geral das operações em que trabalharam. É importante essa visão geral para que o profissional possa exercer o papel de conselheiro, seja porque dirigiu uma empresa, seja porque foi um empreendedor que montou um negócio em paralelo com a função executiva, ou até mesmo porque desenvolveu projetos interdisciplinares. Profissionais de áreas específicas, como advogados ou médicos, que ascendem à posição de conselheiros, devem de alguma forma complementar seu conhecimento com uma visão de negócios. Existem ferramentas que ajudam a trazer essa experiência.

O conselheiro deve ser antenado, alguém que esteja vivendo seu tempo. Isso significa fazer a leitura das questões de ordem social, econômica, tecnológica e até política. Claro que o conselheiro não pode saber de tudo, e é por isso que se tem um *board*, com pessoas que adicionarão visões e vivências em áreas diferentes. Mas o conselheiro precisa estar a par do máximo possível de informações a respeito do que está acontecendo no Brasil e no mundo para que possa ajudar a empresa em sua perenização adaptativa.

LIFE LONG LEARNING (LLL)

Dentro dessa ideia de que o conselheiro é alguém que amplia a consciência, tem conhecimento do todo e está atualizado, ressalto a necessidade de que deve se manter em aprendizagem contínua ao longo de toda a vida. Inspiro-me em Jacques Delors, que foi presidente da Comissão Europeia entre 1985 e 1995 e que, entre 1992 e 1996, presidiu a Comissão Internacional sobre Educação para o Século XXI, da UNESCO, período em que coordenou um relatório sobre a importância da educação.[84]

No relatório, a pedra de toque é a definição de quatro pilares para a educação ao longo de toda a vida: aprender a conhecer, aprender a fazer, aprender a conviver e aprender a ser.

Essa, inclusive, é uma posição que adotamos para ministrar nossos cursos: propiciar material para que os conselheiros possam se inspirar a um caminho de aprendizagem para o resto da vida, dado que a profissão demanda, continuamente, conhecimento e experiência.

Vejamos o que nos ensina Jacques Delors.

Figura 9.3 Primeiro pilar da educação

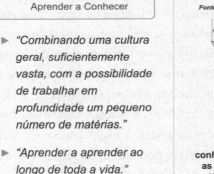

O que vemos aqui é que o conselheiro deve ampliar sua base de conhecimento para poder se aprofundar. Caso se queira manter o triângulo equilátero — expressão máxima do equilíbrio, na geometria —, como sugere a imagem na Figura 9.3, para se aprofundar em algum tema, é preciso aumentar a base, com uma cultura geral mais ampla.

---

84 DELORS, Jacques (coord.). *Educação, um tesouro a descobrir*. Relatório para a UNESCO da Comissão Internacional sobre Educação do século XXI. Tradução de José Carlos Eufrázio. 7ª edição revisada. São Paulo: Cortez, Brasília, DF: 2012.

Sigamos.

Figura 9.4 Segundo pilar da educação

> Aprender a Fazer

▶ *"A fim de adquirir não somente uma qualificação profissional, mas, de maneira mais ampla, competências que tornem a pessoa apta a realizar de forma concreta."*

Jacques Delors
Educação: um tesouro a descobrir – UNESCO

O **Conselheiro** como um agente que efetivamente transforma, liderando a implantação de reformas e de processos que dirigem e controlam a organização como um todo.

O conselheiro não precisa necessariamente fazer, a menos que esteja no modelo operativo, mas é fundamental que saiba fazer para poder orientar. Em síntese, é o pensamento de Jacques Delors na Figura 9.5.

Figura 9.5 Terceiro pilar da educação

> Aprender a Conviver

▶ *"Desenvolvendo a compreensão do outro e a percepção das interdependências – realizar projetos comuns e preparar-se para gerenciar conflitos – e respeitando os valores do pluralismo, da compreensão mútua e da paz."*

Jacques Delors
Educação: um tesouro a descobrir – UNESCO

O **Conselheiro** como um elemento agregador, capaz de atuar na solução de disputas, na busca do equilíbrio e de mecanismos inteligentes para a coesão dos *Stakeholders*.

CONSELHEIRO DE EMPRESAS

Neste terceiro pilar, cabe ao conselheiro atuar na solução de disputas, engajando e comprometendo os *stakeholders* na criação de sustentabilidade nas relações. O conselheiro agregador é capaz de ver as demandas de cada parte e buscar o equilíbrio.

Figura 9.6 Quarto pilar da educação

Aprender a Ser

- *"Para melhor desenvolver a personalidade e estar à altura de agir com maior capacidade de autonomia, de discernimento e de responsabilidade social."*
- *"Utilizando as potencialidades de cada indivíduo: memória, raciocínio, sentido estético, capacidades físicas e aptidão para comunicar-se."*

Jacques Delors
Educação: um tesouro a descobrir – UNESCO

O Conselheiro reunindo em torno de si o melhor de sua inteireza, de sua capacidade humana integral e de sua espiritualidade, no sentido profundo da palavra, para contribuir de forma plena com uma célula da sociedade humana: a empresa!

Aprender a ser significa congregar todo o potencial de inteligências do ser humano. Ou seja, se apresentar inteiro, no verdadeiro sentido do ontológico, como diria Heidegger, do ser em si mesmo, em sua dimensão ampla e fundamental — nessa sociedade humana que é a empresa. É essencial levar em conta isto: o conselheiro tem o papel de contribuir para colocar a empresa como ponto de transformação da sociedade, no seu propósito e na sua responsabilidade social.

BOX: *LIFE LONG LEARNING,* UMA EXPERIÊNCIA PRÁTICA
GUSTAVO SIQUEIRA

Sou advogado de formação, com pós-graduação em direito empresarial e formação pela Coppead-UFRJ e Fundação Dom Cabral. Comecei carreira na área jurídica e fui professor de Direito Público na UFF — Universidade Federal Fluminense. Tenho 43 anos hoje e trabalho há 20 anos na Saint-Gobain Canalização, onde passei por algumas áreas. Comecei como advogado, depois fui coordenador jurídico da empresa. Mais tarde fui chefe administrativo e financeiro em uma das usinas da empresa, depois fui gerente e diretor de Recursos Humanos, depois diretor Comercial e de Marketing. A partir de 2016, assumi a direção geral da divisão Canalização da Saint-Gobain no Brasil, e desde janeiro de 2019 passei a ser o managing director da mesma divisão para a América Latina.

A partir do momento em que comecei a trabalhar como executivo de um grupo com 180 mil empregados, que está em 80 países, criado em 1665 pelo rei Luis XIV, a governança e a habilidade política foram se mostrando cruciais para meu desenvolvimento e o da organização. Temos diversas reuniões em vários países do mundo com empresas privadas e públicas. As "expatriações" e troca de experiências com executivos em nosso país e brasileiros por todo o mundo permitiram que a capacidade de governança, habilidade negocial e gestão fossem desenvolvidas a cada encontro. O que faço, afinal, é governança pública e privada, o tempo todo, nas prestações, nas diretorias, nos conselhos, clientes etc. Mas demorei para perceber isso. Devo reconhecer que os franceses são muito organizados, pragmáticos e com uma grande capacidade analítica. Em nosso grupo, um sistema de compliance muito claro e correto, mas em alguns pontos são mais burocráticos e formais que os brasileiros na forma de gestão.

Participo de conselhos e comitês dentro da minha própria organização, já que dentro do grupo são diversas empresas com gestão de negócios independente. Mas também sou conselheiro e presidente do conselho de administração do Instituto Trata Brasil, uma organização apolítica que cuida da universalização do saneamento, com participação de grandes empresas como Tigre, Amanco, Unipar, Solvi, Aegea e outras, preparando levantamentos e estudos fundamentais para entes públicos e privados, além de participar ativamente de todas as discussões relativas ao saneamento no Brasil.

CONSELHEIRO DE EMPRESAS

Fiz muitos cursos ao longo de minha carreira, alguns in company, Coppead-UFRJ, FGV, Insead, Fundação Dom Cabral e CELINT. Tudo para, segundo meus amigos mais maldosos, "limpar a cabeça de advogado" — embora não atue há mais de quinze anos em advocacia. Já morei em diversos lugares em minha carreira de mais de vinte anos na Saint-Gobain. Foi uma carreira executiva muito rica e variada, em momento algum planejada — foi acontecendo.

O fato é que a experiência e forte formação jurídica, aliada a formação executiva em instituições de ensino renomadas no Brasil e no mundo, e a oportunidade de trabalhar em um grupo com cultura europeia formaram meu perfil profissional.

A educação continuada, apesar de ser a máxima repetida de que é preciso aprender sempre e que virou quase um chavão, no caso dos conselheiros é uma verdade. Um conselheiro que se sentar com o board, *e por mais experiência que tenha, se não souber nada de digital, está morto. Eu mesmo, com a minha experiência de mais de vinte anos, me apanho me sentindo retrógrado ao conversar com pessoas de* startups, *que falam de inovação, de quebra de paradigmas e de valorização do erro para que se possa aprender. Se o conselheiro não estiver nesse processo de aprendizado, de entender como as novas gerações estão funcionando, das novas ferramentas e da nova organização, não será eficiente.*

Temos aqui na empresa, a propósito de Life Long Learning, um debate sobre o core business. *Há uma corrente que defende que não podemos terceirizar, senão os fornecedores poderão levar nosso* core business. *Mas é juntando o pensamento dos jovens com a experiência dos mais velhos que podemos entender o que está acontecendo no mercado. Ter conhecimento profundo do produto não basta. É importante compreender alternativas para o negócio. Se o conselheiro não tiver o conceito da educação continuada, pode não perceber que alugar também pode ser alternativa para distribuir o produto, e não apenas a venda.*

Life Long Learning implica estar em um ambiente em que se observa e aprende o social, o ambiental e o humano. Trata-se de compreender a feminização das equipes e a inclusão das minorias. Não se trata apenas de concordar, mas compreender por que a discussão existe, e só o aprendizado promove essa compreensão.

Aprender a conhecer e aprender a fazer são qualificativos que vão no sentido de participar, de estar inserido no ambiente e na cultura da companhia. Com isso, o conselheiro pode trazer elementos e insights *até para que o corpo executivo desperte para investir em outros segmentos de mercado. Eventualmente, quando os executivos estão todos em um estágio analógico, pode ser o caso de o conselho trazer alguém de fora para ser o CDO* (Chief Digital Officer), *que, tendo autonomia, com certeza quebrará muitos paradigmas. Portanto, o conselheiro deve ser alguém que pode, com sua visão, fazer a organização evoluir.*

Mas, para mim, talvez a maior necessidade do conselheiro seja aprender a conviver, colocando-se no lugar do outro. Não é apenas conhecer o produto, mas entender como funciona a organização, seu mindset *e seu desenvolvimento em relação ao mercado e ao negócio. Para mim, o conselheiro tem que ter muita empatia com o corpo executivo, buscando entender sua realidade, suas limitações e suas implicações. Por exemplo, ao tratarmos realidades diferentes em países com culturas completamente diferentes, há de se entender que o* board *possa não entender... a realidade política brasileira e o impacto desta na vida empresarial, e cabe ao conselheiro entender e fazer essa transição entre a realidade do local e a cultura.*

A questão da consciência, que tem a ver com o aprender a ser, está diretamente vinculada ao foco. Não vejo como pode estar focado em uma organização o conselheiro que participa de dez, doze conselhos ao mesmo tempo. Para entender a questão social, o ambiente daquela organização e daquele negócio, o conselheiro precisa se sentir parte efetiva, estudá-la todos os dias, e isso demanda tempo e foco. E aprendizado perene.

O conselheiro precisa de empatia e resiliência, para que possa entender a realidade que está do outro lado, mas ter a capacidade de se adaptar para que possa somar e transformar a organização que agora depende de suas orientações.

Gustavo Siqueira, *managing director* da divisão Canalização da Saint-Gobain para a América Latina

O QUE O EXECUTIVO PRECISA DESENVOLVER PARA SE TORNAR CONSELHEIRO

Quanto às competências, o caminho a seguir é o sugerido na gênese do conselheiro, de que já tratamos em alguns pontos deste livro. Trabalhar e estudar, para adquirir experiência e conhecimento. É a base da carreira. Mas o executivo deve buscar sua inserção na gênese da governança o mais cedo possível. Naturalmente, a posição de conselheiro é mais propícia de ser alcançada pelo profissional maduro, sábio e experiente, porém o executivo, ao chegar ao nível pleno, perto de chegar ao nível sênior, já deve ir buscando se inserir no processo, desenvolvendo as competências e aptidões necessárias. Mas há um aspecto crucial, a respeito do qual discorrerei em seguida, para o executivo que deseja se desenvolver como conselheiro.

A ARTE DO DEBATE

É preciso começar a se esmerar na arte do debate. Não é aperfeiçoar a retórica, mas aprender a se colocar e aprender a ouvir. O debate é um processo de mão dupla, portanto, é preciso ouvir, racionalizar, compreender o que o outro está dizendo, mas ao mesmo tempo se colocar com suas convicções e sua visão, sem medo de estar errado. Costumo usar uma expressão, quase um aforismo, para definir esse comportamento paradoxal de respeitar o outro, mas ao mesmo tempo defender posição, que é o "ouvir convicto". É estar razoavelmente convicto do que pensa, defendendo ideias, sem deixar de aceitar que o outro pode ter argumentações melhores que se ajustam mais adequadamente a uma boa decisão.

O conselheiro que está sempre calado não contribui, porque é no debate que surgem os pontos divergentes que eventualmente não tenham sido considerados. E eis o segundo ponto, dificílimo: desapegar-se de convicções e aplicar a humildade para saber quando mudar de opinião, compreendendo quando há valor maior na opinião do outro. Precisamos nos desvencilhar de atitudes radicais, seja a do sofista que queria convencer de qualquer forma ou a do orador romano que pretendia vencer o oponente pela retórica.

Como desenvolver a arte do debate? Adquirindo autoconhecimento e a capacidade de enxergar uma situação com isenção. É uma postura de vida, de observar a si próprio e perceber pontos fortes, pontos fracos, vícios e virtudes. Infelizmente, é uma habilidade pouco explorada.

Figura 9.7 A tríade na direção de negócios

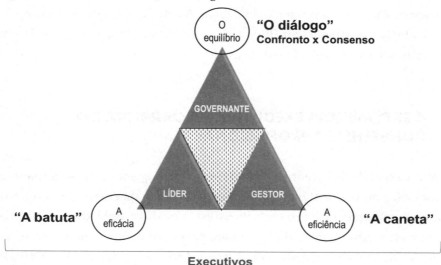

Há uma tríade na direção de negócios, que envolve condução, autoridade e diálogo. A Figura 9.7, a seguir, ilustra o que difere cada função e o que as distinguem e complementam. O papel dos executivos é buscar a eficácia e a eficiência, ou seja, manter a empresa em uma trajetória positiva, o que significa saber identificar e aproveitar oportunidades de mercado e posicioná-la de acordo com a evolução deste, assim como maximizar seus recursos limitados.

Enquanto está buscando a eficácia, o executivo está atuando no papel de líder, quase como um maestro, com a batuta na mão, conduzindo a orquestra na direção de uma performance.

O gestor, por sua vez, é quem busca a eficiência, quem tem a caneta na mão, ou seja, aquele que autoriza uma modificação em determinado produto ou serviço, uma alteração em algum processo, conduz as relações com clientes e fornecedores, efetiva a contratação de um consultor, sempre em busca de melhorar a performance.

O governante não tem nem a batuta e nem a caneta, porque não tem equipe. Sua ferramenta tradicional é a voz, o diálogo, que se dá pela escuta e pelo exercício do contraditório — a técnica do confronto e consenso, de que já falamos. O governante precisa saber confrontar para chegar ao consenso, e isso se dá por meio do debate. A arte de obter decisões conjuntas, inclusive mediando conflitos entre os *stakeholders*, é o que faz de um profissional um conselheiro prestigiado.

A EXPERIÊNCIA EXECUTIVA NA CARREIRA DO CONSELHEIRO PROFISSIONAL

O que a experiência executiva de fato agrega para quem deseja se tornar um conselheiro profissional é propiciar o entendimento da empresa por dentro. Vamos nos lembrar de que o conselheiro está fora da organização e se faz presente apenas uma ou duas vezes por mês, para as reuniões. E muitas vezes, as reuniões de conselho são virtuais. A experiência do executivo, de ter vivido a dinâmica de empresas diariamente, conhecido as entranhas e os meandros de seus processos de funcionamento, é algo de valor inestimável para sua atuação em conselho. Seguramente o conselheiro conseguirá enxergar processos a partir de sinais fracos e de situações que já testemunhou anteriormente. Entretanto, há ocupações que, pela sua própria natureza, não levam o profissional a posições executivas. Especialistas como advogados, médicos, contadores, investidores, gestores de fundos de investimento etc. podem, no entanto, minimizar a carência de não terem obtido experiência em cargos executivos. Isso quer dizer que a experiência executiva é importante, mas a falta dela não é condição excludente para quem quer se tornar conselheiro. Profissionais nessa situação devem se desdobrar e começar a gênese do conselheiro: estudar e se aprofundar nos conceitos. Em paralelo, procurar ganhar visão de gestão, por exemplo cursando um MBA, conseguindo atuar em serviços multidisciplinares em empresas, pelo menos como consultores, por alguns anos. Na minha opinião, não é impossível para alguém sem experiência executiva ganhar uma posição de conselheiro, mas é muito difícil.

O que estou recomendando, neste livro, é que a empresa seja competente em governança e escolha conselheiros igualmente competentes. Por isso, ressalto a importância da experiência executiva, como já tenho feito em outros pontos do livro.

ALTERNATIVAS PARA A FORMAÇÃO DO CONSELHEIRO

Um gestor sênior, mesmo que não tenha alcançado o *C Level*, está qualificado para se capacitar para a posição de conselheiro. O que sugiro a quem pretende seguir a carreira está esquematizado na Figura 9.8, a seguir. Para um começo, conforme mostra a pirâmide invertida, recomendam-se cursos mais rápidos, de dez horas, como são os cursos oferecidos pelo CELINT: Transição a Conselheiro Profissional (TCP)[85] e Programa de Formação de Conselheiros (PFC).[86] São cursos de capacitação básica, mais generalistas, que dão uma visão do mercado como um todo, permitem catalisar os caminhos, abrir portas, desenvolver uma noção de vida real. São programas práticos, baseados em dados, conceitos e melhores práticas, mais abrangentes até do que um curso de certificação.

Figura 9.8 Trilha de capacitação do conselheiro

Nível	Horas	Conteúdo	Certificação
Conselheiro Internacional	220h	Como incluir *Stakeholders*; Cultura e CSR (*Social Responsibility*); Como atua um *Board* Global / Estrangeiro	**Pro.Dir®**: habilitar-se para as multinacionais e globais
Conselheiro de Administração	70h	Lei das SAs; Aspectos jurídicos nacionais; Funcionamento dos *Boards*	**Outras Escolas/ Certific**: habilitar-se para as grandes
Conselheiro Consultivo	40h	Competências específicas; Conselhos Consultivos; Casos familiares	**ConCertif®**: habilitar-se para as pequenas e médias
Visão Geral	10h	PDI; Como começar/ampliar	**PFC	TCP**: visão do todo; cataliser, abrir portas e *insights*
Dir			Início: executivos com visão generalista; gestão geral

Quando o candidato avançar para o segundo estrato, já estará passando para certificações, inicialmente para se habilitar como conselheiro de

---

85 Informações em: <https://www.celint.net.br/tcp>.

86 Informações em: <https://www.celint.net.br/pfc>. Acesso em: 6 de dezembro de 2020.

pequenas e médias empresas, onde há mais oportunidades, principalmente nas familiares. Nesse estágio da pirâmide, recomendo pelo menos quarenta horas dedicadas a cursos e estudos preparatórios para se certificar. Existe, por exemplo, nossa Certificação de Conselheiros Consultivos (ConCertif®).[87] O profissional que a obtém está preparado para estruturar e atuar em conselhos consultivos.

Há alguns pré-requisitos para se conseguir o primeiro nível do ConCertif®: comprovar ter trabalhado em empresas que faturam acima de R$20 milhões, em cargo de liderança, durante pelo menos cinco anos; comprovar nível superior de escolaridade em áreas correlatas ao negócio da empresa; ter sido aprovado no curso preparatório Formação de Conselheiros Consultivos (FCC).[88] Detalharemos melhor o ConCertif® um pouco adiante, quando trataremos da matriz de competências.

CERIFICAÇÕES AVANÇADAS

O próximo passo da trilha de capacitação (ainda observando-se a Figura 9.8) já é de formação de setenta a oitenta horas, para habilitar profissionais para atuar em conselhos de administração de grandes empresas, conhecendo as sociedades anônimas, os aspectos jurídicos e todo o funcionamento dos *boards* com mais detalhes. São cursos mais ligados ao aspecto formalista da governança, conhecimento necessário por se tratar de conselhos de administração. No Brasil, existem escolas dedicadas a essa formação.

Para quem deseja chegar ao último nível da pirâmide, visando estar preparado para atuar como conselheiro administrativo nas empresas multinacionais e globais, existem cursos fora do Brasil, oferecidos pelas grandes escolas de administração da França, Estados Unidos e Inglaterra. Costumam ser caros, mas conferem certificações internacionais, dão oportunidade de aprendizado sobre como o *board* age no que tange a aspectos culturais, valores, propósitos, respon-

---

87 Informações em: <https://www.celint.net.br/concertif>.

88 Mais informações em: <https://www.celint.net.br/concertif>.

REQUISITOS PARA ATUAR COMO CONSELHEIRO PROFISSIONAL

sabilidade social — algo que no Brasil ainda engatinha, mas que no exterior já é consolidado. E ainda neles se aprende a incluir melhor os *stakeholders* nas decisões de governo das empresas, prática pouco aperfeiçoada em nosso país. A empresa que dirijo oferece um desses cursos, o *Professional Directors Certification Program*,[89] 100% online e de origem canadense, com aproximadamente 220 horas, quase equivalente à duração de um MBA.

MATRIZ DE COMPETÊNCIAS

Para mais clareza, mostrarei como exemplo, na Figura 9.9, o programa FCC (Formação de Conselheiros Consultivos), um curso preparatório estruturado em três níveis que dará condições para um profissional se inserir na gênese da governança.

Pode-se observar que o centro do círculo é o núcleo-base, formado por um eixo estrutural, com noções de governança em geral e especialmente em empresas familiares, e algumas orientações sobre os conhecimentos essenciais para o desempenho da função de conselheiro; e um eixo estratégico que contempla liderança da companhia (e não liderança de pessoas), formulação da estratégia e planejamento orçamentário e análise de demonstrativos econômico-financeiros. É a fase que mostra como se estrutura de fato um conselho consultivo, fazendo as partes se integrarem.

---

[89] Chamado PRO.DIR® (Certificação Internacional de Conselheiros de Administração), o programa é disponibilizado pela empresa canadense Governance Solutions Inc., da qual a CELINTBRA é parceira e representante exclusiva no Brasil.

CONSELHEIRO DE EMPRESAS

No segundo nível, como demonstra o núcleo intermediário, é adicionado um eixo de conhecimentos específicos, formado por disciplinas mais sofisticadas, como análise de risco, análise de tomada de decisão e demais conhecimentos, descritos na Figura 9.9.

E, afinal, o terceiro nível, que chamamos de núcleo avançado, agrega capacitação em competências mais humanas e fundamentais para que o conselheiro realize mentoria, mediação e arbitragem e outros conhecimentos avançados.

Figura 9.9 Matriz de competências

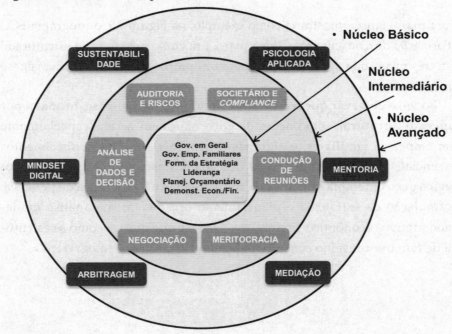

OUTRAS ATUAÇÕES POSSÍVEIS DO CONSELHEIRO

Destaco aqui quatro papéis, que inclusive estão no nível superior de nossa certificação ConCertif®, como está demonstrado na Figura 9.10, a seguir.

Figura 9.10 Outros papéis do conselheiro

Sobre mentoria, menciono um caso que tive em um conselho de que participei. Um dos sócios tinha uma decisão de carreira importante em relação à sua própria atuação fora da empresa da família. Eu não era presidente do conselho, mas esse sócio enxergou em mim alguém que poderia fazer o papel de seu mentor. Foram vários almoços e telefonemas, e acabamos, juntos, chegando à conclusão de que seria melhor para ele se desligar da carreira externa e mergulhar na empresa familiar. Esse é um exemplo de situação em que o conselheiro assume o papel de mentor.

A mediação é quando se constrói um acordo, um resultado comum que represente um meio termo. Funciona melhor se, em contrato — seja esse um acordo comercial entre partes ou um acordo de acionistas — já estiver prevista uma cláusula de mediação, o que dificulta que as partes saltem para o extremo da arbitragem. Tenho outro exemplo, um caso de disputa entre mãe e filho, acionistas de uma companhia onde eu atuava como conselheiro. Eles já estavam formatando uma *holding* familiar e tinham dúvidas em relação à composição dessa empresa e de como fazer a partilha entre todos os filhos. Fui chamado e acabei mediando essa questão.

O outro papel do conselheiro é o de negociador, o que exige fazer trocas, concessões e barganhas. Um caso típico foi o de uma atuação que exigia definir a remuneração dos sócios em uma empresa onde havia muitas disputas. Foi preciso determinar atribuições e atividades para cada sócio e, em função dessas, estabelecer as remunerações. Alguns tiveram que deixar de desempenhar certas funções para aceitar outras, e o processo foi bastante complexo. Mas o conselho acabou conseguindo.

Finalmente, o papel da arbitragem se caracteriza quando existem duas posições firmes, consolidadas, que impedem o consenso, e o árbitro — no caso, o conselheiro — decidirá pelas partes, como um juiz. Às vezes, em uma arbitragem mais técnica, seleciona-se alguém de fora da empresa, mas muitas vezes se consegue resolver com a escolha de um dos conselheiros para o papel. Cito o caso de uma empresa em que, como conselheiro, atuei como árbitro. Havia uma questão para ser decidida e tudo pendia para o voto, mas os acionistas minoritários não aceitavam porque teriam menor poder na votação e temiam perder, embora estivessem certos de que sua posição era a melhor. Fui chamado para arbitrar, o equivalente a dar o voto de Minerva. Estudei profundamente a questão e estabeleci o caminho a seguir. Interessante é que foi tão bom, a ponto de essa sistemática ser incorporada ao regimento do conselho como um *modus operandi* para a tomada de decisões.

HABILIDADES E COMPETÊNCIAS PARA EMPRESAS ESPECÍFICAS

As mesmas habilidades e competências necessárias para atuação em conselho consultivo de empresas são exigíveis para atuação em ONGs, institutos ou fundações. Tudo o que já mencionamos até aqui, como atributos da atuação de conselheiros, se aplica a qualquer dessas instituições.

Mas há certas condicionantes. Na realidade, quatro.

Primeira: o conselheiro querer e poder se dedicar *pro bono*. Normalmente, ONGs, institutos e fundações não pagam remuneração.

Segunda: ter *mindset* social, a ideia de devolver à sociedade o que a vida lhe ofereceu até chegar a uma carreira sólida e bem estruturada. Nesse caso, é necessária uma reflexão: o profissional tem bagagem, tempo e reservas financeiras para poder se dedicar à atividade de conselheiro nesse perfil de instituição?

Terceira: mão na massa. Nessas entidades, os *boards* são operativos e ajudam efetivamente a estruturar e fazer as coisas acontecerem, mesmo fora das reuniões.

Quarta: ter vontade de estudar e aprender as demandas do setor. Já mencionei minha atuação na ONG Mão Amiga e tive que aprender como é a inserção da criança autista na sociedade. Falei com especialistas e com pessoas que se dedicam a instituições semelhantes para compreender quais eram as barreiras e os fatores importantes.

UM EXERCÍCIO DE AUTOANÁLISE

Preparei, a partir das indagações propostas na figura a seguir, um teste para que o leitor consiga se posicionar objetivamente em relação ao seu momento profissional e verificar o que pode fazer para evoluir na busca pela carreira de conselheiro profissional.

Figura 9.11

▶ **Balanço Pessoal:**

- *Eu sou um conselheiro potencial?*
- *Que pontos fortes devo aprimorar de modo que se tornem meu diferencial?*
- *Quais "gaps imprescindíveis" devo suprimir?*

Fonte da imagem: <https://www.pexels.com/photo/warm-coffee-drink-1684151/>.

O leitor encontrará o teste em nosso site, cujo endereço está apresentado adiante. Não foi concebido exatamente como um teste científico, mas um *quiz* orientativo para reflexão a respeito do que foi abordado neste livro até aqui.

Respondendo ao *quiz*, o leitor poderá avaliar seu status diante das exigências colocadas pelo mercado para um aspirante a conselheiro. O *quiz* está disposto em quatro blocos, com perguntas que permitem ao interessado investigar se preenche pré-condições para seguir a carreira, avaliar questões relativas ao seu perfil profissional e sua personalidade, conferir as competências técnicas para exercício da função de conselheiro e, afinal, os diferenciais que podem lhe dar caráter especial.

O teste está disponível no seguinte endereço eletrônico:

No próximo capítulo, trabalharemos a concepção de o que significa ser um conselheiro profissional.

CAPÍTULO 10
SER CONSELHEIRO PROFISSIONAL (QUANDO JÁ SE ESTÁ NO CONSELHO)

No capítulo anterior, mencionei que o conselheiro deve ter adquirido sabedoria pelo estudo e pela experiência. Mencionei também que precisa entender as partes para conhecer o todo e, ao mesmo tempo, conhecer o todo para entender as partes.[90] E mais: precisa ser capacitado para enfrentar com calma, porém com firmeza, as questões originadas das relações humanas. Repito: o conselheiro é alguém que se educou e ampliou sua consciência de como são importantes as relações humanas para o negócio.

---

90 Aproveitei a ideia a partir da leitura de MORIN, Edgar, *Ciência com consciência*. Tradução de Maria D. Alexandre e Maria Alice de Sampaio Dória. 13ª edição. Rio de Janeiro: Bertrand Brasil, 2010. Um trecho importante do livro, sobre um conceito filosófico-biológico que pode ser transposto para o conceito corporativo, é este : "O princípio dialógico é o confronto com a dificuldade do combate com o real. Ao princípio dialógico deve juntar-se o princípio hologramático, em que, de certa forma, como num holograma, o todo está na parte que está no todo. Assim, de alguma maneira, a totalidade da nossa informação genética está em cada uma das nossas células e a sociedade enquanto 'todo' está presente nos nossos espíritos via a cultura que nos formou e informou" (p. 148).

Figura 10.1 O que é ser um conselheiro

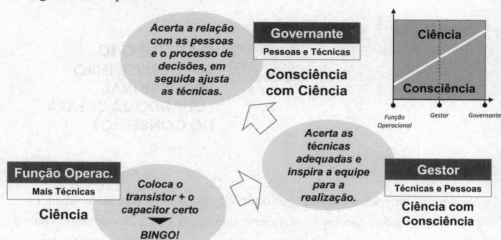

Na Figura 10.1, podemos fazer a comparação entre funções. A partir da esquerda, no sentido anti-horário, vemos que a função operacional é mais técnica e depende da ciência (observe-se o exemplo de uma atividade voltada para fazer funcionar um equipamento eletrônico). Na função de gestor, há uma conjunção do conhecimento e aplicação das técnicas científicas e tecnológicas com a inspiração da equipe, para qualquer área da empresa.[91]

Neste ponto, faço uma paráfrase à ideia de Edgar Morin, em um de seus livros, quando recomenda que se exerça a ciência, mas com cons-

---

91   Gosto da palavra "inspiração" porque não se trata apenas de comandar, mas permitir que as pessoas se automotivem. Há uma série de fatores intrínsecos à motivação e que o ambiente propicia. Faz parte do papel do gestor entender a dinâmica dos fenômenos humanos para permitir que as pessoas se motivem e inspirá-las. Citemos uma frase de Edgar Morin, *op. cit.*, p. 300: "A reorganização permanente e a autopoiese constituem categorias aplicáveis a toda a ordem biológica e à ordem sociológica humana. Uma célula está em autoprodução permanente por meio da morte de suas partes. Um organismo está em autoprodução permanente por meio de suas células. Uma sociedade está em autoprodução permanente por meio da morte dos seus indivíduos. Ela se reorganiza incessantemente por meio de desordens, antagonismos, conflitos que minam sua existência e, ao mesmo tempo, mantém sua vitalidade." Uma explicação adicional: autopoiese ou autopoiesis é um termo criado na década de 1970 pelos biólogos e filósofos chilenos Francisco Varela e Humberto Maturana para designar a capacidade dos seres vivos de produzirem a si próprios.

ciência. Já na função de governante, a premissa é invertida em relação ao papel do gestor: primeiro acertar a relação com as pessoas e o processo de decisões, para depois ajustar as técnicas. É o que chamo de consciência com ciência, em uma aproximação ao pensamento de Morin para as interações humanas, que vários autores já utilizaram. Por isso considero o conselheiro um sábio, porque é alguém que se capacitou a compreender o caminho do meio, ter uma visão holística e, ainda, privilegiar o crescimento das pessoas.

No quadro final da Figura 10.1, observa-se, no quadrado com uma linha diagonal, que, na parte superior, a área da consciência é mais ampla do que a área da ciência, ao contrário da parte de baixo (que se refere à função do gestor), em que há mais ciência do que consciência. No *board*, o conselheiro lidará com questões de valores, com a ética, com a cultura da companhia, conceitos e pré-conceitos, por isso é fundamental ter essa base humanista e ampliação do nível de consciência.

DEVERES DOS CONSELHEIROS

Os deveres a que me referirei estão baseados na Lei das SAs e corroborados pelos órgãos reguladores para companhias abertas, listadas ou não em bolsa. Essas companhias abertas têm conselheiros contratados com a responsabilidade de representar os acionistas e promover o equilíbrio de poderes, como já vimos nos capítulos anteriores. São três deveres que figuram legalmente na constituição dos conselhos em empresas de capital aberto (mas que podem, com algumas adaptações, ser referências também em companhias de capital fechado). Na Figura 10.2 está um resumo.[92]

---

92 Informações mais completas podem ser encontradas no artigo de Philippa Gerber (Deveres e responsabilidades dos administradores das sociedades anônimas), disponível em: <https://jus.com.br/artigos/43854/deveres-e-responsabilidades-dos-administradores--das-sociedades-anonimas#:~:text=Conforme%20j%C3%A1%20exposto%2C%20o%20dever,administra%C3%A7%C3%A3o%20de%20seus%20pr%C3%B3prios%20neg%-C3%B3cios.%E2%80%9D>. Acesso em: 9 de julho de 2020.

Figura 10.2 Deveres dos conselheiros

Deveres dos Conselheiros

Diligência
- Agir com competência, eficiência e honestidade. Deve provar que é ativo e probo na administração dos negócios.

Lealdade
- Não utilizar as oportunidades de negócios da empresa em benefício próprio ou de terceiros.
- Não utilizar informações privilegiadas em benefício próprio, ou omitir-se na proteção dos direitos da cia.

Informar
- Informar valores mobiliários da cia. em sua posse e a sua movimentação.
- Divulgar qualquer fato relevante.

Não basta ao conselheiro agir com competência, eficiência e honestidade. É preciso estar sempre munido de comprovações, cobrando das áreas o cuidado na operação e administração do negócio, para não ser penalizado por descumprir o dever de diligência.

O dever de lealdade se refere a proteger o negócio, os direitos e as informações privilegiadas da companhia, evitando cair — ou que algum diretor caia — no pecado de se aproveitar da função em benefício próprio ou de terceiros. Omitir-se do dever de lealdade, nas empresas, leva a punições com multas pelos órgãos reguladores.

O dever de informar é o princípio da publicidade, que consta do artigo 37 da Constituição Federal. Fatos relevantes devem ser informados e estão inclusive normatizados pela CVM. Quaisquer informações que sejam do conhecimento do conselheiro e que possam impactar a companhia devem ser informadas, por exemplo, alguma possibilidade de fraude ou ação ilegítima de funcionário. Omitir ou distorcer informações para angariar lucros para si ou para terceiros é crime — na administração pública, chama-se prevaricação.

Ilustrarei com um caso bem conhecido: envolveu um grande empresário brasileiro que, de posse de informações privilegiadas, ofereceu-se para fazer uma delação premiada, sabendo que seu depoimento teria forte influência nas Bolsas de Valores — e tratou de investir na véspera uma boa fortuna, auferindo um lucro enorme assim que sua delação foi divulgada, e estremeceu os mercados.[93]

DIREITOS DOS CONSELHEIROS

São quatro os direitos importantes do conselheiro. Um deles é receber remuneração razoável pelos seus serviços. A palavra razoável é importante e deve estar sujeita à equação "nem tanto e nem tão pouco". Isso porque o conselheiro deve ter um pagamento equilibrado que o permita não depender da empresa e, assim, preservar sua imparcialidade e isenção, ao mesmo tempo em que não seja insuficiente para remunerar sua dedicação, seu tempo e os benefícios que agregará aos resultados da companhia com sua experiência e seu conhecimento. O parâmetro é tênue. O conselheiro não pode depender da companhia porque, em muitos momentos, ele terá que se posicionar até contrariamente a algumas decisões, tendo a liberdade inclusive de se desligar do conselho se não concordar com determinados posicionamentos. Em capítulo à frente, debateremos mais profundamente a questão da remuneração.

Outro direito do conselheiro é receber suporte legal da empresa frente a problemas que podem acontecer com administradores. Normalmente as empresas oferecem um seguro chamado D&O *(Directors & Officers)*, que serve, entre outras coisas, para pagar advogados e ressarcir custos com ações judiciais decorrentes de decisões que não foram tomadas de má-fé. O conselheiro tem o direito de pedir esse seguro para a companhia.

---

93 O caso foi amplamente divulgado, por exemplo, pela EBC — Empresa Brasil de Comunicação, em matéria disponível em: <https://agenciabrasil.ebc.com.br/politica/noticia/2017-10/irmaos-batista-lucraram-r-238-milhoes-com-delacao-premiada-diz-mpf>. Acesso em: 9 de julho de 2020.

O conselheiro também tem o direito de receber suporte jurídico mesmo após deixar a empresa, porque podem ser levantadas causas muitos anos depois de seu período de atuação. Esse apoio pode constar do contrato de admissão.

O quarto direito é a empresa disponibilizar todas as informações necessárias para que o conselheiro possa exercer sua função com amplo conhecimento da realidade atual do negócio: demonstrativos financeiros, relatórios gerenciais, apresentações, permissão de visitas e de acesso a arquivos, entre outros.

BOX: PONTOS A OBSERVAR NO CONTRATO DE CONSELHEIROS
ANDRÉ CANTIDIANO

Exerço a advocacia privada há cerca de 27 anos. No início da carreira, atuei na área contenciosa durante algum tempo, quando tive experiência em dois escritórios; por curiosidade pessoal e circunstâncias da vida, fui me aproximando da área societária empresarial, na qual milito há quase 25 anos. Também atuo em áreas que têm zonas de contato com a societária empresarial, como o próprio contencioso, além dos direitos regulatório, do mercado de capitais, administrativo e alguma coisa de arbitragem. Comecei na área societária na segunda metade dos anos 1990, quando se consolidou a abertura do mercado brasileiro e ocorreu um intenso processo de desinvestimento por parte do Estado, com privatizações e atração de novos agentes para explorar diversas atividades econômicas no país. Nessa época, foram criadas as agências reguladoras, e me lembro de que havia discussões intensas entre os vários players que formavam os consórcios que disputariam as concessões. Embora ainda não existisse a nomenclatura, já tratávamos de governança quando cuidávamos de estruturar empresas e negócios com volumes de investimentos muito grandes, prazos extensos de concessão, que chegavam a cinquenta anos, e consorciados com histórias diferentes, culturas diferentes — inclusive operadores internacionais que jamais haviam participado de negócios no Brasil. Para costurar isso tudo, desenvolvemos mecanismos que buscavam equilibrar os deveres e direitos de cada uma das partes. A governança começou a tomar mais corpo no país com a estruturação de algumas instituições como o IBGC, e assim minha expe-

SER CONSELHEIRO PROFISSIONAL (QUANDO JÁ SE ESTÁ NO CONSELHO)

riência com a governança corporativa foi aos poucos aumentando. Entre 2016 e 2019, tive um escritório (Cantidiano Advogados), que encerrei por causa do falecimento de meu irmão, de quem eu era sócio. A partir daí, sigo sozinho, em um empreendimento que chamo de butique, mais especializado e focado em direito societário, com base na cidade do Rio de Janeiro, embora também atenda em São Paulo e outras praças.

Quando um conselheiro é chamado a participar de um conselho, é saudável a observância de alguns pontos que assegurem a preservação dos seus direitos. Como o conselheiro não é um empregado, é interessante que acerte um contrato de prestação de serviços. Mas a experiência tem me mostrado que contratos muito longos e detalhados acabam por prejudicar mais do que beneficiar a relação. Há alguns fatores a considerar: o tamanho da empresa, o setor de atuação, os riscos dos membros do conselho e, também, o grau de empatia corporativa que exista entre essas pessoas e a empresa. Cabe ao conselheiro, como se diz no jargão jurídico, "fazer prova" de suas decisões e atividades. E afirmo que, embora o contrato deva ser objetivo e simples, deve contemplar questões importantes, como a segurança de que o conselheiro receberá proteção da empresa no caso de contestação futura de alguma decisão, gerada quase sempre pelo nosso complexo sistema jurídico. Isso porque as empresas estão sujeitas a variadas regulações, como aquelas emanadas do Código Civil, das agências reguladoras setoriais e da CVM, por exemplo, as quais o conselheiro deve conhecer profundamente. Recomendo uma cláusula de isenção de responsabilidade futura, desde que o conselheiro exerça suas atividades de maneira diligente e honesta, e dentro dos limites da lei e do estatuto social.

É padrão, nas empresas de capital aberto, que o conselheiro lance mão de um seguro de responsabilidade civil chamado D&O (Directors and Officers Liability Insurance). Este é um seguro para garantir, entre outras coberturas, a defesa em caso de processos contra os conselheiros.

Outra forma de ter uma proteção futura é efetivar um Contrato de Indenidade. O instrumento não é previsto na lei societária brasileira, mas é recomendado oficialmente pela CVM, desde setembro de 2018 (Parecer de Orientação CVM nº 38). Essa modalidade de contrato visa assegurar o pagamento, reembolso ou adiantamento de despesas, pelas companhias, em qualquer caso decorrente de possíveis processos arbitrais, cíveis ou administrativos instaurados para investigar atos e condutas praticados no exercício das funções dos administradores e conselheiros. O Parecer da CVM também recomenda a adoção de regras e procedimentos que visem a garantir o cumprimento, pelos administradores, dos deveres fiduciários que a Lei nº 6.404/76 a eles atribui, a fim de mitigar os riscos de conflitos de interesses inerentes a esse tipo de contratação e conferir "o necessário equilíbrio entre, de um lado, o interesse da companhia de proteger seus administradores contra riscos financeiros decorrentes do exercício de suas funções, no âmbito de processos administrativos, arbitrais ou judiciais e, de outro, o interesse da sociedade de proteger seu patrimônio e de garantir que seus administradores atuem de acordo com os padrões de conduta deles esperados e exigidos por lei".

Assim, pode ocorrer que, terminado o período de cobertura do D&O, o conselheiro ainda esteja sujeito a responsabilizações; nesses casos, o conselheiro deve, dentro do possível, negociar com a empresa para que esta assuma eventuais custos de defesa a partir do momento em que o D&O deixe de vigorar, conferindo mais independência e segurança ao conselheiro.

Pela minha experiência, as startups e pequenas empresas, principalmente familiares, não costumam fazer contratos com seus conselheiros e mentores, normalmente em razão do caráter de informalidade que quase sempre é o motor do negócio. Idealmente seria recomendável, mas não é efetivamente o que acontece — o que, paradoxalmente, torna esse contrato ainda mais necessário.

Em síntese, o conselheiro e a empresa devem acordar antecipadamente, e manter essa prática ao longo de todo o exercício do mandato, que a ele sejam garantidas todas as condições de acesso e de transparência de dados e informações da empresa para que o conselheiro possa exercer suas funções de modo refletido e sempre no melhor interesse da companhia.

André Cantidiano, advogado especialista em Direito Societário

TIPOS DE CONSELHEIROS

Criei uma matriz que pode ser observada na Figura 10.3, bastante ampla, porque diferencia dois tipos de conselheiros: o interno e o externo.

SER CONSELHEIRO PROFISSIONAL (QUANDO JÁ SE ESTÁ NO CONSELHO)

O interno é aquele de dentro da companhia. Não é incomum que a empresa conte com profissionais como acionistas, controladores e até funcionários participando do conselho.

Quanto ao conselheiro externo, vejo duas divisões importantes. Há aquele não independente, que não tem independência total da companhia porque já teve algum vínculo — por exemplo, um ex-funcionário, um ex--parceiro direto, um ex-cliente ou um ex-fornecedor, que conhecem muito bem a companhia por dentro.

Figura 10.3 Tipos de conselheiros

Quanto ao conselheiro externo independente, podemos distribuir em duas categorias. Uma delas é a do conselheiro profissional, que se dedica na maior parte do tempo à atuação em conselhos, exercendo a ocupação como atividade principal, inclusive prestando consultoria a empresas para melhorar sua governança ou cuidando da educação de conselheiros. Outra categoria é o conselheiro independente por finalidade, que pode ser um especialista, por exemplo, um advogado ou alguém que exerça uma função corporativa em outra empresa, mas em quem o contratante julgou encontrar um perfil adequado para uma determinada área na qual a companhia identificou carências. Por exemplo, uma empresa que está passando por uma transformação digital profunda desejaria contratar alguém que já tivesse passado por uma experiência similar. Outro exemplo é o de uma empresa que está passando por um processo de fusão e aquisição e buscará ter no conselho alguém especializado nessa área. Mesmo não sendo esse profissional um conselheiro experimentado, traria contribuições importantes pelo fato de conhecer profundamente o tema. Também existe o conselheiro externo independente por finalidade generalista, contratado porque conhece em detalhes negócios similares ao da empresa contratante, ou tem um fundamento muito grande e uma visão geral de negócios. Normalmente, nessa categoria, contratam-se presidentes ou ex-presidentes de empresas correlatas ou adjacentes ao seu setor, porque trarão bons conhecimentos sobre aquele negócio.

DIFICULDADES E BARREIRAS DO SISTEMA ECONÔMICO BRASILEIRO

O sistema econômico brasileiro tem suas tipicidades, e é importante que o conselheiro entenda o panorama com o qual terá que lidar. O pano de fundo é que o brasileiro ainda tem uma cultura estatista, que tem origem em nossa história, desde a chegada da corte portuguesa ao Brasil, em 1808. Foi o início de um sistema em que o Estado sustentava não somente os serviços essenciais à população, mas também os empreendimentos comerciais e de negócios e até culturais. Até o Segundo Império, havia as prebendas, que eram estipêndios aos artistas para que produzissem livros, obras musicais, pinturas, esculturas e peças de teatro, com o objetivo de dar prestígio internacional ao país, ao mesmo tempo, mantendo uma relação de tolerância à classe dominante dos senhores de engenho, coronéis e fazendeiros, que desejavam, mais do que riqueza, o poder.

SER CONSELHEIRO PROFISSIONAL (QUANDO JÁ SE ESTÁ NO CONSELHO)

Figura 10.4 Dificuldades/barreiras do sistema econômico brasileiro

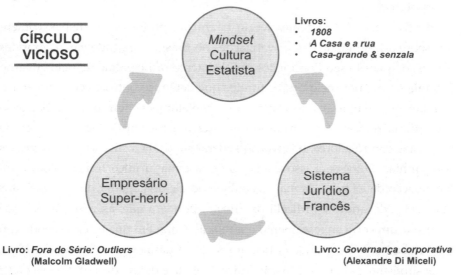

Mais tarde, muitos autores tentaram explicar a etnologia social do brasileiro a partir dessa visão estatista, com estrutura de poder muito centralizada. Citemos Laurentino Gomes, com o livro *1808*,[94] Gilberto Freyre, com seu antológico estudo sobre os estratos sociais,[95] e Roberto DaMatta, com sua análise de costumes e de psicologia social.[96] Darcy Ribeiro, com seu estudo etnográfico e

---

94 Gomes, Laurentino. *1808: como uma rainha louca, um príncipe medroso e uma corte corrupta enganaram Napoleão e mudaram a história de Portugal e do Brasil*. São Paulo: Editora Planeta, 2007.

95 FREYRE, Gilberto. *Casa-grande & Senzala*. Formação da família brasileira sob o regime da economia patriarcal. 50ª edição revista. São Paulo: Global, 2005.

96 DAMATTA, Roberto. *A casa & a rua*. Espaço, cidadania, mulher e morte no Brasil. Rio de Janeiro: Rocco, 1997.

político,[97] foi o primeiro a acentuar o espírito de tipificação do relacionamento familiar brasileiro ao mencionar o costume do cunhadio, comum entre os povos indígenas. Mais recentemente, Roberto Schwarz alcançou uma interpretação do Brasil ao formular a generalidade social capaz de engendrar a forma literária de "Memórias póstumas de Brás Cubas", de Machado de Assis, generalidade dada pela sociedade escravista e baseada no favor.[98] Todos esses escritos comprovam o hábito do apadrinhamento em todas as áreas, inclusive a corporativa.

Ainda mais recentemente, Sérgio Lazzarini, professor do Insper, comentou sobre a fragilidade das privatizações no Brasil.[99] Segundo ele, os grandes fundos de pensão são dominados politicamente principalmente pelo governo federal. Assim, por meio desses fundos que detêm o controle acionário de ex-estatais ou, quando não as controlam completamente, têm uma participação minoritária relevante, permitindo que exerçam forte influência no bloco de acionistas controladores, o Governo Federal continua a "dar as cartas" nessas companhias. Some-se a isso a adoção do sistema jurídico francês, com a interpretação da lei baseada mais na subjetividade do julgador do que nos fatos objetivos. Alexandre Di Micelli da Silveira pondera que, às vezes, a lei pode se tornar um certo engessamento em relação a alguém que esteja fazendo um bom trabalho.[100] É a grande crítica que se faz atualmente, no mundo jurídico, ao positivismo, por sua inclinação individualista e defesa da supremacia da lei sobre as demais fontes do Direito.

Outra dificuldade se refere à visão que ainda persiste do empresário super-herói, que tem todas as prerrogativas. Em seu livro, Malcolm Gladwell[101] afir-

---

97 RIBEIRO, Darcy. *O povo brasileiro*. A formação e o sentido do Brasil. 2ª edição. São Paulo: Companhia das Letras, 2005.

98 SCHWARZ, Roberto. *Um mestre na periferia do capitalismo: Machado de Assis*. 5ª edição. São Paulo: Editora 34, 2012.

99 LAZZARINI, Sergio G. *Capitalismo de laços*. Os donos do Brasil e suas conexões. São Paulo: Bei Editora, 2018.

100 SILVEIRA, Alexandre Di Micelli da. *Governança corporativa: Desempenho e valor da empresa no Brasil*. São Paulo: Saint-Paul Editora, 2005.

101 GLADWELL, Malcolm. *Fora de série: outliers*. Rio de Janeiro: Sextante, 2008.

ma que o Brasil é um dos países com maior Índice de Distância do Poder (IDP). Quanto mais alto o IDP, maior é a probabilidade de que a empresa sofra prejuízos, porque os profissionais geralmente se sentem intimidados e freiam sua iniciativa e seu espírito empreendedor. Isso é típico das relações autoritárias ou patriarcais, onde o chefe sempre está certo, em qualquer circunstância, o que, evidentemente, leva a erros. Vale aqui a idiossincrasia da marca oral brasileira "manda quem pode e obedece quem tem juízo".

Todas essas dificuldades, somadas, criam um círculo vicioso. Quando um profissional ingressa em uma companhia como conselheiro, em especial as fechadas, possivelmente se deparará com esses entraves culturais, do ponto de vista econômico, que dificultarão o trabalho.

Primeiro, enfrentar e tentar dirimir a visão de que a empresa precisa de ajuda externa, preferencialmente do governo. Depois, lidar com figuras jurídicas às vezes mais fluidas. E em terceiro lugar, lidar com o empresário que se considera o ponto de confluência de todas as decisões. Por tudo isso, o conselheiro precisa conhecer essa realidade e, caso as identifique na empresa, saber se preparar para agir com prudência, usando as ferramentas adequadas, para conduzir o conselho a um papel governante — o ápice da parábola do Capítulo 6.

OUTRA DIFICULDADE PARA CONSELHEIROS

Formulei uma gradação para demonstrar como aumenta a dificuldade de atuação do conselheiro como governante de acordo com a tipologia de acionistas. A Figura 10.5, a seguir, está focada em empresas de capital fechado e mostra como será importante a atuação do conselheiro que ultrapassa os aspectos sumamente técnicos da governança.

Figura 10.5 Tipologia de acionistas interfere na ação de conselheiros
Empresas de Capital Fechado:

Em uma empresa multissocietária, o papel do conselheiro é fazer a intermediação entre os sócios, buscando o equilíbrio da visão destes a fim de chegar ao que é melhor para a companhia.

Na empresa multifamiliar, muitas vezes os conselheiros precisam agir como integradores, porque ao longo de anos de convivência, as famílias podem ir criando idiossincrasias, chegando até ao ponto em que uma família não tolera a posição da outra. A complexidade de situações como essa faz aumentar o grau de dificuldade da atuação do conselheiro.

Em uma empresa familiar com dois ou mais membros da família, os conselheiros acabam tendo que ser conciliadores, que é mais do que ser integradores, porque envolve questões emocionais, histórico de fatos passados que voltam para a mesa. Às vezes os conselheiros precisarão administrar conflitos de maneira mais firme, e a dificuldade da atuação aumenta.

Finalmente, a barreira maior costuma ser o sócio-fundador, que em geral também é o CEO. Nesse caso, o conselheiro tem que desempenhar função de mentor, em um papel mais proativo, conversando muito com o sócio-fundador até fora de reuniões para conseguir ampliar suas perspectivas.

GESTÃO DA POLÍTICA NO ALTO ESCALÃO DAS EMPRESAS

Separo essa gestão política em dois tipos de empresa. Um é a empresa aberta, sociedade anônima, em bolsa, ou mesmo a empresa aberta, não listada em bolsa, mas também sociedade anônima, sujeita às normas da CVM. Nestas, normalmente o conselheiro representa um acionista, porque as empresas têm controladores e promovem um processo de contratação de conselheiros de acordo com o peso das participações acionárias de cada um dos principais acionistas. Por outro lado, o conselheiro tem o dever de lealdade para com a companhia. Isso às vezes pode ser uma dicotomia, porque mesmo representando um acionista, o conselheiro pode discordar da posição dele, embora considere que ela não prejudicará os interesses da empresa. Essa divergência de visão é legítima e pode ser debatida, negociada e até contornada, ainda que o acionista não mude de ideia.

Porém, pode acontecer que o conselheiro tenha que contrariar decisões do acionista que representa, pelo bem da companhia. Esse equilíbrio pode ser desafiador, e para enfrentá-lo recomendo uma atitude. Se o acionista que contratar o conselheiro tiver interesses na empresa que não coincidirão com o melhor para a organização como um todo, e o julgamento do conselheiro é conflitante, é prudente que ele não atue nesse conselho.

Já para empresas de capital fechado, seja em conselho de administração ou consultivo, é comum que o acionista que contrata o conselheiro também esteja no *board*. Nesse caso, ocorre também o mesmo paradoxo. Mas proponho que em todos os casos o conselheiro se posicione respondendo à seguinte questão: como defender a empresa se o dono que o contratou tem outra visão?. Se não conseguir uma resposta suficientemente firme para fundamentar seu posicionamento, deve desistir e deixar o conselho.

O conselheiro deve saber se comportar politicamente frente ao *board*, e isso faz parte do contexto. Mas há três questões que um conselheiro deve sempre meditar a respeito:

1. Estou confrontando suficientemente as posições do conselho, na medida certa para chegar ao consenso?
2. Devo ficar calado quando o assunto em debate foge de minha especialidade ou competência, ou devo mostrar que estou sempre tentando contribuir de alguma forma, mesmo sob risco de ser mal avaliado se disser alguma bobagem?
3. Se eu for contraditado justamente por uma afirmação que fizer, perderei a moral diante do conselho?

O que combinar com o seu contratante

Para evitar mal-entendidos ou surpresas futuras, ou ao menos minimizá-las, é aconselhável uma conversa inicial com a empresa contratante, quando em um Conselho Consultivo, normalmente com o fundador/CEO ou com os sócios/grupos controladores. Principais pontos:

– Seus direitos e deveres (já explorados neste capítulo).

– Sua disposição em contribuir com os melhores interesses da empresa, mesmo que aparentemente contra as visões dos seus acionistas.

– A sua total independência dessa função, para que ela seja exercida com isenção (evitando potenciais constrangimentos).

– Fazê-los compreender, desde o início, que sua dedicação é limitada, que existem outros compromissos em sua agenda e a sua presença ou participação em reuniões, ou em comitês e projetos específicos, deve ser compatibilizada com antecedência. Além disso, o seu tempo de dedicação total por mês à empresa deverá estar dentro de certos parâmetros, compatíveis com a remuneração combinada.

– Reforçar o seu compromisso com a ética e com as melhores práticas, mesmo sabendo que poderá ter de lidar, temporariamente, com as práticas possíveis para uma transição (desde que legais e legítimas).

São todas reflexões complicadas, de fundo psicológico. Minha recomendação: é importante sempre se colocar de acordo com suas convicções e, novamente, não se importar com o cargo e nem com sua avaliação. Se você, como conselheiro, sentir que, pelo fato de estar sendo avaliado e de ter que confrontar o acionista, temer perder o cargo, efetivamente não conseguirá exercer plenamente sua função.

A comunicação é instrumento fundamental. Da mesma forma que o conselheiro tem como principal papel estabelecer o diálogo dentro do *board*, é altamente recomendável que estabeleça uma comunicação amigável, franca e produtiva com seu contratante. Em um bom diálogo, é possível combinar como será a relação entre ambos e a dos dois com o *board*.

BOX: COMO GERIR A POLÍTICA NO ALTO ESCALÃ
IVO GODOI JR.

Minha trajetória profissional é longa, de quase 38 anos, e posso dividi-la em três terços. O primeiro terço da minha carreira foi basicamente voltado para a Tecnologia da Informação, em empresas multinacionais. Depois disso, entrei no mundo da consultoria estratégica, fui para os Estados Unidos para cursar mestrado em Business Administration. E quando voltei, já ingressei no mundo dos negócios, nas estratégias das organizações e corporações, que posso considerar o segundo terço da minha carreira. E, naturalmente, quando se fala em estratégia, estamos já falando em governança — seja corporativa ou familiar. A partir de 2005, tomei a decisão de trabalhar mais proximamente de empresas de controle familiar, e o tema da governança começou a bater mais fundo. Fiz vários programas de governança corporativa e familiar, e foi em um deles que conheci Wanderlei Passarella. Hoje, tenho atuado como professor do Programa de Certificação da CelintBra. O último terço da minha carreira, mais recente, tem sido como investidor. Ingressei como sócio sênior no Grupo Promon, empresa que, apesar de não ser familiar, tem uma governança extremamente profissionalizada e complexa, porque é um modelo acionário singular no Brasil — os colaboradores são acionistas da empresa e somam um conjunto de mais de 650 acionistas. A governança, pois, é um tema muito relevante. Com um dos diretores executivos da companhia, montei uma joint venture com a Pátria Investimentos, que é hoje a maior gestora de fundos de investimentos em infraestrutura na América Latina. Fiquei de 2007 a 2016 como corresponsável pela gestora. Imagine-se a importância da governança na gestão do dia a dia de uma joint venture *entre um grupo de engenharia consultiva, que é a Promon S/A, e uma empresa do mercado financeiro, portanto, duas culturas muito distintas. Tivemos um portfólio variado de empresas que receberam investimentos, por exemplo, do fundo soberano de um país do Oriente, e por isso a governança foi sempre muito relevante. Eu, de uma forma ou de outra, estava sempre no conselho, ou como vice-presidente ou como membro, representando os interesses do nosso fundo. Em 2016, quando a Promon decidiu vender sua participação nessa* joint venture, *deixei os conselhos das empresas investidas e permaneci apenas no conselho da Promon. Fiz parte também do grupo de sócios da Ernst & Young. Recentemente fui convidado para assumir a presidência do conselho de uma* holding *de investimentos, no mundo da infraestrutura e da tecnologia, de um grupo familiar que está no processo de transição da segunda para a terceira geração, a Pattac S/A, profissionalizando-se com a entrada de conselheiros independentes.*

Existe uma diferença muito grande no âmbito dos conselhos, vis a vis *outras entidades organizacionais, nas tomadas de decisão. Principalmente porque nas diretorias executivas das empresas existe a hierarquia. Já nos conselhos não existe um chefe — são todos pares, e as participações são igualitárias. Mas é natural que em um órgão dessa natureza existam personalidades distintas. O presidente do conselho tem muito mais o papel de ditar a agenda de discussão, propor temas e fazer a mediação para que todos os membros sejam ouvidos, trazendo todas as ideias para o debate. E assegurar que mesmo aquele conselheiro que não tem conhecimento de um tema específico apresente suas questões e faça perguntas que aos outros podem parecer óbvias — e às vezes as soluções implícitas nas questões mais básicas podem passar despercebidas.*

O presidente, e eu falo do meu caso, tem ligação direta com o conselho de acionistas, para entender os objetivos, o apetite a riscos, e traduzir isso dentro do colegiado do conselho de administração da holding *e da direção executiva.*

Quero, agora, falar de um aspecto importante da governança: política. Política, no Brasil, infelizmente tem sempre uma conotação negativa. Mas penso que fazer a política das empresas é ter a tranquilidade de promover conversas transparentes, honestas e abertas com os diferentes representantes do conselho. Em uma empresa de capital fechado, isso é mais fácil do que em uma empresa de capital aberto, na medida em que é mais difícil o contato direto com os acionistas.

SER CONSELHEIRO PROFISSIONAL (QUANDO JÁ SE ESTÁ NO CONSELHO)

A política, para o conselheiro, é a habilidade de contribuir, articulando ideias e influenciando pontos de vista, mesmo que seja, às vezes, indo contra a maioria, com argumentos. É a pedra de toque que alicerça uma boa dinâmica de conselho. Por isso é relevante para o conselheiro ter experiência em vários temas, para poder ter essa habilidade. Penso que conselheiros muito técnicos correm o risco de perder um pouco da habilidade de navegar nesse ciclo de discussão.

A intuição, que é a sensibilidade do mercado, é sempre importante nos negócios, mas nem sempre se comprova verdadeira. Uma intuição precisa originar um conjunto de hipóteses que precisa ser validado. O conselho, pela responsabilidade que tem, de nortear a estratégia e a viabilidade do negócio, e pela sua natureza mais racional, deve solicitar à diretoria executiva que realize as análises para confirmar ou não as hipóteses.

Gostaria de enumerar algumas dificuldades que observo em conselhos.

É bastante comum observarmos em conselhos a presença de executivos de outras empresas. E uma das principais dificuldades é o executivo deixar de ser executivo quando exerce função em um conselho — porque não será ele quem executará o que for decidido em conselho. Outro problema é haver conselheiros que não têm conhecimento suficiente de temas relacionados a contabilidade e finanças. Há ainda uma dificuldade que reside nos traços de personalidade — um ou outro conselheiro consegue assumir um papel de maior protagonismo por causa de sua assertividade e franqueza, em detrimento de outros conselheiros mais retraídos. Conheci conselheiros com tamanho poder de argumentação, que dominavam os debates e inibiam quem tentasse se contrapor. Resultava disso uma barreira para o diálogo. E, ainda, ressalto que, para o conselheiro exercer seu papel, precisa ter conhecimento aprofundado do que são os negócios da empresa, algo que pode não conseguir, por falta de agenda, por exemplo. O que deve fazer é dedicar algumas horas por semana, durante quatro ou cinco meses, para conversar com todos os sócios e com os times de gestão — sem conhecimento, no nível do detalhe, será impossível decidir qualquer coisa. O conselheiro que tem uma agenda muito atribulada terá mais dificuldades para conhecer as questões importantes. Particularmente, tenho o preciosismo de conhecer os Capex dos planos de investimento da empresa — se é uma usina hidrelétrica, não preciso ir ver a barragem, mas preciso entender os demonstrativos e os principais processos de negócios da organização. Até para poder conversar com os executivos que estão todos os dias na empresa.

Isso, no fundo, é uma relação política. O conselheiro representa o acionista, e o ideal é que converse com ele, antes da reunião do conselho, para poder representá-lo corretamente, com transparência. A habilidade política é tão importante quanto o conhecimento técnico, porque muitas vezes o conselheiro precisa apresentar e argumentar, no grupo, aquilo que as pessoas não querem ouvir. Mas a articulação política não serve para influenciar, mas apenas para trazer todo mundo para a mesma página, para o mesmo nível de entendimento, para que não haja assimetria de informações. E não existe personificação do conselheiro — as decisões são do colegiado.

Como chegar a essa habilidade depende da construção de uma trajetória que não é simplesmente profissional, mas uma formação de vida pessoal, que envolva o desenvolvimento de capacidade de comunicação, de visão mais holística, de aprender a conhecer as pessoas, aperfeiçoar a escuta e se colocar no lugar delas. Meu segundo mestrado, por exemplo, foi na área de Ciências Sociais, na linha de transformações que sociedades e grupos enfrentam, o que me deu várias ferramentas que me ajudam a ter uma interpretação diferente sobre decisões.

Ivo Godoi Jr., presidente do Conselho na Pattac Part. e conselheiro na Promon Engenharia

O CONSELHEIRO E A CULTURA ORGANIZACIONAL

Já mencionei brevemente, no Capítulo 6, a cultura e os processos e sistemas que a reforçam, mas quero complementar com uma frase atribuída a Peter Drucker: "A cultura come a estratégia no café da manhã."[102]

A reflexão é totalmente pertinente, porque se o conselho tem a função principal de dirigir a organização, dar-lhe rumo estratégico, como poderá fazê-lo se a cultura da empresa boicotar seu trabalho? Por isso, é muito claro para mim que a cultura deva ser uma pauta estratégica do *board* e os proces-

---

102   Há também um livro de 2013 que usa, no título, uma paráfrase. COFFMAN, Curt, SORENSEN, Kathie. *Culture Eats Strategy for Lunch: The Secret of Extraordinary Results.* Denver: Liang Addison Press, 2013.

sos relacionados a ela devam ser implementados e gerenciados no dia a dia conforme as diretrizes estabelecidas pelo conselho. Recomendo fortemente aos conselhos que façam, periodicamente, o balanço da cultura, certificando-se dos processos e sistemas que a suportam, como antecipei no Capítulo 3.

Vejo três aspectos fundamentais que corroboram seu papel como caminho para a estratégia, que é o que interessa ao conselho — por isso ele tem que checar se a cultura permitirá que esse direcionamento aconteça.

Em primeiro lugar, verificar se a empresa tem uma cultura empreendedora e aberta à inovação, que aceita erros como etapas para o desenvolvimento do negócio. Existem inclusive companhias que celebram o fracasso. No Vale do Silício, algumas empresas instituíram o Dia do Fracasso, celebrando projetos que falharam, mas que trouxeram aprendizado importante para o grupo.

Em segundo lugar, verificar se a empresa tem uma cultura que incentiva os times autoliderados. Como informo em meu livro *O despertar dos líderes integrais*, a base para que uma liderança funcione se assenta sobre dois pilares importantes: um ambiente de confiança entre os superiores e equipe, e um ambiente que inspire a automotivação. Com esses dois pilares, garante-se que a equipe se autolidere e se automotive, para a implantação de projetos.

Em terceiro lugar, verificar se a empresa tem uma cultura proativa em relação às mudanças ligadas ao momento, que assegura que reaja mais rapidamente às transformações que vêm do ambiente. Proatividade é a mudança que vem de dentro da empresa, levando-a em direção ao futuro pelo autoquestionamento; reatividade é a capacidade de responder adequadamente às mudanças do ambiente, engajando as pessoas, comprometendo-as, criando uma visão e implantando a novidade.

DIVERSIDADE

Tenho visto que falta profundidade no trato desse tema.

Sobre a diversidade de gênero, quero comentar a importância da presença feminina nos *boards*. Um relatório do *Conference Board of Canada* de maio de 2002[103] revela, por meio de pesquisas, que a presença de duas ou mais mulheres no grupo resulta em melhor posição no ranking de lucros da companhia, em satisfação dos clientes e funcionários, e também em melhor pontuação no índice de governança. A pesquisa mostra resultados favoráveis no lucro e qualitativos para a companhia que tem duas ou mais mulheres no *board*. Conclusões empíricas indicam também que, diante de conselheiras, os presidentes executivos se sentem mais cautelosos e até inibidos de se aproveitar de sua posição para fazer valer suas ideias.

Embora a pesquisa seja relativamente antiga, podemos conferir que suas conclusões foram ratificadas em trabalho recente (2018), realizado pelo Instituto Ethos, em parceria com a revista *Exame*.[104] A metodologia do Guia Exame de Diversidade 2018 foi criada a partir da adaptação da série de guias temáticos desenvolvidos pelo Instituto Ethos e seus parceiros, em torno do compromisso empresarial de respeito e promoção dos direitos humanos.

Outro ponto que recomendo em relação à diversidade é que o *board* contemple a presença de profissionais com experiência prévia em setores de mercado diferentes. Isso permite a utilização cruzada de experiências, ideias e visões, sem permanecer viciado em estratégias, rotinas e procedimentos apenas do setor em que a empresa opera. Claro que um ou dois conselheiros advindos do mesmo setor da empresa é algo desejável.

Em um conselho, recomendo a presença de pelo menos um *expert* em finanças, alguém que saiba como ler, construir e auditar demonstrativos, porque será capaz de observar questões que um leigo no assunto não entenderá.

A quarta recomendação é mais sobre o que não fazer: não formar um *board* replicando funções operacionais. Marketing, finanças, RH, tudo isso é papel da diretoria executiva, e não do *board*. Por isso, é prudente não replicar funções típicas da diretoria executiva.

---

103 BROWN, David A. H., BROWN, Debra L. e ANASTASOPOULOS, Vanessa. Women on Boards: Not Just the Right Thing... But the "Bright" Thing. Conference Board of Canada, Toronto, May 2002, p. 12–14. Relatório disponível em: <https://utsc.utoronto.ca/~phanira/WebResearchMethods/women-bod&fp-conference%20board.pdf>. Acesso em: 10 de julho de 2020.

104 Guia Exame de Diversidade. Disponível em: <https://www.ethos.org.br/conteudo/projetos/gestao-sustentavel/guia-exame-de-diversidade/>. Acesso em: 10 de julho de 2020.

SER CONSELHEIRO PROFISSIONAL (QUANDO JÁ SE ESTÁ NO CONSELHO)

PESQUISA DE PERFIL DOS CONSELHEIROS

Essa é uma providência praticamente relegada a segundo plano nas empresas, mas que considero de grande importância, seja pesquisa de perfil psicológico, seja de comportamento diretivo.

Ainda existe muito uma noção de que o *board* deva ter um papel fiscalista, o que leva à visão de que os elementos podem ser trocados com certa frequência. Mas o que vejo é que deve ter um papel construtivista e, portanto, trabalhar a estratégia em longo prazo e ter uma longevidade maior, de cinco a sete anos cada conselheiro. Por isso vale a pena investir na formação da diversidade, que inclua elementos que foram checados para que esse *board* efetivamente desempenhe o papel de tomar decisão, por meio da técnica de confronto e consenso. O conselho tem que pensar no futuro da companhia e, junto com a gestão, criar estratégias e direcionamentos. Para isso, é fundamental que os membros saibam e possam trabalhar em equipe.

Quanto ao perfil psicológico, é muito importante fazer uma verificação dos candidatos a participar do conselho, impedindo, por exemplo, a presença de pessoas exageradamente egocêntricas que monopolizem as reuniões ou pessoas mais agressivas ou autoritárias que intimidem os outros elementos. Relembro aqui o que mencionei no Capítulo 1, quando falava da preferência do comportamento holárquico sobre o comportamento hierárquico. As empresas devem contratar para a pesquisa de perfil psicológico uma consultoria externa de profissionais da área de RH ou psicologia especializados em testes. E naturalmente, não desprezar a importância fundamental da entrevista pessoal — os fundadores, como empresários experientes, têm grande capacidade de "ler" atitudes e tendências de comportamento durante uma ou várias conversas.

Quanto ao perfil de comportamento diretivo dos candidatos ao conselho antes de contratá-los, existem ferramentas interessantes no mercado, como o perfil MBTI,[105] baseado na teoria junguiana, e o perfil DISC,[106] que avalia diferenças culturais.

Minha preferência pessoal é o método idealizado por Ichak Adizes, o teste PAEI,[107] cujas iniciais remetem aos tipos de perfil: Produtor, Administrador, Empreendedor e Integrador. Adizes afirma que em um grupo sempre haverá alguém que tenha mais forte um desses aspectos, porém é importante que todos os selecionados tenham boa pontuação em todos os aspectos. Considero um teste muito interessante para conselheiros, porque, caso se consiga um mix desses perfis complementares, haverá uma mescla de atitudes diretivas naquele *board*.

É um trabalho de contratação que exigirá boa capacidade da empresa, de reunir diversidade de gênero, de ramo de atividades e de perfil, mas que será compensador. Selecionar bem resultará em ter um *board* complementar, eficiente e equilibrado para uma tarefa de longo prazo.

No próximo capítulo, trataremos da criação e prospecção de oportunidades para conselheiros.

---

[105] MBTI (Myers Briggs Type Indicator). Disponível em: <https://pt.wikipedia.org/wiki/Tipologia_de_Myers-Briggs>. Acesso em: 10 de julho de 2020. No Brasil, o grande concorrente do MBTI é o Método Birkman (no livro *O Método Birkman — Sua personalidade no trabalho*, de autoria de Sharon Birkman Fink e Stephanie Capparell, publicado pela Editora Évora em 2018).

[106] Disponível em: <https://www.disc.com.br/>. Acesso em: 10 de julho de 2020.

[107] ADIZES, Ichak. *Como resolver as crises de antigerência*. São Paulo: Editora Pioneira, 1987. Mais informações em: <https://www.google.com/search?q=ichak+como+resolver+as+crises+de+antiger%C3%AAncia&source=lnms&tbm=isch&sa=X&ved=2ahUKEwiC-58CU5L_qAhVuH7kGHT08BFsQ_AUoAnoECAsQBA&biw=1366&bih=625#imgrc=-F7pphEI80f7s_M>. Acesso em: 10 de julho de 2020.

CAPÍTULO 11
CRIAÇÃO E PROSPECÇÃO DE OPORTUNIDADES

Uma parte do que abordaremos neste capítulo, a criação, é autoral, ou seja, depende da iniciativa do próprio aspirante a conselheiro ou de uma atitude ativa de desenvolvimento de oportunidades. Quanto à prospecção, mostraremos alguns mecanismos e em que portas bater, digamos assim, para aumentar a chance da identificação.

Figura 11.1 Caminhos iniciais para conselheiros de administração

Faixa Etária	Tipo de Conselheiro	Onde buscar?
JOVEM (30–45 anos)	Representante do Acionista (Cons. Interno)	• Grupos e *holdings* de negócios • *Private Equity* • Cargo de projeção em investidores / fundos de pensão
MADURO (acima de 45)	Conselheiro Externo Não Independente	• Grupo/empresa grande em que foi executivo e pode contribuir com a continuidade de sua Gestão/experiência • Propor participar da sucessão para a nova geração
MADURO (acima de 45)	Conselheiro Externo Independente (Especialista)	• Empresas concorrentes/ complementares/ comitês • Empresas onde o conhecimento ou experiência especial são cruciais: segmento de mercado; disciplina específica (*turnaround*, BI, *e-commerce* etc)
MADURO (acima de 45)	Conselheiro Externo Independente (Generalista)	• Ter sido CEO/CFO empresa nacional ou multinacional • Local mais provável: clientes indiretos, fornecedores • Pode ser no mercado local ou internacional (neste caso, há requisitos específicos)

A tabela constante da Figura 11.1 é autoexplicativa, mas gostaria de fazer alguns comentários para reforçar uns pontos. Em primeiro lugar, destaque-se que é uma tabela concebida para quem está objetivando conselho de administração, portanto, tem um viés inicial para executivos, profissionais que tenham experiências relacionadas com o ambiente empresarial e que, por isso, poderão trilhar essas sugestões. Está dividida por faixa etária.

Para os jovens, com idade entre 30 e 45 anos, por carecerem de uma experiência maior, uma boa chance de trilhar o caminho para o conselho de administração é como representantes dos acionistas. Reportando-nos aos tipos de conselheiro que mostramos no Capítulo 10, esse caso se refere ao conselheiro interno, que não é independente. Pode ser indicado se trabalhar em grupos ou *holdings* de negócios, que tenham empresas subsidiárias, que sejam integralmente companhias subsidiárias ou mesmo em *private equities* que representam empresas nos investimentos que estejam alavancando. É comum ao *private equity* contratar conselheiros profissionais — o que significa que é caminho que serve não só para jovens que queiram representar esse *private equity* na empresa investida, como também um caminho que pode ser seguido por conselheiros profissionais (nesse caso, conselheiros externos independentes). Outro ponto é conseguir um cargo de projeção em um fundo de pensão ou fundo de investimento que tenha interesse em ter representação nas empresas nas quais investem. Por exemplo, a Previ tem mais de cem posições de conselho, entre conselheiro de administração e conselheiro fiscal, e vem recrutando conselheiros até fora de seu rol de funcionários. Outro exemplo é a Funcef, que tem feito os mesmos movimentos. Temos observado que até jovens que não têm carreira executiva típica, como advogados, por representarem uma *holding*, ou tendo a confiança de um sócio ou acionista principal de uma, podem ser indicados ao conselho.

O outro caminho é para o profissional maduro. Não se trata pura e simplesmente de idade, mas sim de experiência acumulada, que em geral é alcançada na faixa de 45 anos e acima. Também de acordo com a tipologia exibida no Capítulo 10, vamos ter três tipos de conselheiros. O conselheiro não independente é aquele que já teve e mantém um vínculo muito forte com aquela empresa, mesmo que já tenha saído e queira continuar contribuindo com sua experiência em um conselho já existente ou ajudando na formação de um novo. Ou então que se proponha a ajudar no processo de sucessão para uma nova geração.

No caso de ser um conselheiro independente externo especialista, configura-se como tal o profissional que ganhou experiência muito grande em um determinado setor ou atividade que possa ter importância crucial para aquela empresa, como *turnaround, business intelligence, e-commerce,* finanças etc. Esse é um bom caminho para se iniciar em conselho como especialista. Ou ainda que tenha trabalhado como executivo em empresas concorrentes, complementares, ou tenha participado como membro de um comitê de assessoramento ao conselho em empresas deste perfil, por exemplo, em inovação, transformação digital ou novos negócios (sugiro ao leitor rever o conceito de comitê no Capítulo 3 deste livro).

O conselheiro externo independente generalista é cargo típico de quem já foi CEO ou CFO em empresa nacional ou multinacional e por isso tem uma visão de negócios ampla. Normalmente entra no conselho para agregar a capacidade estratégica e de orientação em posicionamento de mercado. Os locais mais prováveis para esses executivos são clientes diretos, indiretos e fornecedores que conhecem seu trabalho, tanto no mercado local como internacional. Para esses negócios internacionais, há requisitos específicos, como certificação, conhecimento de leis e da cultura dos países-sede dessas empresas.

São esses os caminhos que vislumbro para quem está visando a um conselho de administração.

NETWORKING

Eu vejo o *networking* como o caminho mais importante e mais provável para um conselheiro conseguir oportunidades. Em primeiro lugar porque não se publicam vagas para conselheiros em nenhuma plataforma, sejam jornais, sites ou no LinkedIn, porque não é um tipo de função que se divulga a público. Até existem processos de seleção para conselheiros, mas de maneira privada, com auxílio de profissionais, como *headhunters*. Por isso, o *networking* é crucial, uma ferramenta de marketing pessoal que existe para ligar os ofertantes com os demandantes. Para seu bom uso, é preciso um conhecimento técnico específico e ao mesmo tempo capacitação e criatividade.

Assessorei uma empresa, em uma oportunidade, em que os executivos acreditavam que o marketing se resumia a comunicar para promover a companhia. Mas existem os pressupostos do marketing, como e para quem comunicar e em quais veículos. A empresa se dedicava a serviços ocupacionais, com um público bem definido: profissionais liberais, com escritório próprio. Estava fazendo uma comunicação que passava por *outdoors* em shoppings e publicação em jornais de grande circulação, por exemplo, achando que bastava comunicar. Era um nítido desperdício de recursos, porque confundia-se marketing com comunicação/promoção. Na verdade, é preciso identificar bem o público-alvo, entender como ele adquire o serviço oferecido, qual seu método de compra, em que momentos decide ou pensa adquirir o serviço, e aí, sim, compreendendo o hábito de compra, escolher onde comunicará, com que frequência e com qual mensagem. O que funciona mais nesses casos é o chamado marketing *one-to-one*; não se gasta muito dinheiro nas grandes mídias e garante-se uma comunicação objetiva e direta. Esse também é o caso do *networking* para o conselheiro. É como na expressão popular de "botar a boca no trombone", mas sabendo em que trombone e com qual música.

No meu entender, há três tipos de *networking* de alto nível, válidos especialmente para quem busca posição de conselheiro: o *cluster*, o *medium* e o *focus*.

CRIAÇÃO E PROSPECÇÃO DE OPORTUNIDADES

Figura 11.2 *Cluster networking*

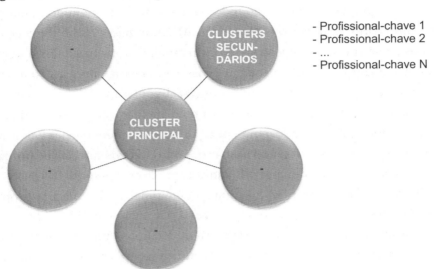

- Profissional-chave 1
- Profissional-chave 2
- ...
- Profissional-chave N

CLUSTER **PRINCIPAL:** Escolas de negócios, associações de Profissionais (ABVCAP, IBRI, IBEF etc.), clubes temáticos, organizações tipo Rotary, aceleradoras de *startups,* clubes de investidores-anjos (tais como GaveaAngels, PoliAngels) etc.

CLUSTERS **SECUNDÁRIOS:** Encabeçados por pessoas ou organizações ligadas ao *Cluster* Principal.

O *cluster networking* é aplicável tanto para conselho administrativo quanto consultivo. É uma abordagem inovadora que traz resultados em médio prazo. A proposta é simples: filiar-se a associações, escolas e/ou entidades não diretamente relacionadas com governança ou conselhos, mas que trabalham visando capacitar lideranças e contribuir para melhorar a qualidade da gestão dos negócios. No *cluster* principal, está implícita a atividade intensa em instituições como as citadas na Figura 11.2, desempenhando papel importante. Essas instituições podem colocar o interessado em contato com potenciais empresas cujos acionistas entendem que precisam de conselho. A grande vantagem para a imagem do candidato é trabalhar pela governança dessas instituições e ainda ajudar os executivos que delas participam a implementar ações em suas próprias empresas. É um nicho com pequena competição, porque não está focado em governança, portanto, é um verdadeiro oceano azul. Atuando nesse nicho tangencial, consegue-se sutilmente mostrar-se positivamente a profissionais a quem caberá, em algum momento, indicar conselheiros para empresas ou outras organizações. O mais interessante é que acabam surgindo *clusters* secundários, quando o interessado identifica no principal um profissional-chave que acabou por indicá-lo a uma posição, ou com quem participou de algum negócio. Esse profissional acaba se tornando mais um *cluster*, porque abrirá para o interessado oportunidades com outras pessoas.

Há muitos anos, me filiei à Unipaz, que é uma escola com um propósito interessante e de alto nível. Comecei a dar cursos de liderança, e um dos alunos era diretor da Stato, empresa de recursos humanos dedicada a *outplacement*, e me abriu a oportunidade de atuar como mentor em sua empresa, que acabou se tornando, para mim, um *cluster* secundário, porque me abriu outras oportunidades de mentoria e até mesmo de atuar em um conselho. Vários outros profissionais que colaboravam com a Unipaz também tiveram oportunidades assim, porque não estavam preocupados em vender coisa alguma, mas sim em ajudar a melhorar o ensino da liderança e as próprias empresas em que esses líderes atuariam. Ressalto, e isso é importante, que não me filiei à Unipaz com o objetivo de angariar oportunidades, mas apenas para colaborar, desenvolver uma atividade que me fazia bem. Quero trazer para este capítulo o depoimento de um executivo que fez um de nossos cursos e que corrobora o que acabo de escrever, porque sua experiência é muito parecida com a minha.

BOX: A IMPORTÂNCIA DO *CLUSTER NETWORKING*
PAULO FOGETTI

Sou um executivo de carreira com mais de trinta anos de experiência executiva. Tenho formação em Engenharia Eletrônica, com foco na área de Tecnologia e Automação Industrial. Vivo no mundo da tecnologia, ferramenta de que todo o mundo precisa.

CRIAÇÃO E PROSPECÇÃO DE OPORTUNIDADES

Cursei pós-graduações, me direcionei para a área financeira e de gestão estratégica e trilhei o caminho da gestão de pessoas, buscando um contexto mais amplo do que somente a parte técnica. Estive durante quinze anos na indústria, no setor de papel e celulose, automação de metrôs, metalurgia, e no setor automobilístico, na área de Robótica. Depois fui para a área de serviços de telecomunicações de voz e dados, para aprender telecomunicações, que não era a minha área de formação. Aprendi e fiquei por outros dez anos, onde sempre havia um parceiro financeiro, como private equity, *em posição de conselho. Tendo que me relacionar com os conselhos, fui estudar finanças e administração, porque recebia cobrança de relatórios e de providências de gestão. Afinal, deixei a área de telecomunicações e fui para a área de serviços financeiros de uma* joint venture *que cuidava da automação de serviços de assistência de seguradoras. Essa empresa acabou comprando outra empresa de rastreamento de veículos, e fui apontado como seu conselheiro administrativo, estatuário, com todos os riscos inerentes à posição. Fiquei, então, atuando como CEO da empresa-mãe e conselheiro da nova empresa. E fui entendendo o que é ser conselheiro de uma empresa de grande porte, aconselhando executivos da empresa nova e sendo aconselhado pelos governantes da empresa onde eu era o CEO. Comecei a perceber que, depois de trinta anos de carreira, estava na hora de devolver para a sociedade todo o conhecimento e aprendizado que tive, de maneira mais estruturada, e não apenas como executivo, cumprindo metas e servindo aos acionistas. E me envolvi com conselheiros, troquei ideias, peguei gosto e descobri um caminho diferente daquele que eu vinha trilhando como executivo de carreira.*

Foi quando aconteceu um Y na minha carreira, ao deixar uma empresa em 2018, e resolvi observar melhor o mundo dos conselheiros. Por intermédio de um amigo do mundo executivo, cheguei ao PFC do Wanderlei Passarella, como um curso preparatório para conselheiros. Fui da primeira turma — éramos oito pessoas na sala — e concluí que realmente o assunto era do meu interesse e que devia me aprofundar. Entendi que eu poderia ajudar pessoas e empresas a terem governança mais profissional.

Nesse ponto, enfrentei um dilema: seguir no mundo executivo, passar por um período sabático para entender o caminho de continuar sendo escolhido para uma próxima jornada (via networking *convencional) ou construir uma nova carreira como conselheiro. Resolvi pelo sabático de um ano, entrando em uma fase que chamo de "prospecção de novos caminhos de vida"*. Durante esse tempo, fiz contato com algumas universidades e caí na FDC, que tem um curso de imersão para desenvolvimento de conselheiros, com duração de duas semanas, full time. Com essas preparações, eu fiquei pronto a participar de conselhos.

Hoje, estou trabalhando nas duas pontas. Atuo como conselheiro e voltei para o mundo executivo — mas não como carreirista, e sim como CEO para a América Latina de uma empresa de infraestrutura de telecomunicações da qual fui consultor antes de virar executivo, e em um modus operandi *que me agrada, em* home office, *com tempo para me dedicar a conselhos e a ministrar cursos sobre governança e estratégia. A empresa tem* mindset *digital e pensa fora da caixa.*

Após as preparações para conselheiro que fiz, resolvi montar um networking *dentro da matriz que me interessava. Fazíamos trabalhos em grupo e mudávamos de grupo ao longo do curso todo. Fui identificando pessoas com quem eu queria criar vínculos para a minha jornada seguinte, muito assertivamente: busquei me relacionar com pessoas que tivessem um viés financeiro, com alguma experiência em consultoria estratégica, executivos em transição de carreira que buscavam o mundo dos conselheiros,* private equities *e* family offices. *Montamos um grupo de quinze pessoas, um* cluster *que me ajudaria a me preparar para algo mais interessante. Fui muito feliz nessa composição.*

Desse grupo de quinze pessoas, montamos um petit comité, *que se comunicava por aplicativo de mensagens e se reunia a cada dois meses para manter a conexão. Cada componente ficou com a missão de abrir oportunidades de negócio para o grupo em suas respectivas regiões e em seus respectivos* networkings. *A ampliação dos contatos é exponencial e muito rápida. A mim coube ir atrás dos* private equities, *e fiz uma lista para conhecer todos, preferencialmente aqueles que tinham interesse em empresas de tecnologia. Por meio dos contatos de* networking, *consegui agendar visita, e acabei estabelecendo uma agenda intensa, de praticamente três reuniões ou visitas por dia, durante um ano e meio. Foram mais de setecentas reuniões que me permitiram montar um* case *de abertura de contatos e de retroalimentação daquilo que eu queria saber. Como eu não tinha secretária, fui agendando diretamente cada contato, e tudo ficou registrado no meu calendário. Aí fui reunindo os contatos em camadas — tier 1, tier 2 etc. O tier 1 é aquele que congrega a camada das pessoas mais próximas, que formam o meu core — são*

CRIAÇÃO E PROSPECÇÃO DE OPORTUNIDADES

no máximo dez pessoas (algumas das quais conheci nos cursos), que é o volume que efetivamente é possível gerenciar. Falo com esse grupo em intervalos muito curtos de tempo. O grande segredo é colocar, no tier 1, *as pessoas aderentes à sua causa, que querem as mesmas coisas, têm o mesmo propósito e estão em um momento parecido de carreira. Oitenta por cento dessas pessoas têm mais de trinta anos de carreira, são executivos* C-level, *estão em conselhos consultivos ou prestam algum tipo de consultoria estratégica dentro de seus segmentos. Por isso, as reuniões são ricas e produtivas.*

Quando passo para as outras camadas, agrupo os contatos por assunto: headhunters, *pessoas da área de telecomunicações, conselheiros de* startups *etc.*

Por exemplo, um family office *que conheci precisava de um conselheiro para dar suporte em um momento de sucessão familiar. Não existia uma estrutura de governança corporativa instalada na empresa. Um dos filhos do dono buscava um CEO que pudesse profissionalizar a empresa — implantar a governança corporativa, analisar quem era quem na família, dividir atribuições e responsabilidades e ajudar a montar o plano estratégico ou plano de negócios para desenhar o futuro, respeitando o fundador. Descobri que existe um clube de pessoas que representam* family offices, *que ampliou o meu* cluster. *Como outro exemplo, membros do nosso* cluster *inicial se tornaram conselheiros financeiros em conselhos. E um dos colegas era CEO de uma empresa e me convidou para ser seu* advisor. *Ao sair do curso, já me dediquei a esse trabalho e é nessa empresa que estou até hoje. Eu sou a pessoa de fora, isenta, que o CEO tem para conversar, trocar ideias e sair do isolamento de sua função.*

A montagem dos clusters *é um trabalho de disciplina. Depois que as listas vão crescendo, é preciso documentar cada contato e fazer a gestão, para não se perder. É preciso provocar as turmas com assuntos de interesse comum, porque não necessariamente estão na mesma prioridade.*

Tenho uma matriz no computador. Quando preciso de algo, sei exatamente onde e com quem buscar. E provoco reuniões e debates para que o grupo permaneça vivo e atuante. Desse modo, mantendo a chama acesa, e oferecendo conhecimento em troca, eu garanto que as pessoas tenham interesse em me receber quando as procuro. No geral, confesso que recebo muito mais do que entrego, porque os interlocutores querem falar, e nesses contatos conseguem despertar ideias e soluções que de outro modo ficariam adormecidas. Isso se dá porque só com um agente externo, descompromissado com a agenda e as pressões do dia a dia, o executivo ou o acionista consegue essa interatividade positiva.

Depois de um certo tempo, quando você não procura essas pessoas, elas o procurarão. E aí estão estabelecidos os laços e a relação bilateral. Isso é fundamental para a sobrevivência depois de um certo tempo de carreira, porque o networking é responsável por mais da metade do sucesso. A maneira como nos relacionamos fará a diferença, quando vamos poder contribuir de outra maneira, diferente daquela com a qual contribuímos até então. É o momento de decidir por um caminho comum ou um caminho mais feliz.

Um professor que tive dizia que no mundo temos que ter três pilares: humor, amor e significado.

Humor é fazer as coisas de que gosta e estar de bem com a vida, divertindo-se com o que se faz. Amor é aplicar sentimento positivo em tudo o que se faz. E significado é preencher um propósito, escrever o livro da sua vida.

Toda vez que me sinto me desviando de meu foco, eu paro, reflito e me volto para esses três pilares. Eventualmente, é preciso mudar de atividade, para buscar aquilo que me faz feliz. Se você não faz um bom trabalho para você mesmo, não conseguirá transmitir confiança para seu interlocutor.

Paulo Fogetti, CEO da Dura Line

Figura 11.3 *Medium networking*

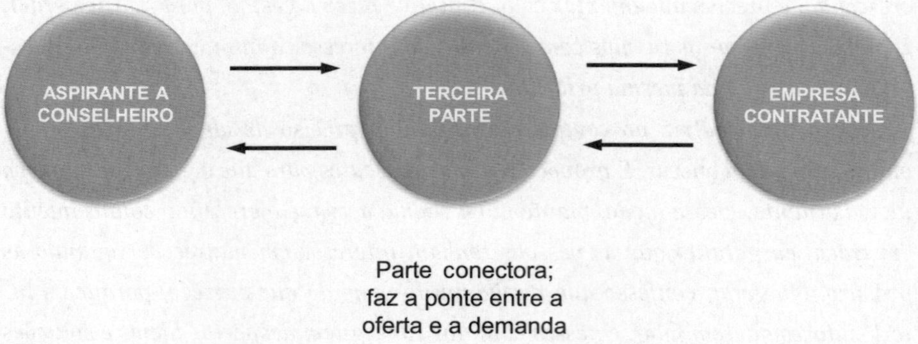

ASPIRANTE A CONSELHEIRO → TERCEIRA PARTE → EMPRESA CONTRATANTE
EMPRESA CONTRATANTE → TERCEIRA PARTE → ASPIRANTE A CONSELHEIRO

Parte conectora; faz a ponte entre a oferta e a demanda

CRIAÇÃO E PROSPECÇÃO DE OPORTUNIDADES

O *medium networking* é diferente do *cluster* porque é mais fechado. O aspirante a conselheiro quer prospectar e identificar oportunidades e pretende se conectar com potenciais empresas contratantes, objetivando a governança, mas não sabe quais empresas estão nessa situação. Entre essas duas partes, há uma terceira, a intermediadora, que faz a ponte entre a oferta e a demanda. Esse intermediador é, muitas vezes, especializado nas buscas, como atividade principal, e acaba identificando oportunidades de conselho e governança entre seus clientes. Identifico pelo menos cinco perfis de intermediadores.

Headhunters, por exemplo, com quem o aspirante a conselheiro deve ter uma rede forte, embora as posições de conselho ainda não sejam, na sua maioria, trabalhadas por solicitação a *headhunters* no Brasil. Deveriam ser cada vez mais, para respeitar o profissionalismo do processo, observando a diversidade que citamos no Capítulo 10, mas a maioria das empresas ainda não o faz, de acordo com informações que temos com vários destes. O fato novo e animador é que isso vem aumentando ano a ano, e mais vagas para conselhos têm sido abertas e trabalhadas por eles, ainda de acordo com essas mesmas fontes. Portanto, é preciso conhecer os *headhunters* de ponta, os mais famosos, mas também os de porte médio, que têm como clientes principalmente empresas médias, nas quais a existência de posições para conselheiros consultivos é crescente. Eu mesmo participei de alguns processos de seleção com *headhunters*, em que cheguei à fase final. Não fui selecionado, mas percebo que é um *networking* que funciona, por isso mantenho contato com vários desses profissionais que trabalham posições no mercado.

Escritórios de advocacia, principalmente aqueles especializados em Direito Societário, têm vários clientes que enfrentam necessidade como sucessão e governança e são ótimos olheiros para passar oportunidades a quem deseja atuar em conselhos. Os escritórios podem identificar nas empresas as demandas por governança, seja aquelas já abertas ou as incipientes.

Escritórios de contabilidade, principalmente os de porte médio ou grande, podem ter a mesma condição dos escritórios de advocacia de identificar oportunidades, porque conhecem profundamente os problemas das centenas

CONSELHEIRO DE EMPRESAS

de empresas que atendem. E podem inclusive atuar para ajudar essas empresas a se voltarem para a governança.

Outros conselheiros são também uma fonte inestimável de oportunidades. Por isso recomendo que o aspirante participe de encontros e mantenha uma rede de relações com outros conselheiros. É comum que alguém que participe de um conselho identifique uma vaga ou saiba que um profissional deixará aquele grupo — nesses casos, uma das primeiras coisas que uma empresa faz é perguntar aos conselheiros ativos se têm alguém para indicar para a posição. Na nossa própria empresa, o CELINT, organizamos encontros, como o Fórum Anual de Conselheiros, para propiciar esse *networking*.

Consultores ou prestadores de serviços especializados, com contato no alto nível de empresas, onde podem observar oportunidades para a instalação e desenvolvimento de governança. Tenho um amigo que se formou comigo, engenheiro brilhante que desenvolveu um software de ERP (*Enterprise Resource Planning*) e foi muito bem-sucedido, durante um bom tempo, vendendo o produto para grandes e médias empresas. Porém, surgiram grandes concorrentes, como Oracle e SAP, e ele foi perdendo mercado, porque sua empresa era menor. Ele me procurou para que juntos visitássemos vários de seus clientes, com o objetivo de instalar governança. Entendia que, se as empresas-clientes não trabalhassem sua gestão e governança, ele poderia perder os contratos de manutenção de seu software, dado que os resultados dessas empresas não vinham bem, enfrentavam ameaças de concorrentes e substitutos, e uma governança bem estruturada, com conselheiros experimentados, poderia ser um ótimo caminho para encontrar alternativas estratégicas e rearrumar essas empresas. Dessa forma, a continuidade de desenvolvimento de seu software e respectivas manutenções poderia ser assegurada. Cheguei a colocar algumas propostas. Cito isso como exemplo porque vai na linha dos consultores e prestadores de serviços especializados.

CRIAÇÃO E PROSPECÇÃO DE OPORTUNIDADES

Figura 11.4 *Focus networking*

Empresa	Ramo de Atividade	Acionista ou CEO	Tamanho* Faturam. Anual	Pontos por Tamanho	Gatilhos Inferidos**	Pontos por Gatilhos	Pontos Totais
Companhia ABC	Indústria de Autopeças	Ronaldo Santos Gomes	R$300 MM	1,5	- Sucessão - Solidão do Poder - Estagnação dos Negócios	3	4,5
-	-	-	-	-	-	-	-
-	-	-	-	-	-	-	-
-	-	-	-	-	-	-	-

* De acordo com o critério no Cap. 5:
- Pequena: 0,5 ponto
- Média: 1 ponto
- Média/Grande: 1,5 ponto
- Grande: 2 pontos

** De acordo com os gatilhos no Cap. 4:
- Um gatilho: 1 ponto
- Dois gatilhos: 2 pontos
- Três gatilhos: 3 pontos
- Quatro ou mais: 4 pontos

Enquanto o *cluster* e o *medium networking* se aplicam a conselheiros de administração e consultivos, o *focus networking* é muito aplicável apenas a conselheiros consultivos ou modalidades que antecedem essa posição, como o mentor e o *trusted advisor*, mencionados no Capítulo 8. Esse tipo de *networking*, que eu mesmo desenvolvi, tem sido mostrado em nosso curso PFC (Programa de Formação de Conselheiros) e é uma abordagem muito mais autoral de criar e desenvolver as próprias oportunidades. Leva esse nome porque dá um foco específico à própria rede do aspirante a conselheiro que ele foi montando ao longo da vida sem nem sequer se dar conta de que o fez. A ideia do *focus networking* é selecionar, dentre as empresas que o aspirante a conselheiro conheceu como executivo, pelo menos dez, e nelas utilizar a teoria dos gatilhos, abordada no Capítulo 4.

Deve-se listar as empresas em que você conheça um acionista ou o CEO. A sugestão é criar uma tabela, como exemplificado na companhia hipotética da Figura 11.4, com o nome da empresa, seu ramo de atividade, o tamanho do faturamento (pode ser uma dedução aproximada), e listar os gatilhos que podem ser identificados naquela empresa. O fato de ter contato com o acionista ou o com o CEO dará acesso a esses gatilhos. Muitos desses gatilhos podem ser inferidos a partir de sinais fracos, como a existência de conflitos dissimulados, insatisfações etc.

A ideia dessa tabela é dar pontos a cada empresa, considerando que quanto maior for o número de gatilhos, maior é a possibilidade de oferecer governança e participar do processo de implantação, às vezes chamando uma consultoria para ajudar. O aspirante a conselheiro será o alavancador, a pessoa de catarse, que conseguirá fazer com que a empresa entenda que está precisando de governança.

Outro ponto da tabela é o tamanho — observe-se que o peso equivale à metade do valor do gatilho. O tamanho, medido pelo faturamento, segue o critério do IBGC, que já comentamos no Capítulo 5.

A ideia dos pontos é que, ao listar as empresas, ter-se-á uma sequência de prioridades de quem abordar primeiro e uma relação de possibilidades de implantar a governança. Quanto maior a pontuação (limitada ao máximo de 6), maior a chance de conseguir implantar a governança. Porém, o recomendável é manter o foco nas empresas que apresentarem no mínimo a pontuação 3 — abaixo disso, as chances de implantação de governança são pequenas.

Os benefícios de montar uma tabela como essa: primeiro, a priorização, focando esforços em empresas conhecidas; segundo, o aspirante a conselheiro terá papel ativo nas oportunidades; terceiro, só depende da disposição e iniciativa do aspirante a conselheiro; quarto, a possibilidade de criar algo de valor para a empresa abordada.

No depoimento a seguir está a experiência de alguém que aplicou a tabela com sucesso.

CRIAÇÃO E PROSPECÇÃO DE OPORTUNIDADES

BOX: EFICÁCIA DO *FOCUS NETWORKING*
GUSTAVO GONÇALVES

Sou engenheiro mecânico, formado em 1986, com especialização em finanças e gestão de negócios. Estou no mercado há 34 anos, na maior parte do tempo atuei em operações, marketing e vendas. Com o desenvolvimento natural da carreira, passei a atuar em posições de gestão. Ocupo funções do topo da gestão há aproximadamente 15 anos, e ao longo desse caminho sempre estive em posição de tomada de decisões em grandes corporações multinacionais, cuidando de preparar e apresentar aos boards *como o grupo executivo chegava às decisões. Portanto, meu primeiro contato com a governança corporativa vem da área executiva. Mais recentemente, interessado na questão, acabei me aprofundando, fiz os cursos necessários e tenho cada vez mais me aproximado da perspectiva de ter uma carreira na mesa diretora.*

A primeira parte de minha carreira me trouxe intensa experiência no mercado industrial brasileiro, especialmente nos grandes segmentos de infraestrutura (siderurgia, metalurgia, petroquímica, química, papel e celulose), sendo a segunda parte focada no mercado de óleo e gás, envolvendo mais especificamente a fabricação de equipamentos submarinos e/ou de perfuração offshore, *além da prestação de serviços de manutenção, assistência técnica e preservação desses mesmos equipamentos. Hoje sou gerente-geral da subsidiária brasileira de um grupo norueguês focado em preservação de grandes equipamentos, para o mercado industrial como um todo. Trimestralmente, os gerentes-gerais das subsidiárias se reúnem com o CEO mundial da empresa, que está na Noruega, e debatemos as questões como um* board.

A minha militância efetiva em conselhos de administração é bastante recente. Hoje faço parte de um board *informal de uma empresa norte-americana de engenharia baseada em Houston. O empreendedor, com quem trabalhei antes, durante vários anos, elegeu uma pessoa em cada continente para ser o representante — ou* business advisor *— de sua empresa, e nos reunimos uma vez a cada trimestre para discutir cenários, política, estratégia, busca de oportunidades e a criação de condições para que os negócios evoluam.*

Acredito muito no poder do networking *para quem deseja desenvolver uma carreira como conselheiro. Os gatilhos, ou seja, os* gaps *de uma empresa, os pontos que ela precisa cuidar para melhorar seus negócios, são o pontapé inicial, peça-chave fundamental e ferramenta prática para compor tal* networking. *Devo dizer que a experiência conta bastante. Eu não teria chance de identificar os gatilhos se não tivesse a quilometragem que tenho no mercado, além do conhecimento de pessoas e as experiências vividas não só na área executiva, mas também na área da governança corporativa. Para identificar os gatilhos, a primeira pergunta que me fiz foi: "Por onde começar?" Fui analisar que universo eu tenho, quais as pessoas que conheço nas empresas às quais tenho acesso e como dou o primeiro passo. Aí entraram a disciplina e a organização. A minha natureza é colocar as coisas no papel, e meu processo é criativo, apesar de ser pessoa das ciências exatas. Costumo usar o Excel para me organizar, e nesse programa comecei a fazer uma lista. Comecei pelas empresas, consultando o meu LinkedIn, o catálogo de contatos, os cursos que fiz e as pessoas que conheci, os* newsletters *de empresas — ou seja, usei várias fontes de informação. Não delimitei por faturamento ou qualquer outro viés; apenas fui listando, desde pequenas companhias até empresa grande de capital aberto. Com a lista pronta, eu me pus a selecionar empresas às quais tenho acesso, por meio de uma ou mais pessoas para quem posso telefonar ou mandar uma mensagem de e-mail, sugerindo fazer uma visita ou ter um almoço. Selecionadas as empresas, fui identificar quais dentre elas eram de capital aberto, de capital fechado ou familiares. Em cada uma dessas etapas, fui filtrando, até chegar a um conjunto que me deu um certo grau de conforto, listando as empresas das que eu conhecia o dono ou o presidente, que nível de intimidade ou liberdade profissional tenho com cada um para fazer contato.*

Na tabela, vou adicionando detalhes. Telefones de contato, e-mails, CNPJ da empresa, número de funcionários, faturamento, e todos os dados que possam estar disponíveis para cada vez mais ir filtrando. No final, tenho um ranking: empresas a que tenho acesso, onde o dirigente ou o dono é pessoa que conheço e a quem tenho liberdade para procurar, as notícias que reúno de cada uma das empresas, em um banco de dados à parte — se está bem, crescendo, se comprou outra empresa ou se está em processo de fusão, que dificuldade tem. No final, tenho um grande mapa.

E começo a agir. Em alguns casos, peguei o telefone e apliquei a minha estratégia. Com a pessoa com quem não falo há bastante tempo, não é prudente simplesmente telefonar e perguntar: "E aí? Vamos conversar sobre governança corporativa?" Entro com uma conversa geral, perguntando como estão os negócios, se ele

CRIAÇÃO E PROSPECÇÃO DE OPORTUNIDADES

está bem, comento sobre algum assunto de interesse mútuo. Estabelecido o contato, proponho marcar um almoço ou um encontro virtual para colocarmos o papo em dia. No encontro, informo que continuo trabalhando como executivo, mas envolvido também com governança corporativa. Certamente o assunto evolui e me dá oportunidade de mostrar o que tenho feito na área da governança. Com as informações que tenho da empresa, posso comentar sobre questões que lhe interessam e com as quais tem dificuldade, como sucessão, no caso de empresa familiar, por exemplo. Adiante, na conversa, dependendo de como o interlocutor reagir, posso sugerir a discussão sobre a implementação de um board. *Pode ser que o dirigente considere um conselho de administração algo demasiado para momento da empresa, e é hora de mostrar que a governança pode ser iniciada por meio de caminhos mais simples, como conselho consultivo, por exemplo. A conversa flui naturalmente.*

Penso que essa é uma estratégia interessante porque muita gente, por inexperiência ou falta de traquejo, não extrai do networking *mais do que ele pode dar; vai direto ao ponto ou aborda de maneira muito frontal, que espanta o interlocutor.*

Na primeira parte de minha carreira, trabalhei em uma empresa durante quinze anos, e isso acabou me deixando confinado em um mundo só durante todo esse tempo. Quando deixei a empresa, olhei em volta e percebi que o mundo dos negócios era bem maior do que eu pensava. E então pensei: "Como faço agora para que a empresa onde fiquei tanto tempo saia de mim?" Foi aí que comecei a explorar o networking. *E foi através do* networking *que galguei as oportunidades até chegar onde estou hoje, porque o mundo dos conselhos é mais fechado. E dessa forma percebi o valor de me colocar à disposição das pessoas que precisam de* networking. *Com todas as pessoas com quem converso,* headhunters, *executivos, sempre me coloco à disposição para ajudar: trocar ideias, tomar um café, jogar conversa fora ou apenas oferecer um ombro amigo. A angústia é bem grande para quem está nessa posição de buscar uma nova fase na carreira.*

O networking *está há muito tempo incorporado em mim nas duas vias: na busca e na recepção. Quando entro em contato com alguém, procuro passar a mensagem correta do que eu quero e espero, assim como incentivo as pessoas a agirem da mesma forma. Mesmo o membro de um* board *pode estar precisando de alguém para contrabalançar visões. Mas a parte receptora tem que ter uma percepção clara do que você está fazendo e como. E precisa perceber que você está sendo fundamen-*

talmente honesto e sincero, buscando informações e apoio para que possa dar os passos necessários para ampliar seu universo.

Por meio do networking, *fica fácil trilhar os caminhos para identificar os gatilhos da governança corporativa. O grande desafio é justamente conseguir ter acesso às pessoas, por causa de agenda ou porque o momento de vida não está adequado para que elas entreguem a ajuda que é pedida. Por isso é preciso ter sensibilidade, disciplina e persistência. Entendendo que desde o primeiro contato até o momento de implantar o* board *existe um caminho, um processo de amadurecimento que pode levar um tempo longo.*

Tenho muitas plantas em casa e faço muitas experiências, semeaduras, enxertos, cruzamentos etc. Penso que minha experiência de conversão de uma empresa para começar um board *é como plantar uma muda ou uma semente, e depois ir regando, cuidando da iluminação, da qualidade do fertilizante. Há tempo inclusive de dar uma pausa e deixar que a planta se desenvolva sozinha até chegar a um ponto em que precisa de novos cuidados. Há várias formas de fazer a planta crescer saudável. Assim também na implantação da governança corporativa.*

Gustavo Gonçalves, *country manager* Presserv Brazil

O PROCESSO DE CONVENCIMENTO DE SÓCIOS/ACIONISTAS

Vejo três abordagens.

Uma delas, que resulta do processo de *focus networking,* é, ao identificar a possibilidade de trabalhar a governança, propor uma mentoria inicial. Já fiz isso e funcionou. Era uma empresa que na tabela pontuava em torno de 5, um *board* seria muito adequado para governança, e comecei um trabalho com um acionista individual, para entender seus desafios. Ficamos um bom tempo, quase um ano, conversando individualmente, até que esse acionista decidiu

CRIAÇÃO E PROSPECÇÃO DE OPORTUNIDADES

montar um conselho. Ajudei na montagem e trouxe profissionais que até hoje atuam nesse conselho.

BOX: IMPLANTAÇÃO DE UM *BOARD* A PARTIR DE MENTORIA
TANGUY VAN GOINTSEHOVEN

Sou belga — nascido na Espanha. Eu me formei jovem, em Economia, em 1992. Abri um business *de incorporação imobiliária em 1994 e rapidamente virei sócio de três empresas no ramo de incorporação imobiliária, arquitetura e* product management, *e durante oito anos trabalhei nesse ramo na Bélgica, com pouca visão de gestão. Viajei muito e aprendi bastante, mas o que me fez abrir a* trading, *que era muito diferente, é que nesse negócio de incorporação imobiliária eu sempre esperava o grande projeto, a grande realização — que nunca aconteceu. Eu me sentia desiludido e pensei que, na minha vida, precisava de alguma outra coisa para me capitalizar pouco a pouco e depois voltar a investir no projeto dos meus sonhos. (....)*

Encontrei minha então futura esposa na França, e ela me trouxe várias vezes para o Brasil — é brasileira. Quando cheguei aqui, já pensei em montar um fundo, imaginando algo em parceria com o Grupo Accor, com cinquenta unidades de Ibis, mas não tinha capital para começar e convencer as pessoas a participar. Meu primeiro passo foi criar uma empresa, desenvolver um pequeno negócio com foco em atividade comercial de trading, *que me permitisse desenvolver minhas próprias habilidades. Eu tinha feito um estágio em uma* trading *de petroquímica nos anos 1990. Pensei nesse meu antigo chefe, que tinha capital, administração e clientes. Se eu conseguisse uma carteira de produtos petroquímicos* made in Brazil *para oferecer para ele, seria perfeito, poderíamos ter uma boa parceria. Entre 1998 e 2001, trabalhando entre Brasil e Argentina, comecei a fazer o* sourcing *de produto e entendi rapidamente que eu tinha um potencial de crescimento nesse mercado. Vi o meu modelo de* business *e decidi mudar de ramo — vendi os negócios que tinha na Bélgica e fui concretizar o sonho de ser* trader/distribuidor, *que havia experimentado.*

CONSELHEIRO DE EMPRESAS

Quando a Braskem iniciou suas atividades, eu me ofereci para representá-la na África como distribuidor de resina plásticas, por entender que esse mercado era pouco explorado, identificando um onde pude agregar valor como distribuidor de polietileno, propileno e PVC. Era a oportunidade para tocar um business *de escala média como CEO e viajar pelo mundo expandindo meus negócios. Penso que precisamos construir o nosso* business *com base nas nossas qualidades. Foi o que eu fiz. Comecei representando a Braskem na África Ocidental e do Norte, regiões onde nenhum brasileiro queria ir vender — Nigéria, Gana, Costa do Marfim. Depois de um ano de negociação, a Braskem me concedeu a autorização, e fui vender as commodities para plantas de transformação de plástico. Era um potencial extraordinário de crescimento, porque na África era um mercado pouco explorado pelos brasileiros. Encontrei um sócio com trinta anos de experiência na África, com um portfólio importante de clientes, um sistema operacional funcionando muito bem, boa logística e um grupo de quatro pessoas que faziam a administração financeira. Muitas pessoas trabalham com seguro de crédito para evitar a inadimplência, só que, como eu trabalhava com essa equipe experiente, vendendo nos mesmos clientes, tínhamos regras menos rígidas sobre a tomada de risco.*

Pouco a pouco, definimos algumas regras de governança. Cada business *tinha suas receitas para obter sucesso. Eu tinha quatro ou cinco regras para seguir, em termos de rentabilidade, risco e logística. Tive retorno muito rápido com esse modelo. E pude avançar no meu sonho de construir uma plataforma global de* trading. *Adorava a África, e pouco tempo depois, comecei a entrar na Europa, na Ásia e consolidei a América Latina. Em quinze anos, construí uma plataforma de* trading *e distribuição global nesse ramo, a Syrus International, que está sediada em dois lugares diferentes: na Bélgica e no Uruguai. Em 2018, atingimos uma receita consolidada de R$1 bilhão.*

Se convencionarmos que governança é um conjunto de regras que mostra como devem ser tomadas rapidamente decisões importantes na companhia, já na Bélgica batalhei durante anos para definir regras de tomada de risco. Minha equipe na África costumava dizer que venda não coberta não era problema, porque conhecíamos os clientes, mas não é bem assim. Por isso, pouco a pouco, fui percebendo que era necessário estabelecer limites para as equipes, porque tomavam decisões que eu não tinha validado ainda. Em 2011, eu estava incomodado com a falta de governança. A equipe da Bélgica guiava-se pelo feeling, *e isso dava resultado, por isso o grupo estava aco-*

modado e era independente demais para o meu gosto. Eu pensava: "Posso manter o negócio, mas tenho que diminuir os riscos atrelados a venda sem garantias e me diversificar para crescer em outras regiões, melhorando a pulverização do meu risco global." Entrei na América Latina — Colômbia, Equador — e depois no México, mas os mesmos problemas se apresentaram, e a empresa não parava de crescer.

Em 2013, decidi que era hora de organizar uma governança. Fiz o programa Owner/President Management (OPM), da Universidade de Harvard, em Boston. O lema era "scaling the business", o que é ótimo, mas se você não tem uma estratégia definida e uma execução que materializará essa estratégia, está no nível dos sonhos. Ou seja, primeiro é preciso ter uma boa governança. Durante três anos, estudei bastante e busquei muitas informações sobre governança, dia e noite, e comecei a mudar, fazer planos de ação, definir regras. Mas sou um empreendedor e só pensava em conquistar territórios, fazer crescer minha plataforma.

Meu modelo de negócio, com os anos, aumentou em complexidade, e pouco a pouco eu perdi qualidade de execução, foi quando no caminho de mudar a minha governança eu conheci o Wanderlei. Ele me foi apresentado por uma pessoa com quem trabalhei na Braskem durante anos. Começamos a conversar, mas resisti às sugestões dele, porque eu queria viajar, diversificar os negócios, conquistar o mundo e achava que implantar governança demandaria muito investimento. No começo, foi quase um bate-papo entre amigos, por meses, que se transformou em mentoria. Do início ao final de 2018, tivemos encontros mensais e muitas vezes quinzenais. Ele atuou como meu mentor e aos poucos foi iluminando para mim minhas áreas cinzentas. Foi muito assertivo sobre a necessidade de eu ter disciplina, deixando apenas de favorecer minhas qualidades, mas fortalecendo meus pontos fracos. Atendia, às vezes. E vi que estava completamente errado ao não ouvir as recomendações. Eu precisava de governança. Meu business havia crescido em complexidade, absurdamente, entre 2011 e 2017. Da trading, em que eu fazia compra e venda, passei a desenvolver o business de distribuição local — no qual é preciso comprar, estocar, vender e entregar, em uma complexidade muito diferente em termos de sistemas.

Tive um professor em Harvard, de Liderança, Bill George, que falava muito que o líder tem que ser autêntico e contar com equipes de apoio. Eu tinha minha equipe de apoio, de 2002 a 2011, dentro da minha família, que funcionava um pouco como mentores. Mas eu precisava, para a tomada de decisão, de algo mais regular. Uma das coisas que aprendi em Harvard é que o advisory board é necessário. Discuti esse tema com o Wanderlei e, afinal, decidimos juntos que montaríamos um advisory board, para mim o primeiro passo na direção certa. Ele me apresentou três pessoas, e começamos assim. Mas só o fato de começar me fez ver o tamanho do problema que estava estabelecido na minha empresa.

Começamos a atacar problemas atrás de problemas. Fui acatando as recomendações: definir uma nova estrutura; liberar mais meu tempo da operação, pois eu estava prestes a sofrer um burnout; trazer mais senioridade para a empresa, que na época tinha vários profissionais juniores. Pouco a pouco, fomos implantando uma nova governança, com regras, em cada business unit, bem definidas. Tudo isso em um período em que o setor petroquímico esteve bem complicado. Mas fizemos um turnaround no México, onde havia uma crise e, com outras iniciativas, reduzimos custos em 27%. O advisory board me ajudou muito a me deixar focado em decisões que eu não conseguia tomar sozinho — por sua independência, me punha contra a parede, e eu tinha, a cada mês, que assumir minhas responsabilidades. Por exemplo, sempre tive dificuldade de demitir colaboradores. Com o advisory board, não pude mais fugir e entendi que, se queria uma empresa melhor, a primeira coisa que eu tinha que melhorar era a mim mesmo. Mas tudo vem no momento certo. Não se muda do dia para a noite. É preciso começar mudando hábitos. Isto é, construir uma agenda de mudança na cabeça. Tendo isso, o advisory board é o processo natural para finalizar essa mudança.

Para implantar um advisory board que ajude a acelerar o processo de governança, convide os melhores de seu ramo, não tenha medo de investir; eles ajudarão a tomar melhores decisões mais rapidamente e contribuir para você ousar e crescer os negócios. O advisory board me deu suporte para isso.

Em um ano e meio, já trocamos advisors uma vez, buscando fazer uma sintonia fina no board. Enfim, estamos montando uma empresa capaz de atingir uma receita anual de US$1 bilhão, com bastante tranquilidade. Devo dizer que 2020 foi o melhor ano de resultados de nossa história, graças às estruturações que implantamos pela governança.

E tudo começou com a HBS e a mentoria do Wanderlei.

Tanguy Van Gointsehoven é CEO e fundador da Syrus International

CRIAÇÃO E PROSPECÇÃO DE OPORTUNIDADES

Um segundo caminho são visitas e contatos com casos de sucesso. É uma abordagem educacional, de levar os acionistas a conhecer como é o mercado, o que fizeram outras empresas. É necessário, para fazer isso, que o aspirante a conselheiro tenha uma rede de profissionais, na gestão e no conselho de empresas, que possam abrir informações e permitir visitas. Essa é uma atividade que nossa empresa tem feito, no sentido de facilitar não só o acesso a *cases* que mostram a importância da governança, como também depoimentos de empresas das quais participei, que podem ajudar outros acionistas a se decidir.

A terceira ideia é uma abordagem que eu chamo de *freemium*, um termo que vem do mercado de *startups* de tecnologia, que é a contração de *free* com *premium*. Essa proposta de implantação de governança é identificar as oportunidades por meio da pontuação e se propor a trabalhar um tempo sem remuneração. Normalmente é um período em que, sem cobrar nada, o aspirante a conselheiro faz um *assessment* de tudo o que está acontecendo na empresa. Pode ser uma análise mais aprofundada de todas as questões, desafios e oportunidades. Mais à frente, com um prognóstico, o aspirante passa a contar com a confiança dos acionistas e poderá dirigir a implantação das melhorias necessárias e atuar na governança propriamente dita.

São essas três abordagens que recomendo para começar um processo de convencimento e vencer as resistências. Talvez seja um caminho ainda mais interessante fazer um mix de todas elas.

DIFICULDADES TÍPICAS

Quero dedicar este item a comentar as dificuldades típicas que os profissionais iniciantes encontrarão para se prospectar e formar os primeiros conselhos.

O aspirante tem que ter em mente que começar a atuar em conselho não é trivial. Já vimos que é preciso ter experiência acumulada, diversas competências, perfil, certificações e tudo que foi detalhado nos capítulos anteriores. As barreiras, em geral, estão mais dentro do profissional do que propriamente no mercado, e uma delas é a incapacidade de fazer *networking*. Conheci um executivo nota 10, bem qualificado, com Ph.D. e dois MBAs, já em uma posição de diretoria em uma grande empresa, mas que não conseguia se colocar bem no tocante ao *networking*. Em determinado momento, com apoio de mentoria, entendeu que precisava aprender. Foi fazer estudos, realizou cursos de como falar em público e desenvolver habilidades para se relacionar melhor com pessoas e superar essa limitação. Não muito tempo depois, alcançou a posição de CEO da companhia e já iniciou seu trabalho para atuar em conselhos.

O segundo ponto de dificuldade típica também é algo interno. Trata-se de se preparar para identificar oportunidades a partir de sinais fracos, até porque essa não é uma ciência exata. Quero comentar a diferença entre um empreendedor e um profissional comum, ambos visitando um laranjal. O profissional comum enxerga laranjas e laranjeiras. O empreendedor vê suco de laranja, energia que vem das sobras, doce da polpa e ainda óleo essencial da casca. Quando alguém se prepara para ser empreendedor, passa a enxergar outras coisas além do óbvio. Em nossos programas, fazemos exatamente isto: habilitamos os profissionais capacitados a identificar as oportunidades.

Há uma lenda corrente na internet de que os índios brasileiros não viram as naus da esquadra de Pedro Álvares Cabral chegando à costa. Enxergaram, mas não viram, porque não tinham *mindset* preparado para "canoas" tão grandiosas. Não sabiam o que eram as caravelas, não tinham informações sobre elas arquivadas no cérebro, por isso seus olhos não as identificavam. Foi preciso, diz a lenda, que o chefe da tribo mirasse as ondulações das águas e fosse subindo o olhar até compreender o que eram os navios. Quando explicou aos outros índios, todos compreenderam e passaram a ver. Poetas falam disso ao sugerir a necessidade de "ter olhos para ver".

Tenho o exemplo de um CEO de uma grande empresa, listada na B3, que conseguiu ligar o radar. A seguir, darei a palavra a ele.

BOX: LIGAR AS ANTENAS PARA IDENTIFICAR OPORTUNIDADES
LUÍS AUGUSTO BARCELLOS BARBOSA

Sou engenheiro mecânico formado pela Escola Politécnica da USP. Na época da faculdade, acreditava que seria aquele engenheiro de prancheta, que projeta equipamentos

CRIAÇÃO E PROSPECÇÃO DE OPORTUNIDADES

e passa o tempo discutindo questões técnicas. Antes de me formar, comecei um estágio na assistência técnica da Rhodia, que nos anos 1980 era uma importante empresa multinacional que implantara unidades no Brasil desde 1917. Foi uma grande escola, com excepcionais oportunidades de aprendizado. Fiquei por cerca de vinte anos na empresa, passei por diferentes unidades de negócios, com mercados e produtos diferentes. Digo que conheci "várias empresas" dentro da mesma organização, sem mudar de emprego. Fui designado para a área de marketing no plástico de engenharia, tive a chance de ser expatriado, cuidando globalmente da área por cerca de dois anos. Ao voltar, assumi a área comercial têxtil.

Depois da Rhodia, fui para a Alcoa, onde trabalhei por quase dez anos como diretor da unidade de perfis extrudados, outra grande escola. Foi uma experiência diferente, se compararmos a visão francesa da Rhodia, centrada em processos, com a visão norte-americana, mais pragmática e com foco no resultado.

A maior parte de minha carreira se deu em empresas globais, mas a primeira vez que ocupei a função de CEO foi na Sasazaki, empresa familiar brasileira baseada em Marília, líder na produção de esquadrias metálicas. Fiquei por um período relativamente curto — um ano —, porque o grupo decidiu que a função voltasse a ser ocupada por um membro da família, mas foi uma experiência muito boa, que me trouxe conhecimentos fundamentais para função de CEO e a relação com conselhos de administração. Ao sair, fui convidado para ser o CEO, na América do Sul, de uma empresa sueco-finlandesa chamada Assa Abloy, líder mundial em fechaduras e soluções para portas, função que desempenhei por cinco anos, lidando com a negociação e compra de seis empresas familiares que se juntaram ao grupo. Ao fim desse prazo, em 2017, fui para a Eternit, como CEO, com a tarefa de fazer o turnaround *da empresa, um grande desafio gerado pela proibição do uso de amianto no Brasil.*

Desse modo, fui construindo minha carreira à medida que as oportunidades foram aparecendo. Entendi ao longo da minha trajetória que podemos planejar a carreira como quisermos, mas na realidade ela vai se desenvolvendo de acordo com as oportunidades. Entendi também que, no fundo, meu diferencial é gostar de gente. Liderar equipes, motivar pessoas, contribuir para o desenvolvimento delas. É isso que me realiza.

Há alguns anos, passei a refletir sobre como poderia dar continuidade à minha carreira, aproveitando meu conhecimento e minha experiência para contribuir com a sociedade e ao mesmo tempo continuar me desenvolvendo. Tenho acompanhado a evolução dos modelos de governança no Brasil, que é ainda algo novo, exceto para as multinacionais. Em sua maioria, as empresas nacionais ainda estão aprendendo o quanto a governança pode criar valor para elas e garantir sua perenidade. Fiz cursos e comecei a me movimentar, porque queria, ainda como executivo, me preparar e ocupar funções em conselhos, como fase de transição. Já havia sido membro de conselhos em empresas coligadas, representando os interesses das empresas acionistas, mas não tinha ainda trabalhado como conselheiro independente.

Depois da formação, o passo seguinte foi discutir esse tema com o conselho da empresa em que trabalho hoje, visto que sou diretor estatutário, com contrato de dedicação exclusiva. O conselho não só considerou saudável que eu participasse de conselhos em outras instituições, como me incentivou a fazê-lo, desde que não fosse em empresas concorrentes. Aliás, partiu daí a indicação para candidatar-me à minha primeira posição em conselho de administração, função que assumi em junho de 2020. Por causa da pandemia, ainda não tive chance, como desejo fazer, de conhecer as instalações da empresa, e tenho aprendido sobre ela em reuniões virtuais com executivos e conselheiros. Eu tenho a preocupação de descobrir como contribuir com um negócio a respeito do qual eu conheço pouco. Mas tenho participado de comitês, como o de Recursos Humanos e o de Planejamento Estratégico, e sou capaz de fazer provocações e questionamentos que às vezes já não são mais feitas por pessoas que conhecem profundamente o negócio. Faço perguntas que deixaram há tempos de ser feitas — e revisitar certos temas é sempre importante. Para mim, é um exercício. Quando um conselheiro é contributivo, acaba sendo indicado para acionistas de outras empresas diferentes, e assim o caminho se expande.

Devo ressaltar que, a partir de um determinado nível executivo, da alta gerência para cima, não há outra forma de contratação que não seja por meio de indicação de pessoas de seu networking. *Falar com as pessoas certas faz a gente enxergar oportunidades, tanto para posições executivas como para participação em conselhos. O ideal é desenvolver um* networking *específico de conselhos. E embora as oportunidades tenham surgido para mim de maneira muito natural, eu fiz a minha parte. Estudei, estruturei meu* networking *e mantive os contatos bem vivos. As coisas começaram a acontecer quando entendi que tinha de comunicar a minha disponibilidade.*

Há diferentes desafios a serem enfrentados, porque os conselhos são diferentes uns dos outros, com diferentes composições de controle. Há aqueles que têm um controlador ou bloco de controle definido, outros têm acordo de acionistas; há ainda os conselhos de empresas familiares nas quais existe um conselho de família. Por isso o conselheiro precisa entender qual é seu papel e qual a melhor maneira de buscar o consenso, defendendo aquilo que é melhor para a empresa — ou seja, acolhendo os interesses e as demandas de todos os stakeholders, *e não só os dos* shareholders.

Outro desafio para o executivo que assume o papel de conselheiro é despir-se da vestimenta de executivo e resignar-se em não mais executar, refreando o impulso de fazer. O papel do conselheiro é realmente de "noses in, hands out". Questionar, sugerir, planejar, dirigir e controlar. É isso o que o conselheiro faz. A equipe executiva é quem realiza, e o conselho deve dar essa autonomia.

No Brasil, ainda há muito o que se caminhar na criação de conselhos consultivos e conselhos de administração, o que configura uma grande oportunidade de trabalho para executivos com grande experiência. Para aqueles profissionais que têm esse desejo e essa disposição, começar cedo a se preparar para conselhos, enquanto se adquire experiência executiva, parece ser uma boa estratégia, porque não há a pressão do tempo nem a urgência de quem já está na fase de transição de carreira. Mas o primeiro passo é fazer cursos específicos. Até porque os cursos são ambientes propícios para networking.

Luís Augusto Barcelos Barbosa é CEO do Grupo Eternit e membro do conselho de administração da TAESA

Finalmente, a terceira dificuldade típica, a resiliência, que é a atitude de continuar tentando quando tudo indica que não vai dar certo. Tive numerosos casos que me custaram anos para poder convencer a empresa, o acionista, o fundador, a montar sua governança. Refiro-me também à ideia de ser resiliente para montar esses três tipos de *networking*, porque não é simples estabelecer um *cluster* ou fazer contato com muitos intermediadores, e também realizar essa tabela de identificação de oportunidades para buscar um *focus networking*. É preciso ter capacidade de exercer a paciência, aguentar os reveses e compreender que funcionará. Ser resiliente é saber insistir com competência.

No capítulo a seguir, abordaremos a caminhada para você construir reputação e relevância como conselheiro profissional, assim como obter visibilidade de mercado.

CAPÍTULO 12
COMO GANHAR REPUTAÇÃO, RELEVÂNCIA E VISIBILIDADE DE MERCADO

A boa reputação só é alcançada quando se tem consistência, competência e resultados, então é preciso muito cuidado ao partir para um projeto de divulgação e marketing, para não cair no vazio, isto é, apresentar uma embalagem caprichada, mas sem conteúdo. Já vimos que o caminho do conselheiro é um *life long learning*, ou seja, um aprendizado contínuo e permanente que compõe a dialética entre trabalho e estudo.

Se o aspirante a conselheiro não estiver bastante seguro de que tem algo concreto a oferecer, sua estratégia de comunicação pode ter efeito inverso ao que deseja e acabar sendo negativa. Um exemplo pode ser de pessoas ou empresas que queiram se aproveitar de contingências, como foi a crise sanitária da Covid-19, para se colocar como salvadores, embora nada tendo a contribuir, atrevendo-se a fazer recomendações sem respaldo científico. O caminho da moderação do profissional está entre a humildade de reconhecer aquilo que não sabe e a coragem de ir a público, na segurança de reconhecer suas qualidades.

A comunicação planejada para elevar a reputação tem que se dar no tempo certo. É preciso saber calibrar o momento de lançar a comunicação. Um exemplo: uma executiva que começou muito cedo a se divulgar, possivelmente apoiada em uma assessoria contratada, mas logo foi possível perceber que sua campanha havia começado antes que ela tivesse uma consistência profissional. Graças à comunicação, obteve oportunidades ao longo de vinte anos, subiu vários degraus, chegou a presidente de empresa e a conselhos, mas teve muita resistência de seus pares em conselhos, que identificaram nela uma pobreza de conteúdo e questionaram sua legitimidade.

SEJA VOCÊ MESMO

A propósito de tudo o que foi dito, é preciso lembrar que as primeiras participações em conselho causam, mesmo ao profissional experimentado na gestão, aquele frio na barriga, o temor de não ter a aprovação imediata dos colegas. É natural, e até saudável, que o profissional se mantenha fazendo perguntas a si mesmo, que promova questionamentos de ordem interna sobre seus limites e seu comportamento e sobre a eficácia e positividade de sua participação. A autocrítica é importantíssima.

O frio da barriga acabará indo embora depois que o conselheiro conhecer profundamente a empresa e compreendê-la por dentro. Vamos lembrar que o conselheiro é um ator externo à empresa, não é um participante ativo no dia a dia. Isso é bom, por um lado, porque ele trará uma visão mais isenta, mas ao mesmo tempo é uma limitação que precisa ser superada com o tempo pela iniciativa de estudar e conhecer a cultura, o ambiente e as pessoas que ali convivem. O conselheiro ganhará uma razoável segurança lendo demonstrativos, pesquisando questões internas, de preferência visitando clientes e fornecedores, para poder, assim, compreender o negócio da companhia. Quanto mais mergulhar nessa aquisição de conhecimento com uma visão de fora, mais material terá para elaborar críticas construtivas e trazer novas propostas, o que é muito bom para seu papel de conselheiro.

COMO SE POSICIONAR NO MERCADO

O caminho mais sólido, no meu ponto de vista, rumo à reputação, além de se certificar de ter adquirido consistência, competência e resultados, é colecionar casos de sucesso e mesmo de insucessos, seja em postos executivos ou em posições como conselheiro. São importantes os casos de insucesso em que o aprendizado tenha sido relevante, até porque não há profissional no mundo que só tenha tido experiências de sucesso na carreira. Os maiores aprendizados costumam ocorrer nos fracassos. Na minha própria carreira de executivo, quando deixei a presidência da Petroflex, a empresa foi um caso retumbante de sucesso financeiro. Quando entrei na companhia, ainda como diretor, em 2001, ela valia em bolsa o equivalente a US$30 milhões. Em 2007, já como presidente, participando ativamente do processo de venda da empresa para a multinacional alemã Lanxess,[108] tinha um valor de mercado equivalente a mais de US$400 milhões. Depois fui ser presidente da Synteko, do Grupo Peixoto de Castro, que logo em seguida rebatizamos como GPC Química (GPCQ), e enfrentei já no primeiro ano a crise das hipotecas de 2008. A empresa, que tinha uma alavancagem financeira razoável, sofreu porque os bancos cortaram nosso crédito, e eu tive que acordar todos os dias pensando em como fazer para pagar os fornecedores. Foram quase três anos de sérias dificuldades de caixa, que posso chamar de insucesso, apesar de a culpa não ter sido minha, mas resultado de uma circunstância mundial.[109] No entanto, foi um desafio que me estimulou a me reinventar.

Como diz o provérbio latino, "à mulher de César não basta ser honesta, mas precisa parecer honesta". Trazendo para a realidade do nosso livro, ao profissional que aspira uma posição de conselheiro não basta ser competente, mas precisa divulgar sua competência. Vejo duas formas para essa divulgação.

Uma delas é uma **comunicação sutil**, a partir da famosa expressão "boca a boca". Quem de fato coleciona casos importantes, com posicionamentos bons, quem conseguiu bons aprendizados, entra naturalmente no

---

108 A operação de venda foi noticiada com destaque pelo jornal *Folha de S.Paulo*. Disponível em: <https://www1.folha.uol.com.br/fsp/dinheiro/fi1412200722.htm#:~:text=O%20crescimento%20de%2027%25%20nas,borrachas%20sint%C3%A9ticas%20da%20Am%C3%A9rica%20Latina>. Acesso em: 28 de julho de 2020.

109 A revista *Exame* publicou a história das dificuldades enfrentadas pela empresa, isso em uma reportagem de 2013 intitulada "O clã Peixoto de Castro tenta salvar o que resta". A reportagem está disponível em: <https://exame.com/revista-exame/familia-vende-tudo/>. Acesso em: 28 de julho de 2020.

"boca a boca" do mercado. É uma das formas mais efetivas de comunicar e reforçar a reputação. Quem foi dirigente competente sempre será lembrado. Empresários e acionistas pensarão desta maneira: "Se ele fez isso naquela empresa, poderá nos ajudar a fazer o mesmo aqui." A questão da competência remete ao pensamento de Schopenhauer de que o homem tem que ter inteligência e vontade de fazer.[110] Aliás, um tema abordado na mesma época por Immanuel Kant,[111] quando falou em autonomia da vontade com base em princípios, e retomado por Nietzsche[112] ao dissertar sobre a vontade livre. Deduz-se daí que a carreira do conselheiro começa muito antes de ele efetivamente ser. Conheci conselheiros brilhantes que haviam sido excelentes executivos e homens de negócios; faziam as perguntas certas, debatiam com conhecimento de causa. Esses certamente estão tendo vida longa, estão em conselhos, porque sua experiência, os casos colecionados e a divulgação sutil "boca a boca" os levaram a essas posições. Os acionistas ficaram sabendo sobre eles por terceiros ou leram publicações diretas e ficaram interessados. Eventualmente, porém, também acontece o inverso: conselheiros indicados que não contribuíram como se esperava e não foram aproveitados depois em outras empresas. Por isso, vejo a comunicação sutil como elemento importante na divulgação para a reputação, principalmente para o executivo em atividade, para quem a discrição é um imperativo, já que não pode ainda se dedicar a prospectar direta e publicamente posições em conselhos. O melhor meio recomendado é o *networking*.

A **comunicação ativa** é outra forma de divulgação e se aplica mais diretamente a conselheiros profissionais. Para essa comunicação, vale o *networking* e iniciativas mais proativas.

Recomendo três iniciativas. Uma delas é contratar uma assessoria de imprensa, que fará o trabalho de tentar colocar informações do profissio-

---

110 SCHOPENHAUER, A. *O mundo como vontade e como representação*. São Paulo: Edições e Publicações Brasil, 1951.

111 KANT, I. *Crítica da razão pura*. Tradução de Manuela Pinto dos Santos e Alexandre Fradique Morujão. Lisboa: Fundação Calouste Gulbenkian, 2010.

112 NIETZSCHE, F. *Assim falou Zaratustra*. São Paulo: Martin Claret, 1999.

nal na mídia tradicional. Outra é lecionar em escolas de negócios, para ganhar reconhecimento e respeito. E a terceira é criar um site e atuar nas mídias sociais.[113]

PRÓS E CONTRAS DA COMUNICAÇÃO ATIVA

A assessoria de imprensa propicia a presença do assessorado em outros horizontes, facilita a comunicação para terceiras ou quartas partes e até para públicos que nunca se imaginava atingir. O lado contra é que tem um custo razoavelmente alto e exige que a escolha do momento de iniciar uma comunicação ativa seja muito criterioso. Outro ponto negativo é que o resultado é de difícil mensuração. Uma atitude infelizmente comum é o assessorado pensar que conhece mais de comunicação do que a assessoria de imprensa e querer determinar o que deve ser dito, em qual plataforma e para qual público, desmerecendo o conhecimento e a experiência de sua assessoria e as ferramentas por ela utilizadas. Não é demais lembrar de uma qualidade fundamental para o conselheiro ou aspirante a conselheiro, que é a humildade, a capacidade de escuta.

Uma dificuldade para quem pretende lecionar em escolas de negócios é que nem todo o mundo têm a habilidade da didática, o que pode causar um efeito adverso — querer transmitir conhecimento sem conseguir levar as pessoas a compreender as questões e acabar comprometendo a própria imagem. É necessária uma autocrítica e, além disso, cumprir pelo menos dois de três aspectos: ser ou ter sido conselheiro de administração, executivo ou acadêmico. Não é fácil encontrar alguém que domine essas três experiências. Também não existem muitas oportunidades nessas escolas. Tentar uma colocação como professor é como nadar em um oceano vermelho: há muita competição. Por vezes, quem consegue é obrigado a se dedicar de tal maneira, que corre o risco de se tornar professor e abandonar a intenção de ser conselheiro.

---

113 Embora o portfólio montado seja o principal caminho para a reputação, essas iniciativas também têm sua relevância e contribuição. O ideal é somar forças, integrando tudo isso.

Há uma infinidade de sites de conteúdo atualmente. A possibilidade de o conselheiro que se comunica com o mercado se diferenciar pelo que apresenta em seu site não é muito grande. Mesmo nas mídias sociais, há inúmeras publicações que concorrem, pessoas querendo se tornar *influencers* (que virou uma carreira até lucrativa), entre outras concorrências. Assim, começar do zero nessas redes exige uma grande energia, e possivelmente quem aposta em mergulhar nisso acaba se deslocando da carreira de conselheiro. O que percebo é que o site do conselheiro deve servir como catálogo vivo, para apresentação de credenciais, com exemplos de casos e registro de conteúdos que já publicou.

Vale a pena contratar um especialista em marketing, ou um *personal branding*, que ajude no trabalho de divulgação ativa com uma estratégia de comunicação focada e bem feita. Esse profissional pode colaborar desde a concepção e elaboração de uma logomarca que o diferencie, até os materiais promocionais, pastas, *templates* para apresentações e orientação para criar o site mais adequado. Também poderá repensar o posicionamento de conteúdo, como se colocar — os famosos quatro Ps: produto, preço, praça e promoção. Da mesma forma que recomendo que o conselheiro tenha um contador para assessorá-lo em relação às leis e obrigações fiscais e um advogado para orientação legal (seja para sua defesa ou para antecipar problemas), reforço a importância de um profissional de marketing, ainda que não seja prestador fixo, mas com contratos variáveis.

Cito um exemplo de minha própria vivência. Quando deixei de ser executivo, em 2013, e passei a me dedicar a conselhos, eu mesmo quis fazer meu site e encontrei na internet um serviço simples que criava minha logomarca. Bastava preencher um formulário passando dados de minha empresa. Esse fornecedor tinha um banco de imagens, escolhia algumas que se relacionavam com minha prestação de serviços, encontrava algumas palavras que se encaixavam no ideário de minha empresa, sugeria uma meia dúzia de logomarcas e imprimia um cartão de visitas, que era remetido para o endereço que eu informava. Fiz todo o processo e comecei a distribuir os cartões que foram desenvolvidos, até o dia em que, em uma visita a uma cidade do interior de São Paulo, vi meu logo na fachada de uma sapataria. Foi então que, a duras penas, entendi que precisava de ajuda profissional. Contratei um especialista, que desenvolveu meu logotipo, registrou, construiu meu site e conduziu minha comunicação pessoal, inclusive trabalhando palavras-chave e otimização de buscas nos principais buscadores (*Search Engine Optimization*).

A IMPORTÂNCIA DO CONTEÚDO PRÓPRIO

Tudo o que é publicado em redes sociais, em plataformas como LinkedIn ou Facebook, por exemplo, não pertence a quem publica: o proprietário do conteúdo é a rede social; se a rede deixar de existir, todo o conteúdo é perdido. Por isso é importante que o profissional mantenha seu próprio site, alimentando-o regularmente com informações relevantes.

Por outro lado, estima-se que cerca de 10% a 20% dos contratos de serviços são obtidos a partir de artigos publicados em plataformas das redes sociais, de leitores que se encantaram com o conteúdo e passaram a seguir o autor. É o chamado *inbound marketing*, também conhecido como marketing sustentável, voltado para educar o cliente que passa a reconhecer o autor dos artigos como uma autoridade no assunto. Então, mãos à obra para produzir conteúdo relevante e de qualidade, que pode propiciar bons negócios.

Aliás, quanto maior a quantidade de conteúdos acessados, maior a possibilidade de o Google, por exemplo, reconhecer o autor como relevante e posicioná-lo em destaque nas buscas.

Como se pode observar na Figura 12.1, no *inbound marketing*, a produção de conteúdo gera confiança, compartilha conhecimento e divulga informações ao público-alvo. No *outbound marketing*, é o contato pessoal, quando há oportunidade de entender as necessidades do cliente e de demonstrar como poderá contribuir.

Figura 12.1 Elementos de plano de marketing para conselheiro consultivo

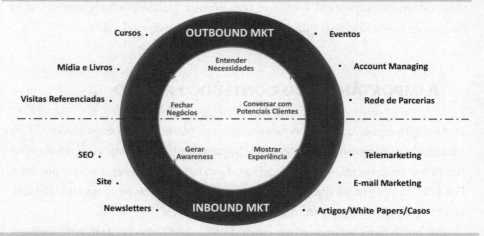

A DIGITALIZAÇÃO DA ATUAÇÃO PROFISSIONAL

Ao promover sua divulgação, é recomendável que o conselheiro informe sobre sua capacidade de adaptação ao cenário digital, em ampla evolução neste momento.

O fenômeno da digitalização crescente tem como expoente maior a ascensão das *startups*, motivada principalmente pelo acesso democratizado à tecnologia, que permitiu que jovens dispostos a correr riscos empreendessem. Essas iniciativas de negócios decorreram de uma mudança no paradigma mental das novas gerações, que abandonaram a ideia de seguir carreira longa em uma empresa e planejaram, desde cedo, ser seus próprios patrões. Seguirei com os comentários após a Figura 12.2.

Figura 12.2 O fenômeno da digitalização

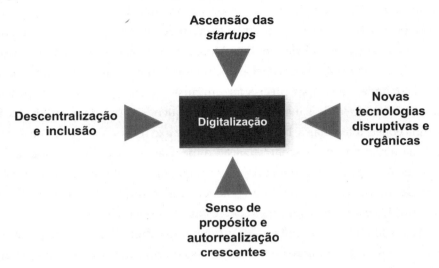

Essas novas tecnologias disruptivas e orgânicas, com acesso barateado, realimentam esse fenômeno, dando oportunidades a que mais jovens ingressem no mercado. Esses jovens, por sua vez, procuram empreender com mecanismos que permitem romper com negócios tradicionais e que se baseavam em tecnologias pesadas e custos de acesso altos. Eles perceberam que, quanto mais se consegue trabalhar produtos e processos com sustentabilidade inerente, podem ir ganhando escala, inclusive com mais propósito. Dou como exemplo o sul-africano Kimbal Musk, irmão do Elon Musk (esse o CEO da Tesla Inc.), que tem afirmado que a próxima revolução será a dos produtos orgânicos, tão grande ou maior do que a internet,[114] dado o potencial disruptivo de melhoria de saúde, de acesso a produtos, de plantio barato nas áreas adjacentes às residências urbanas.

Outro ponto é esse senso de propósito e ambição crescente, típico dos jovens. Com isso em mente, eles buscarão a empresa dos sonhos, arriscarão várias vezes, dispostos a pagar o preço que essa realização pode custar.

---
114 Kimbal Musk é conhecido como o "pai da comida real". É dono da The Kitchen Cafe, LLC, uma família de restaurantes comunitários localizados em Colorado, Illinois, Tennessee e Ohio.

Origina-se, daí, um movimento de descentralização da produção e inclusão das minorias. Por exemplo, existe um debate antigo sobre o uso da energia de massa de grande escala, que tem um alto custo de distribuição. É o caso da produção de energia hidrelétrica em Belo Monte, no Amazonas, que tem um custo altíssimo de distribuição para chegar ao Sudeste. Já discutíamos, quando eu cursava Economia, que o país precisa ter um misto de energia gerada em pequenas centrais hidrelétricas instaladas em rios pequenos e apoiada na produção de energia eólica, fotovoltaica, biomassa, bagaço de lixo recuperável, entre outras.

Esse fenômeno de descentralização e inclusão, somado à tecnologia, faz com que os negócios fiquem mais digitais, que os modelos de acesso ao mercado, de divulgação e de venda do potencial de produção e serviço se tornem mais fluidos e acessíveis por meio desses mercados eletrônicos.

O conselheiro precisa entender e estar atento à digitalização. Isso porque a forma como a digitalização vem criando essa disrupção fatalmente impactará todos os empreendimentos de diferentes segmentos da economia. Quando um conselheiro ingressa em uma empresa, com certeza enfrenta uma organização já em transformação em relação à forma como se posiciona no mercado, como ela acessa seu público-alvo, seus clientes, seus *stakeholders*. Ou seja, o conselheiro enfrenta a transformação do modelo de negócio, e como tem o papel precípuo de dirigir e controlar as organizações, precisa entender o rumo que a empresa seguirá a partir do engajamento na digitalização. E quanto mais estiver afeito à digitalização, mais oportunidades terá de participar de *boards* que estejam passando por processos de transformação digital.

O QUE FAZER PARA SE DIGITALIZAR

O conselheiro deve estar aberto a conhecer vários modelos de negócio. Uma recomendação é que faça cursos de estratégias de negócios digitais (estão disponíveis cursos interessantes e de qualidade sobre o tema, oferecidos pelas melhores escolas, presencialmente ou *online*). Outra recomendação é que compreenda o alcance da Inteligência Artificial e os mecanismos que as empresas estão usando para sua transformação. Ela traz muita informação e posiciona negócios de maneira diferente. Eu cheguei a ver casos, enquanto conselheiro em empresas de moda, em que a Inteligência Artificial está conseguindo entender, a partir da primeira compra, qual é o valor ao longo do tempo (*lifetime value*) que determinado cliente pode trazer para a companhia — algoritmos comparam compras de milhões de consumidores e identificam que a forma e valor da primeira compra tornam aquele cliente mais relevante e assumem tratamento diferenciado para ele. É um tema bastante complexo, que exigirá do conselheiro aprofundamento e estudo.

Para poder fazer boas perguntas nos *boards* em que atua e trabalhar estratégias nesses novos modelos de negócio, o conselheiro precisa ter um *mindset* digital. Para se afeiçoar à tecnologia digital, o conselheiro deveria fazer uso dela em seu dia a dia, como consumidor, a fim de entender as ferramentas. Mais que isso, deve procurar atuar como mentor em *startups* de tecnologia, nem que seja *pro bono*.

BOX: INOVAÇÃO SEM TERNO E GRAVATA
CÉSAR SUAKI DOS SANTOS

Fiz colégio técnico, comecei com a régua de cálculo, mas já ao final do curso sabia programar em linguagem de máquina em uma calculadora HP. Ao fazer Engenharia de Produção na Escola Politécnica da USP, tive a sorte de ter bons professores na área da Sistemas de Informação, ambos empresários e donos de Software Houses (uma orientada aos main frames, *a outra à microinformática). Foi excelente ter a oportunidade de, muito precocemente, vivenciar o início da revolução tecnológica. Já no meu primeiro estágio, no Banco Francês & Brasileiro, trabalhava com linguagens de programação e softwares de engenharia na Tesouraria. Mais tarde, fui trabalhar como analista de sistemas na Villares Informática, no desenvolvimento de ferramentas que eram os embriões dos hoje chamados ERPs, os sistemas integrados de gestão empresarial. Depois, integrei o Grupo Ultra, coordenando as áreas de planejamento e controle gerencial, produzindo análises estratégicas e relatórios corporativos como uso intensivo de bases de dados.*

CONSELHEIRO DE EMPRESAS

Essas experiências tornaram-me um usuário familiarizado com tecnologia da informação, e desenvolvi uma linguagem comum que me permitia conversar com eficiência com as equipes de TI e demandar os requisitos de negócios. Quando fui para Uberlândia trabalhar no Grupo Martins, encontrei uma empresa que usava de forma muito estratégica os sistemas de informação de grande porte. Para se ter uma ideia, na década de 1990, já era comum o uso de rotinas de Business Intelligence *(que nem tinham ainda esse nome) nas áreas principais dos negócios e, mais adiante, com apoio em* Analytics *e nos primórdios da Inteligência Artificial, desenvolvemos soluções únicas, como na crise de 2008, quando rapidamente compreendemos que os varejistas não queriam mais desconto e preço, mas sim desejavam extensão dos prazos, por causa do estreitamento da liquidez no mercado.*

Esse resumo é para reafirmar que tive sorte por estar no lugar certo e na hora certa: o tema da tecnologia foi sempre muito próximo e de grande utilidade na minha carreira executiva, e vivi toda a transformação propiciada por ela, de maneira muito natural e progressiva.

Penso que existem duas linguagens que executivos e conselheiros precisam dominar na vida profissional. A primeira é o inglês, como idioma de negócios, e a outra é o entendimento das bases e conceitos de tecnologia, no idioma digital.

Minha primeira experiência como board member *foi em 2001, representando o Grupo Martins como conselheiro em quatro projetos inovadores: uma* startup *voltada para o negócio de "horeca" (hotéis, restaurantes e* catering*) e em sociedade com a Sadia e o Grupo Accor; uma empresa de logística para negócios de internet em sociedade com o JPMorgan; uma empresa que criou um portal para materiais de construção civil junto com o Opportunity; e um* market place *logístico em parceria com a ALL — América Latina Logística. Incrível imaginar como o Grupo Martins era visionário, pensando de forma estratégica em negócios pela internet vinte anos atrás! Eram negócios pequenos, nascentes, mas com "padrinhos" poderosos e líderes nas suas áreas. Na época, essas iniciativas eram chamadas de "dot.com".*

O curioso é que iniciei minha carreira de conselheiro em empresas pequenas, e não nas grandes empresas, como é o mais comum ocorrer, mas sempre representando as grandes empresas apoiadoras ou investidoras. Foi um duplo aprendizado: como board member *e como profissional que ajudava a desenvolver empresas nascentes. Depois de mais uma experiência como diretor executivo de uma empresa grande, o Grupo Pão* de Açúcar, fui convidado para assumir a presidência do Grupo Martins, cargo que desempenhei de 2006 a 2010 e onde encerrei minha carreira corporativa como executivo, atuando agora com foco em conselhos de administração de empresas em vários setores.

Três coisas sobre as quais minha carreira foi calcada — contato permanente com as várias tecnologias como usuário, carreira executiva como a pessoa que muitas vezes estava à frente de iniciativas que demandavam tecnologia e atuação como board member em empresas pequenas — ajudaram-me, como conselheiro, a ser um apoiador de iniciativas empreendedoras. De 2010 a 2020, ainda pude contribuir como conselheiro em mais duas empresas bastante robustas, de tecnologia avançada, uma fintech líder em seu nicho na área de meio de pagamentos e uma startup no varejo alimentar com acionistas de peso como IFC e Sequoia.

A recomendação que eu daria para quem não vem dessa área é desenvolver um olhar estratégico para a questão da tecnologia. Não é necessário conhecer as entranhas da área, não é o caminho natural para a maioria dos executivos, por isso penso que o caminho mais sensato seja a abordagem estratégica no uso de tecnologia. Para isso, acredito que há três aspectos que a pessoa precisa observar. O primeiro é a compreensão do digital como elemento transformador de negócios, com algum treinamento para enxergar o uso dessas tecnologias que afloram a todo momento, e tendo a humildade de perceber o impacto que isso está trazendo nos negócios: velocidade, eficiência, custo, produtividade e conectividade. O segundo é dominar o infinito potencial dos dados — os dados são o novo petróleo. As oportunidades que surgem do entendimento dos dados, seja em redes sociais, seja na avaliação de comportamento, seja nos modelos estatísticos, criam possibilidades estupendas de gerar riqueza a partir da criativa utilização de dados. Por isso recomendo que os conselheiros e aspirantes a ocupar funções em conselhos ou assemelhados (mentor, advisor etc.) estudem fundamentos de data mining e conceitos de Inteligência Artificial para juntar dados. Não se trata somente de usar a tecnologia para aumentar produtividade, mas entender como é possível explorar melhor os dados para criar outro tipo de relação e negócios com o cliente — e mais do que isso, entender melhor o cliente do que ele mesmo. Tenho um amigo que me diz: "Dê-me um clique na minha plataforma e eu saberei mais de você do que você mesmo." O terceiro aspecto é uma camada metodológica: os novos negócios digitais conversam com novos métodos de construção de negócios, novas formas de pensar e as capacidades de mudar e de fazer entregas rápidas, típicas das novas gerações de profissionais.

CONSELHEIRO DE EMPRESAS

O mindset *digital pode levar a formular novas demandas e novos negócios a partir das informações que os clientes disponibilizam (não à toa foi aprovada a LGPD, a Lei nº 13.709/2018, que complementa o Marco Civil da Internet, para que o uso de dados seja corretamente gerenciado e administrado). Essa é uma oportunidade ainda pouco explorada pelos conselheiros que tenho visto. O desafio é que a geração que tem hoje de 20 a 30 anos já "nasce" com este* mindset, *mas em geral os profissionais que ocupam cargos em conselhos têm mais de 40, 50 ou até 60 anos, porque passaram antes pela longa carreira executiva. Talvez os jovens entendam a tecnologia, mas falta-lhes a experiência para transformar os dados em grandes negócios. Por outro lado, as gerações anteriores não estão acostumadas a trabalhar a dimensão dos dados e do digital, porque participam menos de redes sociais e de comunicação de dados, por exemplo.*

Para mim, esse conhecimento parece ser algo fundamental, atualmente, para que o conselheiro consiga navegar nessa discussão e ser eficaz. Não basta entender só de tecnologias básicas; não basta entender só de oportunidades de extrair petróleo ou ouro dos dados; é preciso perceber que o método de trabalho das novas gerações é muito diferente da arquitetura mental das gerações que hoje ocupam cargos em conselhos. Por isso recomendo fortemente que os conselheiros participem de boards *de* startups, *convivam com jovens nativos da tecnologia para somar o conhecimento à experiência. Uma ótima alternativa é prestar mentoria a empresas nascentes, porque elas precisam de gente com experiência e com imaginação para enxergar novos negócios.*

Como conselheiros, precisamos sair da postura conservadora e de nossa zona de conforto ao apenas tentar solucionar problemas dentro do campo de conhecimento tradicional, mantendo o status quo *em nome do* compliance, *e nos abrir à possibilidade de inventar negócios e criar novos modelos com uso intensivo de novas tecnologias de informação e comunicação, rompendo paradigmas.*

Chegou a hora de deixarmos de usar o "terno & gravata" como uniforme corporativo e de estarmos abertos à inovação: que tal calças jeans e uma manga polo na sua próxima reunião de conselho?

César Suaki dos Santos, ex-Ceo do Grupo Martins, conselheiro Mundo Verde, Petrobras Distr., Social Bank e outros

No capítulo a seguir, trataremos da remuneração para conselheiros.

CAPÍTULO 13
REMUNERAÇÃO PARA CONSELHEIROS

Uma boa remuneração na carreira de conselheiro é algo não só possível, mas muito factível. Como em toda profissão, há um espectro de possibilidades de ganhos, dependendo de inúmeras variáveis que podem ser levadas em consideração. A faixa de remuneração mensal entre R$50 mil e R$75 mil já é algo viável para uma ampla gama de profissionais, um "sonho alcançável", como procurarei mostrar ao longo deste capítulo. Esse sonho é o que pode propiciar a energia para se dedicar seriamente à carreira logo cedo e um dos fatores que torna este livro um guia nessa jornada.

UM MODELO PARA AS EMPRESAS DE CAPITAL FECHADO

Nos próximos itens, me aterei a um modelo de remuneração que se encaixa muito bem para as empresas de capital fechado, tenham estas um conselho de administração ou consultivo. Um pouco mais para o final deste capítulo, discorrerei sobre o que ocorre em termos de remuneração aos conselheiros nas empresas de capital aberto.

Uma regra geral, orientativa, para definir a remuneração é a seguinte equação: a hora de trabalho do conselheiro é igual a 1,10 a hora de trabalho do CEO, levando em conta a remuneração total do CEO (salário fixo mensal, salário variável, como bônus, e benefícios, como carro, plano de aposentadoria, aluguel, vale-refeição). Hoje em dia, as empresas estão diminuindo os benefícios e aumentando a remuneração variável de curto e de longo prazo.

A remuneração do CEO depende do tipo de empresa e obedece a uma equação corrente no mercado, baseada nas regras de consultorias de salário e benefícios de executivos, que é a seguinte: a remuneração do CEO é função de três variáveis: o *know-how* envolvido, o tamanho da operação e a complexidade dos desafios do profissional.

A RAZÃO DOS 10% ADICIONAIS NA HORA PARA CONSELHEIRO

O conselheiro tem uma função de enorme responsabilidade estratégica, que é dirigir e controlar os objetivos e os caminhos da empresa. Além disso, os membros do conselho supervisionam o CEO. Embora seja uma relação paritária, o conselheiro está um degrau acima da diretoria, por isso os 10% representam esse grau de responsabilidade.

Outro ponto que merece uma regra orientativa é a quantidade de horas de trabalho do conselheiro. É uma regra simples e aproximada: o conselheiro dedica à empresa de duas a três vezes o tempo que dispende nas reuniões.

Lembrando que, em conselhos consultivos, nenhum conselheiro tem responsabilidade estatutária. Geralmente, dá-se o mesmo em empresa na qual o CEO responde para o fundador. Sua responsabilidade depende do que está previsto no contrato de cada companhia. Mas nas empresas de capital aberto, em 100% delas, tanto os conselheiros quanto o CEO e os diretores têm responsabilidade estatutária. Algumas, como a Petrobras, criaram comitês estatutários ligados ao conselho de administração, formados inclusive por gerentes executivos, como meio de inclui-los no *hall* de responsabilidades da Lei dos Administradores.

Já vimos, no Capítulo 2, que o CEO e a diretoria têm um papel-chave na gestão, e seu desempenho pode representar uma elevação no valor da companhia.

UMA ANÁLISE DA REMUNERAÇÃO POR HORA DE CEOS

Não foram poucas vezes que *headhunters*, mesmo de empresas consolidadas, me procuraram para pedir orientação de como calcular a remuneração de conselheiros. Consciente dessa necessidade, decidi elaborar para este livro um modelo que, acredito, possa ter alguma longevidade. Tomei por base a pesquisa salarial 2019 da Robert Half, de domínio público, que a empresa disponibiliza em seu site.[115] A classificação de empresas, para efeito da pesquisa, está restrita a duas categorias apenas: pequena e média, e grande. Classifica, portanto, de maneira diferente do que faz o IBGE e o IBGC, que trabalham com uma categorização mais extensa, considerando as micro, pequenas, médias, médias-grandes e grandes. Ressalto, porém, que outras pesquisas também podem e devem ser utilizadas para um universo mais diversificado de comparações para quem deseja uma visão com maiores faixas de possibilidades.

Na página 59 dessa publicação da Roberto Half, temos que o *managing director*, nomenclatura que escolheram para CEO ou gerente-geral, tem remuneração distinta, uma para a categoria pequena e média, e outra para a categoria grande. O leitor pode observar o quadro da Figura 13.1, a seguir, que mostra a remuneração mínima de R$30 mil e máxima de R$62 mil para CEOs que atuam em empresas pequenas e médias, e mínima de R$50 mil e máxima de R$105 mil para CEOs que atuam em empresas grandes. Esses valores mínimos e máximos são considerados médios conforme as respostas obtidas em pesquisas globais com diretores de RH, além de extensa análise do mercado de recrutamento e mais a percepção de mercado dos consultores e gerentes da Robert Half, uma das maiores empresas dessa especialidade do mundo, com 300 escritórios na América do Norte, Europa, Ásia, América do Sul e Oceania. No Brasil, opera desde 2007.

---

115 BRASIL 2019 GUIA SALARIAL | ROBERTHALF.COM.BR. Disponível em: <https://www.roberthalf.com.br/blog/salario/salarios-em-2019-o-que-esperar>. Acesso em: 3 de agosto de 2020.

Figura 13.1 Mercado atual para CEOs

	REMUNERAÇÃO MÉDIA DO CEO					
	Remuneração Mensal (R$)		Remuneração anual (R$) – Base 20 salários		Remuneração por hora (R$)	
	Mínimo	Máximo	Nº horas	Nº horas* 2,5	Mínimo	Máximo
Pequena e Média	30.000	62.000	600.000	1.240.000	312	645
Grande	50.000	105.000	1.000.000	2.100.000	500	1.094

Fonte: pesquisa salarial 2019 da Robert Half.

Vamos entender agora como esse cálculo se traduz em horas, para podermos chegar ao valor da hora de trabalho do conselheiro. Estabeleceremos algumas premissas para encontrar um número factível que podemos observar na realidade de mercado.

Considerando que o compromisso de trabalho do CEO é de 40 horas semanais, a soma mensal é de 160 horas, e a anual é de 1.920 horas. Esse dado é importante, como veremos adiante.

Geralmente, o CEO tem uma remuneração variável entre 4 e 10 salários por ano. Esse é um dado médio, posto que nem todas as empresas (as pequenas, principalmente) oferecem salários variáveis, enquanto empresas grandes, com política agressiva de remuneração, podem chegar a até 20 salários de remuneração variável.

E consideremos também um salário a mais, que representa os benefícios.

Na remuneração total, então, tomemos 13 salários (incluindo o décimo terceiro), mais 6 de bônus e 1 de benefícios, o que resulta em 20 salários anuais compondo a média de remuneração para um CEO. A Figura 13.1 mostra uma remuneração anual mínima de R$600 mil e máxima de R$1.240 milhão para CEOs em pequenas e médias empresas, e mínima de R$1 milhão e máxima de R$2.100 milhões para CEOs em grandes empresas.

Considerando as 1.920 horas de trabalho por ano, o valor da hora trabalhada oscila de R$312 a R$645 para empresas pequenas e médias, e entre R$500 e R$1.094 para empresas grandes.

Dessa forma, chegamos a essa tabela, que elaborei a partir da pesquisa salarial da Robert Half de 2019, mostrando remuneração total de CEOs em pequenas e médias e em grandes empresas, com valores mínimos e máximos por mês, por ano e por hora.

UM MODELO SUGERIDO DE REMUNERAÇÃO DE CONSELHEIROS

Vamos agora supor[116] que, em pequena e média empresa, o conselheiro tem uma dedicação mensal de quatro horas de reunião, e mais duas horas de trabalho em comitê ou em reuniões extraordinárias, compondo, em média, seis horas mensais de dedicação. Nas empresas grandes, a dedicação seria de cerca de seis horas de reunião e mais quatro horas de trabalho em comitê ou em reuniões extraordinárias, compondo um total de dez horas.

Já mencionei que, para efeito de remuneração do conselheiro, o tempo total que ele se dedica seria de duas a três vezes o tempo que consagra às reuniões. Portanto, falaremos em duas vezes e meia, em média, para chegar a um número. Supondo, pois, que ele deva ser remunerado à razão de duas vezes e meia o tempo que dedica às reuniões, vejamos a segunda tabela.

Figura 13.2 Mercado atual para conselheiros (simplificado)

	REMUNERAÇÃO MÉDIA DO CONSELHEIRO					
	Remuneração por hora (R$) – base 1,1* Remuneração CEO		Horas de reunião		Remuneração mensal (R$)	
	Mínimo	Máximo	Nº horas	Nº horas* 2,5	Mínimo	Máximo
Pequena e Média	343	710	6	15	5.100	10.600
Grande	572	1.203	10	25	14.300	30.000

---

116 É uma suposição válida e balizada pela realidade que vivi e pelo que tenho observado nas diversas empresas nas quais atuo como conselheiro e mentor.

Considerando a remuneração por hora, de 10% a mais que a remuneração-hora do CEO, e com base no que vimos na Figura 13.1, o conselheiro receberia de R$343,00 a R$710,00 por hora em pequenas e médias empresas, e nas grandes, de R$572,00 a R$1.203,00.

No item horas de reunião, como estipulamos 6 para pequenas e médias empresas e 10 para grandes, multiplicamos esse número de horas por 2,5 para encontrar o número total de horas de trabalho, e chegamos a 15 ou 25, de acordo com o tamanho da empresa. Com isso, concluímos que o conselheiro pode receber, por mês, em pequenas e médias empresas, de R$5.100,00 a R$10.600,00, e em grandes empresas, de R$14.300,00 a R$30.000,00.

Essa é uma equação de remuneração, simplificada. Adiante abordarei complexidades que podem ser adicionadas para, finalmente, chegar a uma tabela de referência.

OUTRAS VARIANTES PARA O MODELO DE REMUNERAÇÃO DE CONSELHEIROS

É praxe do mercado que o conselheiro receba um valor fixo mensal. Ainda não é comum a remuneração variável para o conselheiro, e a justificativa é a de que, normalmente, é de curto prazo. Se tivéssemos uma remuneração variável de longo prazo — de três a cinco anos —, seria aplicável a um conselheiro, porque ele tem o papel de dirigir e decidir sobre os principais rumos de uma organização, portanto, faria jus a ela, para ser compensado pela dedicação.

Há uma corrente que defende diminuir um pouco o valor-hora do conselheiro para poder acrescentar o variável. A corrente que eu defendo é que a remuneração do conselheiro já está respaldada em uma variável de curto prazo. Para colocar uma remuneração de longo prazo, valeria a pena calcular o valor acrescentado ao valor de mercado da companhia a cada período de longo prazo, com distribuição de bônus para executivos e conselheiros.

A dificuldade de estabelecer uma remuneração variável de longo prazo está relacionada com seus mandatos, que precisariam coincidir com o período das metas de longo prazo. Como eu disse, o tempo desejável de permanência de um conselheiro é de cinco a sete anos, em geral menor do que o necessário para o planejamento e a implementação das ações para que sejam alcançadas as metas de longo prazo da companhia.

Não recomendamos que os conselheiros sejam trocados todos ao mesmo tempo, por isso há a dificuldade de alinhar vários conselheiros com períodos diferentes de permanência na empresa para estabelecer remuneração variável de longo prazo. Não é uma dificuldade incontornável — basta criar critérios e parâmetros.

Todos esses procedimentos cabem ao comitê de remuneração, que é um órgão de assessoria do conselho, responde algumas coisas diretamente aos acionistas e tem relação com a diretoria de RH da companhia. O comitê de remuneração se ocupa do CEO e dos conselheiros e oferece *guidelines* para remuneração dos diretores e talentos, naturalmente alinhado com a política do CEO, para não haver desequilíbrio.

Ressalto que não é comum ao conselheiro ganhar por hora. Há casos, porém, como já vimos em capítulos anteriores, em que o conselheiro é o mentor ou o *trusted advisor*, e aí pode ocorrer remuneração por hora, e não mensal.

As *startups* são casos efetivamente distintos, porque normalmente não têm capital e nem caixa. Mas retomaremos à questão das *startups* mais à frente.

Nessa sofisticação do modelo, chegamos a uma tabela mais completa, que contempla o nível de complexidade das empresas e como isso se reflete na remuneração dos conselheiros.

Vamos definir empresas mais complexas como aquelas que têm várias unidades de negócios, que operam internacionalmente, portanto, contam com filiais e subsidiárias, companhias que têm produtos de base tecnológica, com muitas variáveis na forma de comercializar, de se colocar no mercado e de entender como chegar ao consumidor. Para essas empresas, teremos outro perfil de remuneração para os conselheiros.

E há os casos das menos complexas. São normalmente empresas que têm um produto só, ou que trabalham com *commodities*, cujos preços são dados pelo mercado e que não necessitam de sofisticação, de maneira geral, em suas operações. Também são menos complexas as empresas B2B (*Business to business*).[117]

Constatadas essas variáveis, sofisticamos nosso modelo de remuneração para conselheiros, como se pode observar na Figura 13.3, e trazemos novos parâmetros em relação ao tamanho das empresas, recuperando a classificação de pequena, média e grande. Adotamos a estratégia de que as faixas salariais de uma empresa para outra maior, de grau médio de complexidade, vão seguindo uma linha de transitoriedade; como se pode ver, por exemplo, o teto de remuneração paga pela pequena empresa coincide com o piso de remuneração pago pela média empresa, que por sua vez coincide com o piso de remuneração pago pela empresa grande.

MODELO ATUAL MAIS COMPLETO PARA MERCADO DE CONSELHEIROS

Consideramos 30% a mais do que se paga nas empresas de grau médio de complexidade quando se tratam de empresas de grau alto, e 30% a menos para as de baixo grau de complexidade.

Essa tabela realmente reflete a realidade de mercado. Talvez em empresas muito pequenas — e já vivi isso na pele —, o conselheiro ganhe menos do que R$3.600,00, que inserimos como piso mínimo da nossa tabela, porque ainda não têm poder de caixa e estão começando em uma escalada de governança. Mas, de fato, o que mais se encontra no mercado é a faixa de R$7.400,00 a R$10.000,00, que é o nível de remuneração para conselheiros em empresas médias, de baixa complexidade, e a faixa de R$10.600,00 a R$14.300,00, que é o que se paga em empresas médias e de médio grau de complexidade.

---

117 Lembrar que as empresas B2C (Business to Consumer) em geral têm maior grau de complexidade porque precisam promover pesquisas para entender o posicionamento mercadológico, as variáveis de marketing etc.

Figura 13.3 Tabela completa considerando três portes de empresa

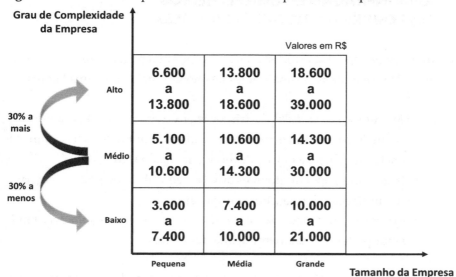

Uma pesquisa recente,[118] de 2020, sobre diversos aspectos do trabalho dos conselhos de empresas fechadas, inclusive remuneração dos conselheiros no Brasil, corrobora o modelo apresentado. Em um universo de 154 conselheiros pesquisados, a faixa de remuneração encontrada foi a seguinte:

- Entre R$10.000,00 e R$15.000,00 por mês: 27,27%
- Entre R$5.000,00 e R$10.000,00 por mês: 20,45%
- Entre R$15.000,00 e R$20.000,00 por mês: 13,64%
- Até R$5.000,00 por mês: 6,82%
- Entre R$20.000,00 e R$25.000,00 por mês: 6,82%
- Entre R$25.000,00 e R$30.000,00 por mês: 4,55%
- Acima de R$30.000,00 por mês: 2,27%
- Não se aplica, sou acionista: 2,27%

---

118 Pesquisa feita pela FDC em conjunto com a Neo Executive Search, apresentada em novembro de 2020, cujo título é "Pesquisa do perfil dos conselheiros consultivos no Brasil". Disponível em: <https://www.youtube.com/watch?v=N9r3srQZZq0>. Acesso em: 11 de dezembro de 2020.

REMUNERAÇÃO DE CONSELHEIROS NAS EMPRESAS LISTADAS EM BOLSA

As empresas de capital aberto, listadas em bolsa, em média remuneram os conselheiros de forma diferente, mais agressivamente, devido a alguns fatores:

- Há maior risco de *liabilities* (riscos legais e processuais) para estes.
- São mais complexas e requerem cuidado redobrado com a transparência, diligência e outros deveres já mencionados.
- Exigem um papel muito mais ativo no equilíbrio de poderes internos e na mitigação dos conflitos de agência.
- São em geral muito maiores em tamanho e nos resultados, tendo maior poder de remunerar acima da média.

Uma remuneração maior é o que de fato acontece, podendo chegar a casos em que conselheiros externos independentes ganhem até R$300 mil mensais, segundo fontes de mercado, nas empresas chamadas *corporations* ou corporações, organizações gigantes em que não existe mais a figura de um acionista controlador.

Algumas pesquisas recentes, de 2020, também corroboram o que venho percebendo em conversas com outros conselheiros e *headhunters* atuantes no mercado nacional. Segundo a pesquisa da Spencer Stuart,[119] o mercado de conselheiros de administração das empresas abertas em bolsa vem remunerando cada vez mais. A pesquisa, com 190 empresas listadas, mostrou que a remuneração média individual, em 2020, aumentou 23% em comparação com o ano anterior, montando a R$62.263,00 incluindo *chairs* (presidentes do conselho) e demais membros do conselho. Tomando só conselheiros, a remuneração média foi de R$49.270,00. Os *chairs* apresentaram remuneração média 2,8 vezes acima daquela os conselheiros.

A remuneração média dos presidentes de conselho em empresas listadas também é significativamente superior à remuneração média nas empresas de

---

119 Disponívl em: <https://www.spencerstuart.com/research-and-insight/brasil-board-index>. Acesso em: 20 de dezembro de 2020.

capital fechado, onde é praxe se mencionar que o salário do *chair* é 1,5 vez o dos conselheiros da mesma empresa.

STARTUPS, **CASO À PARTE**

Startups são empresas no início do ciclo de vida, quase sempre sem caixa, com muitas incertezas pela frente, precisando provar seu modelo de negócios por meio de um *Minimum Viable Product*, buscando investidores. Em suma, estão nadando em um oceano ainda muito conturbado.

Nesse caso, o que recomendo é que o aspirante a conselheiro aceite o que o mercado das *startups* é capaz de oferecer, que é algo na faixa de R$1.000,00 a R$2.000,00, já que o tempo que despenderá para auxiliar essas empresas é razoavelmente pequeno, e combine uma remuneração variável, na linha de *phantom share*. Essa "ação fantasma" tem como base a avaliação de quanto vale essa *startup*, e quando ela for vendida ou receber um investimento, um aporte de capital, seja qualquer evento de liquidez, o conselheiro recebe uma soma em dinheiro. Supondo que a *phantom share* seja de 0,5% da companhia (ou até 2%), esse percentual será aplicado sobre quanto vale a empresa na hora que houver a entrada de recursos. É uma forma de ajudar a *startup* a crescer, sem lhe comprometer o caixa e entrando no risco junto com ela. Parece-me uma alternativa interessante.

DEDICAÇÃO INTEGRAL VALE A PENA?

Se um profissional conseguir estar em cinco conselhos de empresas grandes, pode chegar a receber mais de R$100.000,00 por mês. Se conseguir cinco conselhos de empresas listadas, ganhará por volta de R$250 mil mensais, algo realmente bom. Mas não são muitos os que conseguem essa média. Geralmente atingem esse patamar aqueles que tiveram uma carreira muito bem-sucedida em empresas de destaque e de porte, realizaram feitos admirados e conquistaram um nome relevante no mercado profissional. Diante dessa realidade, e pelo menos do ponto de vista financeiro, vale muito se empenhar para obter esse tipo de carreira, se esmerar para desenvolver as competências de conselheiro e se dedicar integralmente à função de conselheiro em determinado momento de sua trajetória profissional.

O mais comum é que um conselheiro consiga participar, com tempo de qualidade, de quatro ou cinco conselhos em pequenas e médias empresas, ou de três conselhos em empresas de qualquer porte.

Porém, penso que é fundamental que o profissional decida por escolhas que não façam com que passe a depender da remuneração como conselheiro, que também é fluida, porque os contratos para conselheiros têm limitação de tempo de mandato, diferentemente do que ocorre com CEOs, que podem ficar décadas na mesma companhia. Por isso, o que trago a este livro, como forte recomendação, é que o conselheiro busque obter receitas alternativas, para que consiga, de fato, se dedicar ao seu trabalho com tempo suficiente e, mais do que isso, que consiga se manter realmente independente em suas opiniões e decisões. Também para que possa estar bem quando coincidir a rescisão em dois ou mais conselhos ao mesmo tempo.

Posto isso, é desejável que o conselheiro tenha outras ocupações, sob o ponto de vista financeiro e de independência em seu posicionamento ético-moral.

NÚMERO MÁXIMO DE PARTICIPAÇÕES SIMULTÂNEAS EM CONSELHOS

Cinco, definitivamente, é o limite máximo tolerável. Tenho notícias de alguns que conseguem seis ou sete, mas são profissionais muito acima da média, altamente capacitados, com excepcional disposição de trabalho.

No meu ponto de vista, o ideal, ou, digamos, o mais razoável, em termos de número de participações simultâneas em conselhos, está em torno de três ou quatro. Basta fazer um levantamento de quantas horas o profissional dedica a reuniões em cada conselho, como é a relação com os acionistas, quais são as complexidades de cada empresa e seus desafios, como já vimos em capítulos anteriores. Isto é, há um grau razoável de fatores a considerar para que um profissional entenda, no seu caso específico, qual o máximo que pode atender com qualidade. Não é simplesmente uma orientação matemática, porque envolve inclusive a conjuntura econômica do país no momento. Em tempos de crise, o conselheiro pode ser acionado por muitas horas, dormirá e acordará pensando nas questões da empresa, até sonhará com ela e se dedicará quase todos os dias à companhia. Seria difícil ter equilíbrio para se dedicar a vários conselhos. Por isso, penso que três é um número bastante razoável.

Em termos financeiros, podemos dizer que, na média geral, uma boa parte dos conselheiros consegue receber entre R$50 mil e R$75 mil por mês, como já foi colocado no início do capítulo, considerando-se o grau de incerteza de que se reveste sua participação, com limite de mandato, eventuais incoerências dos acionistas em relação às realidades de mercado e instabilidades nas empresas.

Empresas de capital aberto públicas ou de capital misto pagam menos do que está indicado na tabela da Figura 13.3. Mesmo grandes estatais limitam os vencimentos dos conselheiros a algo em torno de R$15 mil (ou 10% do salário fixo do presidente).

MITOS E VERDADES SOBRE REMUNERAÇÃO E DEDICAÇÃO DE TEMPO

Um dos mitos é o de que o conselheiro ganha mais que o CEO. De fato, em termos de hora-homem, isso é uma verdade. Para aqueles que conseguem atuar em vários conselhos de empresas grandes, a remuneração mensal pode ultrapassar a de vários CEOs do mercado.

Assim como há conselheiros com supersalários, há aqueles que estão em faixas de remuneração mais razoáveis. A boa nova é que você pode se desenvolver como conselheiro por meio do trabalho e do estudo e alcançar patamares de remuneração muito bons, com a vantagem de ficar cada vez melhor conforme o tempo passa e contando com a idade como ajudante, pois esta não é um fator limitante.

O começo natural é entrar como conselheiro em uma *startup* ou ONG, *pro bono*, depois ingressar em uma ou duas empresas pequenas ou médias, até ganhar experiência para focar e trabalhar em mais companhias ao mesmo tempo.

O conselheiro é um generalista típico, que tem uma visão ampla, que sabe um pouco sobre várias coisas, diferentemente do especialista, que sabe bastante sobre uma coisa só. Precisa ter um espírito versátil, porque enfrentará vários desafios ao mesmo tempo, e terá que desligar a chave mental ao completar o turno em uma empresa e ligar a chave para entrar em atividade na outra. Mas há uma exigência permanente de todas as empresas, porque os grupos de WhatsApp e e-mail não param, com notícias, demandas, convocações. Dessa forma, provavelmente a participação em conselhos de três empresas preencherá boa parte do tempo do conselheiro.

Desfazendo, então, um mito: ser um executivo de topo ainda é, em geral, estar em posição mais bem remunerada do que ser conselheiro. Mas, ao se dedicar profissionalmente à atividade de conselheiro, você poderá manter uma remuneração bem razoável e elevada por mais tempo.

Além disso, há numerosas vantagens em ser conselheiro. As oportunidades de aprendizado são variadas e intensas, o conhecimento em profundidade sobre negócios é propiciado a todo momento, não há rotina, existem brechas de tempo para outras ocupações e para o lazer,[120] o *networking* obtido é fantástico, e a renovação de vida profissional alcançada é um benefício ímpar.

Concluo este capítulo afirmando que o ideal é que o conselheiro se dedique a atividades complementares que tenham identificação com sua participação em conselhos e que façam sentido para seu propósito de vida. É o que veremos no capítulo a seguir, junto com a necessidade de uma boa gestão patrimonial pessoal e familiar para poder trabalhar com tranquilidade, sem pressões financeiras.

---

120 Especialmente a partir da implantação das videoconferências, estimuladas mais recentemente pela pandemia da Covid-19, mas que vieram para ficar. Trabalhar e ainda ter tempo para se ocupar das coisas da vida é uma grande vantagem para quem chegou à maturidade.

CAPÍTULO 14
GESTÃO DO PATRIMÔNIO DO CONSELHEIRO

É muito importante que o conselheiro seja resolvido financeiramente. Ele precisa ter uma capacidade financeira, seja na forma de reserva ou de atividades complementares, para que possa atuar com total independência. Esse é o grande ponto da gestão do patrimônio do conselheiro.

Vou me remeter a uma frase do livro que escrevi em parceria com Paulo Monteiro:[120]

> É urgente a substituição dessa viciosa perspectiva de acumulação pelo entendimento da criação de uma reserva estratégica de fato.

No capítulo daquele livro, comentávamos sobre o dinheiro. Há no mercado um certo preconceito contra o dinheiro que precisa ser desmistificado. Decidi trazer essa frase para mostrar que ter uma reserva não significa que esteja acumulando ou fazendo usura. Ao contrário, tem o papel estratégico de dar tranquilidade e segurança material para que o conselheiro possa atuar com independência. Assim, a qualquer momento pode deixar um determinado conselho, caso não concorde com decisões e direcionamentos estratégicos adotados pela companhia que violem a ética.

Para minha segunda consideração, quero fazer uso de uma marca oral: "dinheiro, nem tanto para ser escravo dele, nem tão pouco para ser escravo

---

120 PASSARELLA, Wanderlei; MONTEIRO, Paulo. *A reinvenção da empresa: Projeto Ômega*. São Paulo: Évora, 2017, p. 152.

dos outros". Esse dito popular traz a dimensão de liberdade, afinal de contas, a escravidão é seu antônimo. O conselheiro deveria se preocupar em ser livre, nessa questão de equilíbrio. E isso nos remete à questão do que é suficiente, afinal. A famosa frase "a cada um segundo suas necessidades" representa o pensamento da justiça distributiva contido na *Suma teológica* de Santo Tomás de Aquino[121] e retomada como slogan por alguns pensadores modernos. O que é suficiente para uma pessoa pode não ser para outra, por isso o conselheiro precisa fazer a própria gestão de patrimônio e entender o que de fato lhe é suficiente.

Para minha terceira consideração, busquei inspiração no livro *Pai rico pai pobre*,[122] no qual o autor indica como evitar o círculo vicioso de estar sempre correndo atrás de dinheiro, atitude que chamou de "escapar da corrida dos ratos". Segundo ele, a grande maioria das pessoas está correndo atrás do rabo, ou seja, gasta o que ganha, e se ganhar mais, gastará mais. Ele dá exemplos de pessoas que ganham muito, mas gastam na mesma proporção, por isso não conseguem ser independentes. A ideia de não desperdiçar recursos é um aprendizado fundamental para que o conselheiro — e de resto, todas as pessoas — encontre equilíbrio financeiro.

Se me pedissem para apostar em um percentual, eu diria que mais da metade dos executivos não alcança um patrimônio que lhes renda mensalmente o equivalente às suas despesas, o que é um contrassenso, porque quem trabalha com planejamento empresarial deveria cuidar com o mesmo carinho de seu planejamento financeiro pessoal. Penso em duas razões. Primeiramente, a parte primitiva de nosso cérebro está orientada para recompensas imediatas, para o pleno desfrute do presente, ou seja, abrir mão de um padrão de vida compatível com o nível de renda atual em prol de poupar e investir para se construir patrimônio que proporcione tranquilidade financeira no futuro exige esforço, pois vai contra a tendência natural de nosso funcionamento neurológico. E a segunda razão está relacionada ao fato de profissionais as-

---

121 TOMÁS DE AQUINO, Santo. *Suma teológica*. Disponível em: <https://sumateologica.files.wordpress.com/2017/04/suma-teolc3b3gica.pdf>. Acesso em: 6 de agosto de 2020.

122 KIYOSAKI, Robert T. *Pai rico pai pobre: o que os ricos ensinam aos seus filhos sobre dinheiro*. Tradução de Maria José Cyhlar Monteiro. Rio de Janeiro: Alta Books, 2017.

cenderem cada vez mais jovens a posições de alta gerência pode indicar que a preocupação com o futuro não está entre as prioridades dessas pessoas.

No livro *O valor do amanhã*,"[123] Eduardo Gianetti discute exatamente a tendência de postergar para o futuro coisas que deveriam ser feitas hoje e fundamenta suas ideias em análises sociológicas e filosóficas que embasam as teses econômicas. Ele alerta: "O presente foge, o passado é irrecobrável e o futuro incerto."

A quarta consideração que quero fazer é que o rico não é aquele que ganha muito, nem o que gasta pouco, mas aquele que consegue manter uma considerável diferença positiva entre ganhar e gastar. Por isso é muito importante um bom planejamento de gastos e uma boa diversificação de receitas, inclusive as receitas de investimentos. O profissional deve entender, desde cedo, para onde está indo seu dinheiro, qual a sua Curva ABC.[124] Os gastos precisam estar abaixo das receitas ao longo da carreira para permitir a poupança e o investimento na construção do patrimônio. Vale a leitura do maior investidor de todos os tempos, que é Warren Buffett:[125] "Não invista o que sobrar depois dos seus gastos, mas gaste o que sobra depois de investir."

AS QUATRO DIMENSÕES DA GESTÃO DO PATRIMÔNIO

Não é objetivo deste capítulo fazer uma consideração completa sobre gestão de patrimônio, pois essa não é minha área de *expertise*, mas me parece interessante fazer um apanhado que caiba na carreira de conselheiro, já que é mandatório ao conselheiro ter sua gestão patrimonial ativa, em função da necessidade de autonomia em sua atuação profissional.

---

123 GIANETTI, Eduardo. *O valor do amanhã: ensaio sobre a natureza dos juros*. São Paulo: Companhia das Letras, 2005.

124 A Curva ABC é baseada em um teorema do economista Vilfredo Pareto, desenvolvido no século XIX, sobre renda e riqueza.

125 SCHROEDER, Alice. *Bola de neve: Warren Buffett e o negócio da vida*. Tradução de Fabiano Morais, Lívia de Almeida e Marcello Lino. Rio de Janeiro: Sextante, 2008.

DIMENSÃO INVESTIMENTOS

Quero começar com a velha equação dos economistas de que poupança é igual a investimentos (IS).[126] Há numerosos ativos para investir, e quero destacar dois: os ativos reais e os ativos financeiros. Os ativos reais estão respaldados em algo concreto, por exemplo, imóveis, fundos imobiliários ou ações de empresas. E os ativos financeiros são produtos financeiros, como poupança, títulos públicos, CDBs, fundos DI etc. Uma recomendação, na questão dos investimentos, é definir objetivos e considerar a equação liquidez x rentabilidade. A atenção à carteira deve ser disciplinada e periódica, porque as condições de inflação e juros mudam ao longo do tempo, e eventualmente o portfólio tem que mudar também.

Vale lembrar a marca oral de que "o menor prejuízo é o primeiro". Às vezes é preferível realizar o dano e partir para outro investimento a insistir na expectativa de recuperação. Recomendo fortemente que o executivo e o conselheiro estudem e compreendam os diferentes produtos de investimento, mas em algum momento da carreira devem contratar um profissional para cuidar da gestão de seus investimentos.

BOX: GESTÃO DE PATRIMÔNIO COM ESPECIALISTAS INDEPENDENTES
HENRIQUE SIGNORE SADOCCO

Cursei a Escola Politécnica da USP, onde me graduei em Engenharia de Produção, e me especializei na área de Finanças pela Fundação Getúlio Vargas. Meu segundo estágio, no início dos anos 1980, foi em corretora de valores, uma área que sempre me interessou muito. Depois fui sócio em uma distribuidora de valores, passando a diretor

---

126 A sigla IS vem de *Investment = Saving*, ou seja, Investimento igual à Poupança, que determina o equilíbrio de um mercado. A curva "IS" representa o mercado de bens e serviços da mesma maneira que o modelo keynesiano simples, passando agora a considerar a taxa de juro da economia. Em um gráfico, a curva IS se apresenta negativamente inclinada, o que significa que quanto maior a taxa de juro (i) da economia, menor o produto ou renda obtida (Y), ou vice-versa.

financeiro em empresas comerciais e importadoras. Na crise econômica de 2008, fui fazer uma espécie de retiro e li a biografia A bola de neve: Warren Buffett e os negócios da vida. *Identifiquei várias coisas que vão ao encontro do que eu penso, inclusive quando se contrapõe a alguns pensamentos ensinados nas escolas de gestão e negócios. Pesando todos os pontos de vista, aproveitei que na época havia juntado algum capital próprio e comecei a fazer investimentos particulares, me aprofundando no ramo e me desenvolvendo. No ano de 2016, convicto da possibilidade de ganhos com renda variável, procurei uma gestora de investimentos para uma parceria e criamos um fundo. Como gestor, cuidar da gestão dos investimentos de cinco ou mais pessoas é um trabalho grande, mas fica bem mais fácil quando todos os ativos dessas pessoas são colocados dentro de um fundo de investimento, cada transação realizada passa a ser igual para todos os clientes. No caminho da evolução, depois de oito meses de estudo, passei no teste da Anbima, a Associação Brasileira das Entidades dos Mercados Financeiro e de Capitais, e me tornei gestor de investimentos credenciado junto à CVM, área em que atuo principalmente, no momento. Enquanto isso, com quatro sócios, estou montando uma gestora de investimentos para poder ter outros fundos com perfis variados, de modo a atender um leque maior de clientes.*

O que gosto mesmo é de ficar analisando as empresas, estudando os mercados, avaliando perspectivas, enfim, fazendo a gestão de investimentos mesmo.

O conselheiro tem a necessidade de exercer a independência moral, ética e inclusive a financeira. Para contextualizar a situação recente do Brasil, quando há CDI a 14% ao ano e juro real de 6% ao ano, o investimento fica muito simples, porque não há riscos ao aplicar em CDI. Mas essa realidade mudou e não existe mais. Hoje em dia, a gestão do investimento tem que ser profissionalizada e técnica. Casos a se evitar são, por exemplo, o efeito manada ou as chamadas "dicas quentes". Podem-se encontrar várias pessoas no YouTube exibindo lucros em suas operações. Existem os casos desse tipo, mas em geral ocorrem por sorte — a pessoa mira algo e acaba acertando em outro. Mas em termos de gestão, é primordial saber o que se está fazendo, conhecer os riscos, porque nem tudo dá certo. Diversificar é importante, a partir de cenários que o investidor estudou, e é preciso reconhecer que os cenários nem sempre se verificam, por isso, recomenda-se evitar riscos altos. O indicado é investir em produtos conhecidos, estudando os riscos envolvidos e as vantagens que trazem.

CONSELHEIRO DE EMPRESAS

Para fazer uma boa gestão, é necessário acompanhar a economia local, a internacional, a saúde financeira das empresas que estão envolvidas nos investimentos selecionados e principalmente quem são os grupos de controle — no caso de ações ou debêntures — e como funciona a governança dessas empresas. A governança adequada garante a idoneidade da empresa e impede que utilize métodos que prejudiquem acionistas minoritários, por exemplo. Tudo isso compõe os ativos que se está investindo. Se o investidor prefere acompanhar seus ativos por si mesmo, terá que se submeter a uma tarefa praticamente diária, porque precisa estar bem informado e controlando suas aplicações. Claro que o executivo e o conselheiro precisam estar bem informados para cumprir seu papel nas empresas. Mas qual executivo ou conselheiro tem tempo para essa ocupação extra de cuidar diariamente de seu próprio patrimônio?

E, afinal, é importante também fazer uma boa diversificação. Porque, por mais que se estude, conheça e analise, o investidor nunca sabe quando pode surgir uma pandemia ou arrebentar uma barragem, apenas para citar dois eventos recentes. E a diversificação precisa ser inteligente, pensando nas várias classes de ativos, de modo a não colocar todos os ovos em uma cesta só. Um erro comum é o investidor buscar investir em ações, diversificando aplicações em cinco fundos de ações — mas pode ser que todos os fundos tenham em suas carteiras ações de uma mesma grande empresa, e a diversificação, na realidade, não acontece. Por isso, é bom estudar a fundo e entender o que o gestor está pensando. Isso porque, se todos os gestores pensarem da mesma forma, o investidor acabou não diversificando nada.

Nós, brasileiros, por questões históricas, temos a cultura de concentrar boa parte do patrimônio em imóveis. Esses podem ser bons investimentos, mas cada um tem a sua característica, e sua valorização ou desvalorização depende do plano diretor da cidade, de que lado está crescendo, que ruas serão abertas, se há planos de implantação de metrô, quais empreendimentos comerciais estão planejados para a região, qual é o nível de violência. Tudo isso é de longo prazo e demanda estudo mais profundo por parte do investidor.

Minha recomendação ao conselheiro ou executivo é fazer um inventário do seu patrimônio e separar o que traz renda e o que traz despesa. Imóveis são patrimônios que só trazem custos, a menos que possam ser alugados. A prioridade, portanto, é conhecer as despesas e priorizar, como patrimônio, aquilo que traz renda, organizando os ativos de modo que as receitas superem as despesas. E assim lograr a tranquilidade financeira e a necessária independência de que o conselheiro tanto precisa.

As mudanças no mercado são sutis, mas no longo prazo, têm efeitos enormes. Vejamos dois exemplos: a Xerox e a Kodak, que tiveram que modificar completamente seu modelo de negócios. Ao mesmo tempo, é preciso filtrar as notícias divulgadas pela imprensa ou pelas redes sociais, porque nem tudo tem impacto — negativo ou positivo — sobre as empresas em que o investidor aplicou seus recursos. Corremos o risco, nós todos, de dar mais atenção àquelas informações que coincidem com nossa forma de pensar, e desprezamos as outras. Um gestor profissional pode compensar, com outro olhar, essa tendência que obscurece a nossa visão.

O dinheiro precisa trabalhar para nós, e não o contrário. O executivo e o conselheiro têm uma atividade principal que não é a de acompanhar e analisar mercados para gestão de patrimônio. Por isso, ou precisa aprender a fazer isso (com a humildade de reconhecer que sua experiência pode não ser suficiente para essa gestão), ou entregar essa atividade para um profissional experimentado. Gerentes de bancos podem ser úteis na gestão de aplicações, mas, do meu ponto de vista, considero que enfrentam um conflito de interesses, porque pensam primeiro no lado das instituições que representam. O gestor profissional também precisa ganhar dinheiro, mas tem mais possibilidades de fazer um alinhamento de interesses que promova ganhos razoáveis para as partes.

Muitas das decisões de negócio são intuitivas porque o executivo ou conselheiro já tem em mente as variáveis que compõem o conjunto. Mas, no caso da gestão patrimonial, esse conhecimento detalhado que só a experiência oferece, na maioria das vezes não existe, embora o profissional possa supor que domine o tema. Por isso a importância de buscar ajuda especializada de quem faz isso o tempo todo.

Para selecionar um gestor financeiro capacitado, devem-se observar alguns critérios. O primeiro é verificar há quanto tempo o profissional está atuando na área. Segundo, investigar como estão as finanças desse profissional e como ele vive do seu trabalho. E terceiro, analisar o histórico de rentabilidade comprovado desse gestor. E, fundamentalmente, concordar com o alinhamento de interesses.

Henrique Signore Sadocco é sócio na Auro Capital

DIMENSÃO INDEPENDÊNCIA FINANCEIRA

Na minha conceituação, é a capacidade do profissional de não mais depender de seu trabalho direto para sobreviver. Claro que isso não é fácil de ser alcançado, porque a vida é feita de imprevistos. Lembrando Fernando Pessoa, "navegar é preciso, viver não é preciso".[127] É uma frase de duplo sentido. Tem o sentido da necessidade da navegação, da experimentação do mundo, e da necessidade de dar plenitude e sentido à vida, morrendo, até, por um ideal. Mas também significa que navegar é uma ciência exata, de precisão, que exige instrumentos como o astrolábio e o sextante; ao mesmo tempo, viver não é uma arte precisa, porque há o inesperado.

Vamos supor que, em dado momento, não há mais qualquer entrada de receitas, apenas reservas. O profissional que está nessa situação precisa ter em mente o *quantum* necessário de sua reserva. Vamos fazer uma análise simplista: imaginemos um executivo que se retira do mercado, tem gasto médio anual de R$100 mil, tem 60 anos e pretende viver até os 100 anos. A aritmética é simples — ele precisará de R$4 milhões. Talvez um pouco menos, porque poderá usar parte dos rendimentos sem mexer no capital investido. Mas há a perspectiva de reduzir o gasto médio, já que fora da ativa terá menos despesas. Se conseguir 30% de redução, precisará de uma reserva de cerca de R$2,8 milhões.[128]

---

[127] A frase é título de um poema, mas não é do poeta português. Foi pronunciada pelo general romano Pompeu, segundo Plutarco, que escreveu a biografia daquele soldado. Por volta do ano 70 antes de Cristo, Roma enfrentava a revolta dos escravos e dependia das navegações para obter os suprimentos de que precisava, como o trigo. Os marinheiros temiam os monstros marinhos que acreditavam existir e os piratas que sabiam que existiam. Pompeu bradou aos seus comandados a frase "*Navigare necesse, vivere non est necesse*". Mais tarde, no século XIV, o poeta italiano Petrarca transformou a expressão em "Navegar é preciso, viver não é preciso." No início do poema, Fernando Pessoa diz: "Quero para mim o espírito dessa frase."

[128] Há várias pesquisas e estudos sobre planejamento financeiro. Um deles é a chamada regra 50-30-20. Em resumo, ensina que quando uma pessoa começa a investir entre 10% e 30% do que ganha, tende a reajustar seu estilo de vida, naturalmente e sem sofrer, para viver com os restantes 70%. Recomendo a leitura de matéria sobre esse tema em: <https://www.google.com.br/amp/s/www.infomoney.com.br/minhas-financas/regra-50-30-20-conheca-um-metodo-para-organizar-suas-financas/amp/>. Acesso em: 6 de agosto de 2020.

Vamos sofisticar um pouco nossas considerações sobre independência financeira. Talvez não seja de todo necessário lançar mão dessa reserva de segurança, visto que, como conselheiro, a pessoa pode ter uma sobrevida profissional bastante longa, e a reserva passe a funcionar apenas como apoio psicológico para permitir o sentimento de liberdade e de independência. Afinal, é a grande função da reserva financeira.

Nesse caso, se o conselheiro conseguir desenvolver fontes de rendas relativamente seguras com as quais cubra seus gastos anuais, então essa reserva se torna uma redundância saudável. O que fazer com ela então? Considere deixar estipulado que poderá beneficiar não só seus dependentes, mas organizações sérias que invistam na melhoria das condições de vida daqueles que ainda precisam. Sua reserva servirá como seu esteio, mas também terá um enorme valor social.

DIMENSÃO PROTEÇÃO PATRIMONIAL

Um dos investimentos interessantes para o conselheiro são os fundos de pensão. São produtos considerados como uma reserva para aposentadoria e por isso não podem, por determinação legal, ser incluídos em qualquer situação de sequestro, execução ou penhora de bens, em caso de qualquer processo contra o conselheiro. Por isso, dá um nível de segurança a mais para o dinheiro investido. Há outros produtos com segurança semelhante, como o seguro de vida resgatável e todos os demais produtos regulados pela Susep. Porém, o conselheiro deve se atentar a que, do ponto de vista de rentabilidade e liquidez, esses produtos talvez não sejam os melhores. É preciso ter claro em mente os objetivos a serem alcançados quando se opta por eles em seu portfólio.

Mas alerto para o fato de que não existe blindagem completa de patrimônio. O que pode dar um pouco mais de proteção é investir em ativos reais e

---

Também há outro estudo interessante que sugere formas de fazer poupança, com segurança, disponível em: <https://www.google.com.br/amp/s/www.infomoney.com.br/minhas-finanças/quanto-dinheiro-voce-deve-ter-guardado-em-cada-idade-para-a-aposentadoria/amp/>. Acesso em: 6 de agosto de 2020.

constituir uma *holding*, com outros sócios, colocando parte dos bens nela, o que retira a caracterização de único proprietário. Novamente, só faça isso se tiver em mente a diversificação e o equilíbrio de portfólio.

Portanto, o melhor caminho é mesmo ser um ótimo conselheiro e tomar as precauções para não ter qualquer *liability*.

DIMENSÃO DIVERSIFICAÇÃO

Já vimos no capítulo sobre remuneração que uma parte dos conselheiros não conseguirá, na média geral, obter uma remuneração tão robusta quanto algumas pessoas imaginam. É recomendável para o conselheiro, por causa de todos os fatores que já vimos, que tenha várias outras fontes geradoras de recursos, ou seja, não manter todos os ovos na mesma cesta, e ter outras atividades em paralelo com essa função. A minha visão particular é a de que, mesmo que seja um conselheiro profissional, como principal ocupação, aproveite as janelas de tempo de sua atuação em conselhos para se dedicar a outras atividades.

Mas é importante que essas atividades sejam aderentes e complementem a carreira de conselheiro. São exemplos: abrir negócios próprios, dar aulas e palestras, ser investidor de outros negócios, ser consultor, fazer assessoria para empresas, atuar como mentor ou *trusted advisor*. O princípio é se manter ativo, conseguindo receitas complementares e, até quem sabe, superando as receitas obtidas como conselheiro. É a minha sugestão de prudência: diversificar sua atuação profissional.

BUSCANDO VARIEDADE DE FONTES DE RECEITAS

Consolidando tudo o que trouxemos até aqui, vale considerar um equilíbrio total das atividades que dependam do seu trabalho — fontes lineares, que crescem na proporção da sua dedicação — e das que não dependam — fontes autônomas, que continuam ingressando mesmo sem seu trabalho direto. Essa conceituação foi inspirada em um livro[129] e me permitiu conceber a Figura 14.1, a seguir, que exemplifica a atuação do conselheiro.

Figura 14.1 Múltiplas fontes de receitas

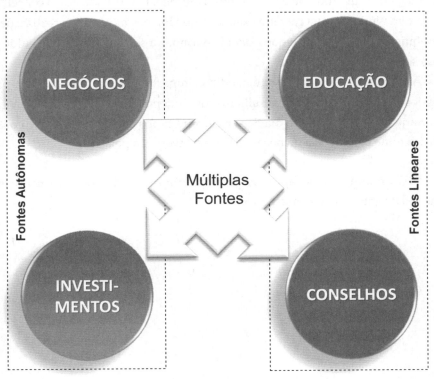

Do lado direito, coloquei as fontes lineares, que representam as atividades às quais, quanto mais o conselheiro se dedicar, mais receitas terá, e dou como exemplos as atividades voltadas para atuação em conselho e em outras na área da educação.

Do outro lado, coloquei as chamadas fontes autônomas, que podem ser atividades como negócios próprios ou investimento em negócios de terceiros, ou outras fontes que não dependem do trabalho direto. Pode ser necessário que o

---
129 ALLEN, Robert. G. *Multiples fuentes de ingreso*. Como generar una vida de riqueza ilimitada! Buenos Aires: Time & Money Network Editions, 2009.

conselheiro precise de ajuda ou nomear alguém para tocar essas atividades por ele, mas não precisará estar à frente delas.

Esse quadrilátero bastante equilibrado mostra a ideia de que um conselheiro pode ter uma atividade muito autoral, dedicando-se a um portfólio de investimentos, mas cuidando de outras fontes de receita. Lembrando que o conselheiro já terá vindo de uma carreira executiva que lhe permitiu várias realizações e conquistas profissionais e que poderá continuar a ser útil, desde que cuide de sua segurança patrimonial.

A tranquilidade financeira é condição importantíssima para que um profissional exerça o papel de conselheiro com independência. É preciso começar, portanto, desde o primeiro dia de sua carreira profissional ou tão logo o conselheiro tome consciência da necessidade da navegação pela vida.

Nos próximos dois capítulos, faremos uma reflexão sobre os primeiros passos da carreira de conselheiro.

15. A MÉDIA GERÊNCIA E A GOVERNANÇA

16. O PLANO DE CARREIRA DO FUTURO CONSELHEIRO CONSULTIVO E ADMINISTRATIVO

BLOCO 4

REFLEXÕES SOBRE OS PRIMEIROS PASSOS

CAPÍTULO 15
A MÉDIA GERÊNCIA E A GOVERNANÇA

Neste capítulo, tratarei de como as competências (lembrando que governar é uma competência), os conhecimentos, as atitudes, habilidades e práticas de governança podem agregar valor à carreira de profissionais que estão em posições de média gerência — gerentes, supervisores e coordenadores.

Falarei de oito motivos que revelam a importância da governança para a evolução profissional da média gerência. O primeiro deles me parece importante para a reflexão sobre os demais.

1º MOTIVO — DESMISTIFICAR A VISÃO DE HIERARQUIA NO GOVERNO DAS EMPRESAS

Há muitos mitos sobre governança e alguns mal-entendidos. Isso porque ainda se tem aquela visão sobre a hierarquia nas organizações em camadas. Vejamos a figura a seguir.

Figura 15.1 Pirâmide de hierarquia

Essa figura expressa, enfaticamente, o entendimento geral ainda vigente de que a governança é restrita a mais uma camada na hierarquia das empresas, mas essa concepção errônea ainda pode ser sentida quando se conversa com algumas pessoas no mundo corporativo.

O engano nessa forma de ver a governança é que se deixa de ressaltar o papel mais relevante do conselho: dirigir e controlar *as empresas*, e não dirigir e controlar *os profissionais*. Imagina-se que um está controlando o outro e que um responde para o outro.

Mas a governança não tem o papel de controlar profissionais, até porque a relação do *board* com os responsáveis pela gestão não é hierárquica, mas holárquica, como já vimos nos capítulos iniciais deste livro. Enquanto a empresa, em suas operações, tem uma base em estruturas de reportes individuais, no conselho há uma mesa redonda, onde "confronto x consenso" é o *modus operandi*. Ou seja, entre os conselheiros não há essa visão de hierarquia.

A MÉDIA GERÊNCIA E A GOVERNANÇA

Em segundo lugar, a relação do conselho com a empresa se dá por meio do CEO.

Em terceiro lugar, o *chairman* (presidente do conselho) não é o "chefe" dos conselheiros e nem do CEO. Ele coordena os trabalhos de uma junta, mas quem admite e demite esses conselheiros são os acionistas ou um Comitê de Nomeação.

Por último, o CEO não se reporta ao *chairman*, mas à Junta do Conselho, ou à chamada Mesa Diretora.

O diagrama que melhor representa a relação da governança com outras áreas da empresa já foi mostrado na Figura 1.4, do Capítulo 1.

Há uma tendência, moderna, principalmente em empresas que contam com um corpo de funcionários altamente qualificados, de forte horizontalização, isto é, os cargos de média gerência e mesmo coordenação estão sendo extintos. É uma iniciativa que traz, a meu ver, um equilíbrio da hierarquia, mas estamos sempre sujeitos aos limites da lei, principalmente no caso das empresas abertas, que precisam ter diretores e governantes. O que vemos ser achatadas são as camadas intermediárias entre as de operações e as gerenciais. Por muito que se espere uma holarquia, nas camadas abaixo do CEO, é difícil vê-la na prática. É algo que será mais evidente no futuro. Atualmente, a holarquia se dá, na maioria das vezes, apenas no estrato do conselho.

2º MOTIVO — COMPREENDER O PAPEL DO CONSELHO

Ao compreenderem como opera o conselho, qual sua missão e seus objetivos, os profissionais na camada da gerência atuarão melhor, inclusive podendo ajudar nessa missão. O conselho tem o CEO como canal — e já vimos isso no Capítulo 1 —, mas quando a média gerência compreende por que o conselho pede certas atividades, projetos e ações, facilita-se, pois tais atividades já ficam vinculadas ao papel do conselho e evidencia-se o seu comportamento. É fato que o CEO e os profissionais do *board* executivo que têm contato com o conselho são portadores dessas decisões de direção e controle, por meio de reuniões de disseminação ou mesmo por explicitarem aos seus subordinados as diretrizes recebidas. Mas quando a média gerência, conceitualmente, toma consciência sobre as classes de decisões que emanam do conselho e sobre como elas se traduzem em práticas gerenciais no dia a dia, consegue perceber sua importância e presença na vida da empresa. E ela consegue fazer a governança se disseminar por diversas camadas da organização que estão mais distantes do conselho. A ideia é retirar a impressão de sagrado e mostrar que todos estão juntos em um só corpo. Por isso a importância da média gerência, porque é quem vive os desafios gerenciais e operacionais na linha de frente dos negócios.

3º MOTIVO — TER VISÃO HISTÓRICA

É importante a visão histórica do processo de como a governança se desenvolveu. Essa visão ajuda a compreender que os conflitos de agência e de interesses na empresa são naturais e precisam se tornar conscientes, o que é bom para o entendimento da importância potencial da governança. A visão histórica do processo melhora também a questão do equilíbrio de poder, porque o processo de tomada de decisão é distribuído entre todas as camadas da organização, inclusive as externas. E ainda traz à tona os papéis de empreender, liderar, gerir e governar. Ainda neste capítulo abordarei essas quatro competências.

4º MOTIVO — GANHAR INSIGHTS SOBRE OS GRANDES TEMAS EMPRESARIAIS

Quando a gerência ganha insights sobre os grandes temas das sociedades empresariais, os profissionais entendem as questões que fazem da governança uma realidade importante, por exemplo, na sucessão, nos conflitos entre familiares ou entre acionistas majoritários e minoritários, e na perenização da empresa. Entendendo as situações, os profissionais de nível gerencial podem ajudar a solucioná-las, porque automaticamente, na gestão cotidiana, já buscarão mecanismos para mitigar problemas. Tenho um exemplo de uma empresa na qual o gerente começou a compreender os conflitos entre acionistas e assumiu um papel mais ativo na resolução, pois percebeu que aquilo tinha relação de influência com o trabalho dele. Então, nas vezes em que foi chamado, levava ao conselho informações mais arredondadas, o que diminuía as possibilidades de arestas e geração de conflitos. Eu atuava no conselho e compreendi, nas suas atitudes e em uma conversa com ele, que já estava a par das situações e caminhava no sentido da solução, o que foi muito bom.

5º MOTIVO — FICAR ATENTO AOS LOCAIS DE TRABALHO

O gerente deve ficar atento aos locais de trabalho que facilitem a sua travessia para o nível executivo e para o *board*. Quando conhece a governança e entende como é, já começa a abrir a mentalidade para verificar locais que facilitem a caminhada, se tiver a intenção de chegar lá. Isso pode ser verificado observando o nível de mobilidade organizacional da empresa, se o ambiente é meritocrático e reconhece o desempenho, se a empresa tem divisões e subsidiárias, onde o gerente pode atuar como membro de comitês e, enfim, se há uma valorização do ganho de competências, em detrimento das políticas de camaradagem. Se o gerente compreende a governança e identifica esses locais de trabalho, já melhora as suas possibilidades de chegar ao *board*.

6º MOTIVO — TRABALHAR COMPETÊNCIAS

Quando antecipa a governança, o gerente já começa a trabalhar competências e habilidades (já ressaltadas no Capítulo 9) que só se conseguem em médio e longo prazos. Creio ter conseguido mostrar essas competências e habilidades, que são valorizadas de maneira estruturada neste livro. O teste que trago no Capítulo 9 pode ajudar o leitor a identificar quais são seus *gaps*, áreas que ainda precisam ser trabalhadas e pontos fortes que devem ser reforçados. Penso que os profissionais devem reforçar seus pontos positivos, em vez de tentar consertar o que ainda está muito fraco. Por outro lado, a correção de alguns *gaps* é imprescindível, por exemplo, conhecer muito bem sobre demonstrativos financeiros e econômicos, porque sem isso o conselheiro não faz seu trabalho. Quanto mais cedo for adquirida essa habilidade, melhor.

7º MOTIVO — DESENVOLVER O PDI

O Plano de Desenvolvimento Individual (PDI) é um complemento do 6º motivo. Quanto antes o gerente providenciar esse plano, mais tempo terá para se dedicar a ele e, portanto, com melhores resultados lá na frente. É um dos maiores benefícios de começar cedo a compreender a governança mirando a carreira de conselheiro. Voltarei mais detalhadamente a abordar o PDI no próximo capítulo.

8º MOTIVO — DESMISTIFICAR A VISÃO DE HIERARQUIA NO GOVERNO DAS EMPRESAS

Ao mirar as competências e habilidades do governante, a média gerência pode se balizar mais rapidamente para posições importantes. É como um refluxo: o mirar para a frente se reflete no hoje, e o profissional consegue executar sua função presente com mais clareza e competência — uma coisa alimenta a outra. Lembremos a Figura 10.1, do Capítulo 10, que mostra que o caminho das funções operacionais até o nível de governante é um processo contínuo, em que o nível de consciência é aumentado ao mesmo tempo que se aplica a ciência. Nesse caso, a ideia de ciência nada mais é que tecnologia, ou seja, ciência aplicada.

A MÉDIA GERÊNCIA E A GOVERNANÇA

BOX: O VALOR DE SE APROFUNDAR EM GOVERNANÇA AINDA NA ESFERA GERENCIAL E EXECUTIVA
ESTELA TESTA

Qualquer profissional de alto escalão tem que estar preparado para ser conselheiro, porque de alguma maneira usará os atributos da função para fazer a gestão da empresa. E mesmo as equipes de média gerência podem se beneficiar desses conhecimentos.

Estou na mesma empresa há 25 anos. Alguém pode se perguntar como aguento ficar tanto tempo assim, mas esclareço que é uma organização sempre muito dinâmica, aberta a mudanças, e isso me permitiu jamais enfrentar algum tipo de tédio. Cada alteração na matriz ocasionava uma mudança em nosso modelo de gestão aqui no Brasil. Trabalho com B2B, então tenho contato com muitas outras empresas grandes, e uma premissa de meus afazeres é sempre estar em alinhamento com um bom nível de conhecimento em relação à gestão. Mas há dois anos, recebemos a notícia de que estava sendo estudado o ingresso na empresa, até então familiar, de um fundo de investimento como controlador. Eu, como sócia e atuando como CEO da empresa no Brasil, sabia que a mudança certamente alteraria o sistema de relacionamento com os acionistas principais e a governança com certeza faria parte do novo processo. Assumiu, na matriz, uma nova diretoria, e eu tinha que me preparar enquanto o processo de due diligence da negociação de compra do controle se desenvolvia. Naquele momento, recebi um convite para participar do curso promovido pelo Celint, e nas primeiras aulas e com mentoria do Wanderlei Passarella já comecei a entender como teria que me comportar dentro de um novo modelo de gestão. Eu já estava um passo adiante dos outros CEOs das subsidiárias de outros países. Comecei a fazer os relatórios já dentro desse modelo de governança, e o resultado foi que, dos dez CEOs do mundo inteiro, nove foram trocados, e apenas eu permaneci na função de comando na região da América Latina — e além disso, fui incumbida da gestão da companhia nos Estados Unidos.

A importância de conhecer a governança fica muito clara quando o executivo precisa lidar com o board ou enfrentar uma mudança de governo. A própria gerência, se souber como está sendo analisada e com base em quais critérios, conseguirá se adaptar sem grandes dificuldades às novas condições. O que espero, por exemplo, de meu corpo gerencial é que me deem os Key Performance Indicators (KPIs) preenchidos *da melhor maneira possível para que eu possa apresentar para meus superiores. Se os gerentes compreendem o que se espera deles, certamente farão o trabalho com mais qualidade e menos perda de tempo e esforço, e os diretores e o CEO conseguirão fazer a gestão de maneira muito melhor.*

Como pontos mais importantes da governança, eu poderia falar em planejamento estratégico, em planejamento orçamentário e na criação de KPIs, mas a transparência foi uma coisa que me moveu profundamente. Muitas vezes, na corrida do dia a dia, não somos transparentes, não porque queremos, mas porque somos atropelados pelas urgências e deixamos de comunicar. Com os olhos na governança, revemos essa questão e percebemos como é importante. A transparência é o que mais me ocupa, em termos de reflexão, hoje. Ao pensar em um projeto, já quero comunicar, informar a equipe e o board. *Não fico esperando o balanço final do ano para apresentar.*

A governança é um presente para quando você esteja sendo medido por algum board, *ainda que não seja um conselho constituído. Mesmo que o* board *ou o acionista não peça, apresente os relatórios e resultados, para estar um passo à frente. Foi o que aconteceu comigo, tanto que a matriz utilizou meus relatórios para implementar como modelos para os outros países. Isso não é ótimo para nós, brasileiros?*

Recomendo fortemente que membros do escalão médio já comecem a frequentar cursos para captar os conceitos e a visão da governança, para se alinhar às expectativas da alta gestão, do board *e dos acionistas. E até para fazer as perguntas corretas. A governança acende as luzes das trajetórias profissionais. Acho que quem corre antes chega na frente, mas considero que meu papel, como CEO, é colocar todo o mundo para olhar essa questão. Para quem deseja buscar o que há de mais avançado em governança, recomendo conhecer e adotar o ESG, porque humaniza as empresas e aponta na direção de uma sociedade mais justa. E compartilho o máximo que posso. Os profissionais mais espertos já entendem o caminho: a transparência tem que vir deles também, antecipando problemas e já trabalhando para a solução.*

Estela Testa é CEO na Pieralise

Posições em conselhos de associações de classes empresariais normalmente não são remuneradas, mas conferem visibilidade, credibilidade, prestígio e currículo. Além disso, participações em conselhos dessa natureza confirmam duas teses: primeiro, a de que é essencial ligar as antenas para as oportunidades, e segundo, a de que iniciar a carreira em posições em comitês é um excelente caminho de preparação para o aspirante a governante.

CANAIS DE COMUNICAÇÃO

O conselho precisa conhecer alguns membros da média gerência, bem como trabalhar com os executivos para ajudar a desenvolver o chamado *"pool* de talentos". Dou exemplo de um conselho do qual participei recentemente, que utilizava o conceito do Nine Box.

O Nine Box nada mais é do que uma matriz em que são colocados dois eixos: o potencial *versus* o desempenho do profissional. Cada eixo é dividido em três cortes (baixo, médio e alto), resultando assim em nove quadrantes. É uma ferramenta muito utilizada em Recursos Humanos, servindo de referencial para que se verifique como está o profissional no momento da avaliação. Embora receba críticas por limitar a visão global, por exemplo, no caso do potencial, cuja avaliação é muitas vezes subjetiva e não oferece uma variável exata. Mas devo dizer que, mesmo quando se alcança uma variável exata, existem prós e contras. Claro que qualquer ferramenta que enquadre profissionais tem que ser vista com reservas, mas pelo menos ajuda pessoas que estão fora do dia a dia, como membros do *board*, a ter uma primeira informação útil. A avaliação Nine Box é apresentada ao conselho uma vez por ano, para que os conselheiros saibam quem são os talentos potenciais para sucessão e cargos-chave, e ajuda também a ter parâmetros para a retenção de talentos e valorizar profissionais que poderão ser úteis para a empresa no futuro, mesmo sem cargos diretivos. Um analista sênior de tecnologia, por exemplo, pode não chegar a ser um executivo C-*level* da empresa, mas tem um valor inestimável, às vezes tanto quanto o próprio presidente. Institutos de pesquisa utilizam essa estratégia de valorizar talentos, e assim também empresas de moda, do setor da biomedicina, entre outras. Naturalmente, nenhuma ferramenta substitui o contato pessoal, por isso é importante que o conselho esteja presente, para saber quem são as pessoas estratégicas da organização.

O segundo ponto importante é o outro lado da questão: quanto mais a média gerência conhecer o trabalho do conselho e souber quem são os conselheiros, maiores as chances de adquirirem confiança na empresa, principalmente quando os conselhos são bem estruturados. E mais: os profissionais de média gerência podem ganhar uma sensação de autonomia, conscientes de sua responsabilidade e de seu campo de atuação. Trago outro exemplo, de um conselho que conseguiu ganhar a credibilidade de dois profissionais da média gerência. Ambos afirmaram que depositavam grande confiança no perfil dos conselheiros, que consideravam bem qualificados, com visão positiva do mercado, e que se sentiam, em razão disso, dotados de autonomia para realizar o seu trabalho.

CAPACIDADE DE GOVERNAR É UMA COMPETÊNCIA ESSENCIAL?

Talvez esta seja uma das grandes teses deste livro. Respondo que sim a essa pergunta e esclareço que é uma conceituação minha, que tem origem na prática, e não em pesquisa. A capacidade de governar é, sim, essencial para qualquer pessoa que queira evoluir em sua carreira nas organizações empresariais.

Aliás, quero deixar claro que é uma entre quatro competências essenciais.

Primeiro lembraremos de Ichak Adizes, que mencionamos no Capítulo 10, sobre as funções de direção. P de Produtor, vejo mais como atitude (a marca oral fala de "um sujeito cheio de atitude"); I, de Integrador, vejo mais como habilidade (de novo a marca oral: "fulano é um hábil negociador"); já o A de Administrador e o E de Empreendedor são, de fato, competências. No Capítulo 9, na Figura 9.4, subdividimos a tríade na direção dos negócios em governar, liderar e gerir. Gerir é buscar maximizar a eficiência, enquanto liderar é buscar a eficácia, o caminho de transformação. Então abrimos a competência de administrar em outras duas, que são liderar e gerir.

A MÉDIA GERÊNCIA E A GOVERNANÇA

Lembremos também de Rolf Carlsson, que enunciou que o século XIX foi dedicado a empreender, o século XX foi dedicado a administrar, e o século XXI será dedicado a governar. Baseado na experiência para essa síntese que estou fazendo agora, recomendo, como quatro competências, ou quatro papéis mais relevantes para quem atua no meio empresarial e quer trilhar uma carreira, os seguintes: empreendedor, líder, gestor e governante.

A Figura 15.2 ilustra isso e ressalta o que se espera conseguir com cada competência essencial, de forma resumida. Por exemplo, sobre a competência "liderar", se espera que o profissional seja capaz de inspirar e conduzir para a visão de futuro desejada. O duplo triângulo na figura tenta mostrar que governar está mais relacionado ao triângulo de cima, administrar está mais presente no triângulo de baixo, e liderar está mais afeita à tarefa do CEO, no ponto de intersecção dos triângulos. Uma seta para o lado indica a competência de empreender, querendo dizer com isso que se trata de uma área contígua ao CEO, onde grupos de profissionais sejam capazes de inovar, implantando projetos e mudanças.

Figura 15.2 Competências essenciais no processo empresarial

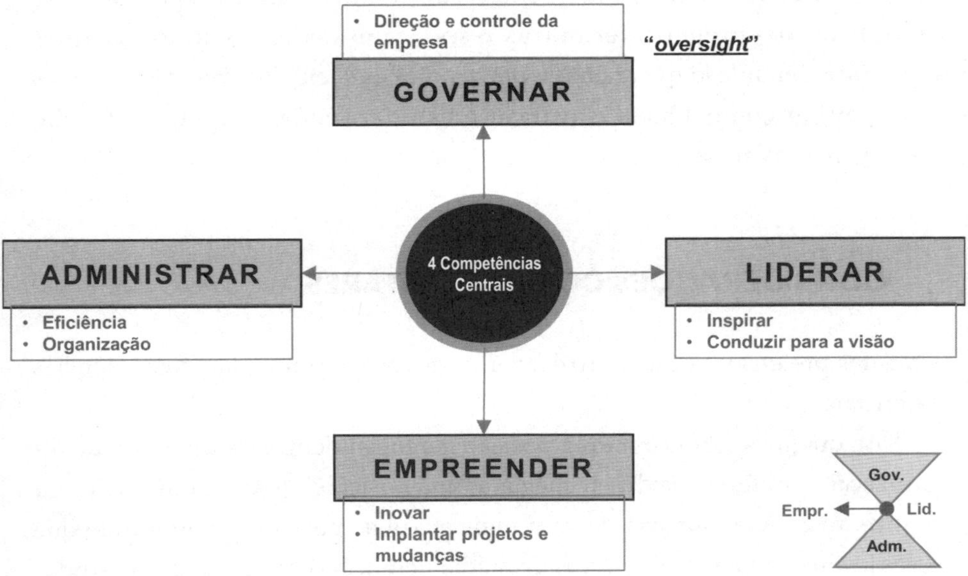

Governar é uma competência importante no século XXI, portanto, é prudente começar cedo, na carreira, a se preocupar em conhecer o que é governar e apreender as competências essenciais para ser conselheiro.

A base para a utilização das competências, no plano de carreira empresarial, está em uma singela equação que trago aqui e na qual sempre pensei ao longo de minha evolução profissional: carreira = competência + oportunidade.

As oportunidades dependem das circunstâncias. A sociologia já debate essa questão há muitas décadas — lembremos de Ortega y Gasset, que defendia esta frase: "Eu sou eu e minhas circunstâncias." Mas penso que o profissional pode buscar ambientes que sejam mais ricos de oportunidades, como já mencionei neste capítulo. É a famosa marca oral "estar no lugar certo na hora certa".

Por outro lado, a competência está integralmente nas mãos do profissional, e depende de suas escolhas. Decidir ser competente é trabalhar firme para isso. Então sugiro uma inequação também realista: competência > função. Quando o profissional se torna maior do que a sua função requer, ele está habilitado a dar o próximo passo. Na minha carreira, observei bastante bem os momentos em que me sentia preparado para abraçar outros projetos, ter outras responsabilidades, maiores desafios, e por isso considero que a chave para quem está em funções gerenciais e quer ganhar competência e avançar é estudar o quanto antes os fundamentos da governança.

CONSIDERAÇÕES COMPLEMENTARES

Uma das pretensões deste livro é fazer da governança uma das competências essenciais.

Para quem está hoje em uma posição gerencial dentro de uma grande organização, é muito mais difícil chegar a uma posição C-*level* do que há dez ou quinze anos. As empresas ficaram mais enxutas, por isso é importante que esses jovens ocupantes de postos de média gerência já se dediquem a estudar a governança, a entender como pensam os acionistas e sócios. Isso porque a governança deixou de ser vista como acessório e passou a ser um diferencial essencial para a carreira.

A governança tem outra utilidade prática. As pesquisas mostram que os jovens estão cansados dessa hierarquia tradicional atrelada a políticas de camaradagem e estão se voltando para o empreendedorismo. Preparam-se para isso frequentando escolas de negócio, que ensinam a liderar e a gerir. Mas se esses jovens empreendedores compreenderem agora a importância da governança, já fundam a empresa com uma estrutura orientada para essa competência, o que dá um profissionalismo diferenciado para sua *startup*.

Uma terceira conexão é que a governança é um dos fatores mais críticos no movimento da ética nos negócios. No momento em que escrevo este livro, o CEO do Itaú Unibanco, Candido Bracher, declarara que o banco que preside não financiaria empresas de carne que desmatem. Bracher integra um grupo de dirigentes de bancos que está promovendo um fundo para a preservação da Amazônia. Vê-se, pois, que o pressuposto de sustentabilidade do negócio é a ética.

Em nossa certificação internacional, abordamos essa questão da ética de maneira muito clara. Temos um capítulo inteiro sobre como o conselheiro deve se comportar em relação ao *wrong doing*, ou seja, ao malfeito. Diante disso, há uma questão culturalmente impensável no Brasil, que no exterior é chamada de *whistle blowing policy*, que significa política de denúncia, ou delação. A cultura latina considera que denunciar é feio, mas com isso se perpetua o erro. Nas companhias, é preciso haver uma área específica para lidar com as denúncias de erros e malfeitos, para fazer com que a ética tenha mais espaço. Mas precisa ser uma ouvidoria totalmente independente, que não permita vinganças contra quem informar casos errados sendo feitos na companhia.

No próximo capítulo, tratarei do plano de carreira do futuro conselheiro.

CAPÍTULO 16
O PLANO DE CARREIRA DO FUTURO CONSELHEIRO CONSULTIVO E ADMINISTRATIVO

Neste capítulo, me dirigirei diretamente a você, leitor. Se você chegou até aqui, presumo que esteja motivado a encetar o planejamento para seu futuro em uma carreira desafiante e cheia de benefícios para si e para a sociedade, entre eles, conseguir melhorar a qualidade do capitalismo brasileiro. O que recomendarei a partir de agora é uma sequência de ações baseadas em atitudes para que você se programe para avançar em sua carreira.

POR ONDE COMEÇAR?

Vou me referir a uma questão filosófica: o começo leva ao fim — alfa a ômega (α a ω, no grego jônico clássico), algo que remete ao meu livro mais recente.[130] Por isso convido você a pensar no fim antes de pensar no começo. Onde você quer chegar? Como se vê daqui a 10, 20 ou 30 anos? Falo desse tempo porque a carreira de conselheiro tem caráter de longo prazo mesmo. É uma segunda ou terceira carreira, por isso a definição e a preparação têm que começar quando o profissional tem entre 35 e 40 anos de idade, para que aos 50, com dedicação e proatividade na busca e/ou construção de oportunidades, já comece a exercer a função de conselheiro.

Isso me traz três reflexões para ajudar você a pensar e a decidir melhor. A decisão é um compromisso, por isso é necessário refletir bem.

---
130 PASSARELLA, W. e MONTEIRO, P. *A reinvenção da empresa: Projeto Ômega*. São Paulo: Évora, 2017.

Vamos pensar juntos:

1. Sua vida pode ser longeva. Isso é um fato — estamos quase dobrando a expectativa de vida que tínhamos no início do século XX. Como se manter saudável (sem contar a questão financeira) e com discernimento?
2. A atividade é mãe da saúde — lembre-se da lição popular: "Água corrente é limpa; água parada apodrece." As atividades física e mental, ou a conjunção das duas, são demandas importantes. O que você decidirá fazer para se manter saudável até os 90 anos ou mais?
3. O que está em sua alma, o que faz seus olhos brilharem e você vibrar de entusiasmo quando pensa em definir uma segunda ou terceira carreira?

Se essas reflexões corroborarem a escolha da carreira de conselheiro, e se você chegou até aqui, interessado nesta leitura, então, bingo!, você está pronto para seguir em frente. Aceite, pois, o meu convite: vamos seguir em frente?

QUAIS SÃO OS ELEMENTOS-CHAVE PARA O PLANO?

Antes, precisamos falar de aspectos motivacionais. Para mim, dois fundamentais para um plano de longo prazo como esse são vontade e fé. Não falo da fé religiosa, mas da confiança em que bons resultados serão obtidos, no espírito de que será capaz de sobrepujar obstáculos e desânimos pelo caminho. Gosto muito de uma frase que ouvi em algum lugar: "A única coisa que temos em mãos ao iniciar um novo projeto é a certeza de que dará certo."

É preferível ser ligeiramente otimista em relação à sua visão sobre a vida, porque o otimismo gera entusiasmo e alegria. Digo "ligeiramente" porque o otimista exagerado pode se tornar presunçoso ou desavisado. Ser um pouco otimista não custa mais do que ser pessimista ou pseudorrealista (todo realista é, no fundo, um pessimista disfarçado, e todo pessimista é um chato).

Na figura a seguir, preparei uma síntese de tudo o que vimos nos capítulos anteriores e que é necessário para o Plano de Desenvolvimento Individual (PDI).

O PLANO DE CARREIRA DO FUTURO CONSELHEIRO...

Figura 16.1 Árvore para o PDI

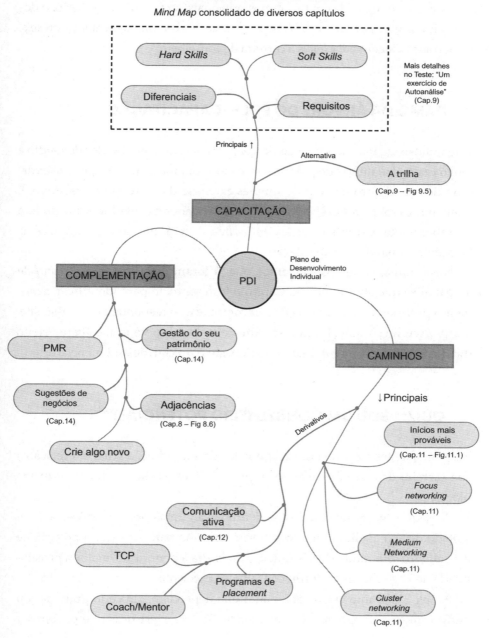

É praticamente um *mind map*, um mapa mental cujo centro é o Plano de Desenvolvimento Individual.

Essa árvore se divide em três ramos principais: o ramo da capacitação, o dos caminhos a serem tomados para chegar ao *board* e o da complementação, ou seja, de outras atividades adjacentes à carreira de conselheiro.

RAMO DA ÁRVORE DO PDI — CAPACITAÇÃO

Este ramo exige mais tempo e dedicação, uma vez que tem caráter de médio a longo prazo. É o ramo que precisa ser olhado com mais atenção, porque a carreira de conselheiro não é uma simples extensão da carreira de executivo. E quem nunca foi nem é executivo — como advogados e contadores que podem eventualmente assumir posições em *boards* — terá que dedicar ainda mais atenção à demanda da capacitação.

Neste ramo, temos os elementos que já foram inseridos no exercício de autoanálise que abordamos no Capítulo 9, desenhado para identificar o momento profissional em que você se encontra, e que respondeu em nosso site: <https://www.celint.net.br/quiz-sou-um-conselheiro-potencial>. Para efeito didático, repetirei aqui o preâmbulo do teste para clarificar nomenclaturas.

QUIZ: "SOU UM CONSELHEIRO POTENCIAL?"

Responda ao teste e tenha um diagnóstico de sua situação atual em relação à sua carreira de conselheiro(a) de empresas. O teste está dividido em quatro blocos:

A. Requisitos: neste bloco estão definidas algumas pré-condições. Se o resultado de sua avaliação for "zero", seu caminho para alcançar a posição de conselheiro será muito difícil. Quanto mais alta a pontuação, maior a possibilidade de você chegar a ser um conselheiro excelente.

B. *Soft Skills*: aqui estão habilidades que dependem, em certo grau, de seu perfil profissional e de sua personalidade. São características que podem ser desenvolvidas em longo prazo e dependem de sua ativa vontade, bem como de vivências práticas que possam reforçar o aprendizado. Se o resultado de sua avaliação for menor que 4, há ainda etapas que você precisa cumprir. Se for maior que 6, então falta pouco. Se for 10, parabéns, você tem habilidades de sobra para ser um ótimo conselheiro.

C. *Hard Skills:* são competências voltadas aos aspectos técnicos da função de conselheiro. Por outro lado, podem ser desenvolvidas em programas educacionais apropriados. O grau de sua avaliação apenas evidencia o quanto você está próximo do máximo.

D. Diferenciais: são competências que atribuem um caráter especial ao conselheiro. Contribuem para que apresente um desempenho diferenciado, em situações comuns na dinâmica relacional dos Conselhos com acionistas e executivos, e nas formulações de modelos de negócios. Quanto maior o grau da avaliação, mais diferenciado você é!

A tabela a seguir ilustra a combinação desses elementos.

Requisitos	Soft skills
• C-Level (ser ou ter sido) • Visão geral de negócios: dirigir *startups*, divisão etc. ou • Função interdisciplinar em alta gestão	• Curiosidade • Criatividade • Capacidade de relacionamento • Arte do debate • Conduzir reuniões
Hard skills	**Diferenciais**
• Demonstrações financeiras • Gestão de riscos • Sistemas meritocráticos • Princípios de auditoria • Formulação de estratégias • Capacidade analítica • Direito societário • *Compliance*	• *Mindset* digital • Habilidade negocial • Psicologia aplicada • Pilares de sustentabilidade (ESG) • Mentoria • Mediação • Arbitragem

Quero fazer alguns comentários importantes acerca dessa composição de competências, capacidades e habilidades.

Em primeiro lugar, concentre-se em seus pontos fortes. Procure fazer uma análise de quais são esses pontos e os torne realmente uma força em seu perfil. Essa é uma experiência que trago de minha carreira — estamos sempre tentando suprimir pontos fracos —, e do meu ponto de vista, isso é muito mais trabalhoso do que ressaltar os pontos fortes. Sei que é uma recomendação que contraria a prática vigente de parte dos gestores de RH, mas penso que é uma política equivocada, porque em um conselho, o ideal é somar pessoas com vários pontos fortes diferentes para formar um time, e não querer que todo mundo seja "super-homem". Minha visão está baseada na moderna psicologia positiva, que prefere trabalhar as fortalezas, em vez de tentar melhorar as fraquezas. Minha inspiração é o livro *How to Be Exceptional: Drive Leadership Success By Magnifying Your Strengths* (traduzido em português para: A estratégia dos pontos fortes: como se destacar investindo no que você já faz bem), dos autores John Zenger, Joseph Folkman, Robert Sherwin e Barbara Steel, publicado pela McGraw-Hill Education em 2012.

Mas é claro que não se trata de apenas trabalhar os pontos fortes. É preciso eliminar os *gaps* imprescindíveis, aqueles sem os quais não será possível executar uma boa atividade de conselheiro (e que estão ligados ao triângulo central dos três pilares citados no Capítulo 6 — estratégia, liderança e saúde da empresa). Na tabela anterior estão listados como *hard skills*. Estude com calma e se esforce para incluir essas competências em seu plano.

Ainda nesse ramo da habilitação, existe uma derivação que chamo de alternativa prática, e que ilustrei no Capítulo 9, chamando-a de trilha recomendada de capacitação para o conselheiro. E digo que é prática porque a evolução pode ser conseguida aos poucos, em blocos. Cada competência listada na tabela pode ser buscada separadamente, em lugares diferentes. Ou, se preferir, simultaneamente, de modo a poupar tempo e esforço.

Nada impede que você faça a trilha e reforce algumas competências com cursos complementares só voltados para essas competências específicas. Essa é uma recomendação interessante, mas fazer uso dos dois modelos, de uma forma equilibrada, é a chave de seu plano pessoal, dirigido para suas características.

RAMO DA ÁRVORE DO PDI — CAMINHOS

Para buscar esses caminhos, recomece analisando os inícios mais prováveis para você, como já mencionei: conselheiro interno, como representante de acionista, ou como conselheiro externo independente (especialista ou generalista) ou não independente. São várias alternativas que dependem da experiência que você já acumulou. Escolha uma ou duas para se dedicar. Se você começar cedo a montar seu plano, poderá direcionar sua carreira, buscando as oportunidades que farão mais sentido para você, até mudando de rota no decorrer da caminhada.

Para os caminhos, são inescapáveis as metodologias de *networking*, das quais falei exaustivamente ao longo deste livro (*cluster*, *medium* e *focus*). Estude-as, entenda-as bem, e em seu plano, analise a seguinte pergunta: quais são cabíveis no seu caso e você consegue realmente fazer?

A outra observação é: quanto mais você conseguir se dedicar a esses caminhos, abrindo portas, fazendo contatos, maiores são suas chances. Não estamos falando de ciência exata, mas de ciência probabilística. Ao escolher o tipo de *networking* que implantará, faça um plano completo. Se possível, elabore um plano completo para cada modalidade de *networking*, com os contatos, datas de marcação dos encontros, resultados e *follow-up* — em geral, muitos *follow-ups* são necessários. Se optar pelo *medium networking*, escolha quais empresas e profissionais servirão de intermediadores no caminho do *board* e faça uma lista de contatos. No caso do *focus networking*, já mostrei um modelo de tabela, e considero que é o caminho que apresenta mais probabilidades, porque é muito autoral, depende de você.

Não deixe de colocar a data de validação dos encontros, os resultados de cada um, os *follow-ups* que serão necessários fazer. É importante formar uma base de dados de longo prazo para essa rede de *networking*, porque uma conversa de hoje pode dar resultados daqui a três ou quatro anos, e se você não tiver uma boa memória registrada, pode deixar passar pontos importantes. Existem ferramentas que podem ajudar nesse registro.

Voltando à figura da árvore, há derivativos dos caminhos principais que podem complementar ou reforçar suas alternativas de rota. Você pode, em paralelo às ações citadas, adicionar uma ou duas ao seu plano. Por exemplo, seguir um programa de *placement*. Há grandes consultorias estruturadas, com tecnologias, que ajudam na busca de empresas — é claro que representam custo, e você precisa avaliar se o investimento é interessante. Outra alternativa é o *coach*, que, com olhos de quem está fora da situação, pode orientar você a encontrar caminhos e trabalhar suas competências, acompanhando durante um tempo determinado a elaboração de seu plano. O mesmo se dá com o mentor.

Outro caminho derivativo seria nosso programa chamado TCP[131] (Transição a Conselheiro Profissional), basicamente um *workshop* que ajuda a pensar em como fazer uma boa transição de carreira, abordando principalmente a questão do *networking*, a gestão do patrimônio, *mindset* digital etc.

E não podemos nos esquecer da comunicação ativa, tema que esmiuçamos no Capítulo 12, de como se tornar uma referência junto ao mercado usando ferramentas de comunicação. É uma alternativa muito interessante para quem ainda não está em função executiva e que pode estar no plano geral de carreira.

RAMO DA ÁRVORE DO PDI — COMPLEMENTAÇÕES

Como já procuramos demonstrar neste livro, é recomendável complementar a carreira de conselheiro com outras atividades.

Essa complementação não se refere apenas à questão financeira, mas ao equilíbrio profissional, uma vez que exercer outras funções permitirá a você preencher lacunas.

A primeira recomendação é que você comece pelas adjacências, atividades muito próximas às de conselheiro, papéis que podem ser exercidos com total afinidade com a carreira. Vamos nos lembrar do Capítulo 8, onde listamos ocupações como as de mentor, *trusted advisor* e *advisory board member*. Decida se quer seguir uma ou mais dessas funções e coloque em seu plano. A preparação para esses papéis já está em seu plano de capacitação para conselheiro.

---

131 Programa Transição a Conselheiro Profissional: <https://www.celint.net.br/tcp>.

Veja apenas como divulgar, porque algum tipo de comunicação ativa é necessário aqui.

A segunda recomendação: veja no Capítulo 14 as sugestões de outras atividades não tão diretamente relacionadas com a função de conselheiro, mas também complementares, que chamamos de fontes de receitas autônomas e lineares. Incorpore-as em seu plano também, se assim quiser: montar seu próprio negócio, lecionar e outras.

A terceira recomendação é crucial: faça a gestão de seu patrimônio (dedique-se você mesmo a essa ocupação ou contrate um profissional cujo preço caiba em seu bolso). Defina como será feita, com que periodicidade, quais ações serão necessárias e o seu acompanhamento, e as principais classes de produtos financeiros ou ativos reais a serem trabalhados.

Quarta recomendação: decida por um produto educacional que ajude a estabelecer essas complementações. Sugiro o nosso PMR[132] (Programa de Múltiplas Receitas), composto por doze seções individuais para ajudar quem está em transição de carreira. É um programa voltado não apenas para conselheiros, por isso trago aqui como atividade derivativa.

O quinto ponto das minhas recomendações é este: crie algo.

Use sua criatividade e invente algo que não foi mencionado aqui. Isso é possível! O mundo dos negócios, o ambiente de trabalho, está em fervilhante de mudanças. Novas oportunidades surgem a cada dia. Mantenha-se antenado, descubra e explore.

Recentemente comprei um livro chamado *Abundância*.[133] Os autores elencaram casos de companhias como Kodak, Blockbuster e Tower Records, que entraram em colapso quase da noite para o dia. Por outro lado, colocaram exemplos de empresas novas que surgiram do nada e em pouco tempo valem mais de US$1 bilhão. Cito trecho do livro: "O YouTube levou 18 meses desde sua criação até a compra pela Google por US$1,65 bilhões. O site de compra coletiva Groupon, enquanto isso, desde sua criação até ser avaliado em US$6 bilhões levou dois anos. Historicamente nunca se criou valor tão rápido."

---

132 Programa de Múltiplas Receitas: <https://www.celint.net.br/pmr>.

133 DIAMANDIS, Peter H. e KOTLER, Steven. *Abundância: o futuro é melhor do que você imagina*. Rio de Janeiro: Alta Books, 2019.

Naturalmente estamos falando de exceções, mas que existem. Enquanto muita gente pensa que o mundo se encaminha para o apocalipse, as tecnologias evoluem tanto, que permitem que ocorram casos como esses que citamos. O mundo caminha para a mudança.

Há outro livro, na mesma linha, chamado *Organizações exponenciais*,[134] que convoca o leitor a compreender a época atual, das mudanças exponenciais. Os autores mencionam que a concorrência não é mais a empresa multinacional no exterior, mas o jovem que se aproveita das recentes ferramentas *online* para projetar uma nova empresa na garagem da casa dos pais, que pode crescer a uma velocidade estonteante.

Há uma abundância de alternativas aguardando para serem exploradas. Vá em frente!

ORGANIZAÇÃO E TEMPO

Quero fazer uma compilação final de tudo o que vimos.

Quanto à capacitação, não se deve fazer tudo de uma vez. É impraticável fazer uma lauta refeição de uma vez só, porque não há estômago suficiente para acomodar tudo o que se quer comer. Portanto, deve-se espaçar a capacitação, distribuindo etapas e metas evolutivas dentro de um período de cinco a dez anos, dependendo do volume de pontos a serem trabalhados. Perceba que é um investimento contínuo, uma escalada, já que representa uma nova profissão, que demandará competências diferentes.

Seu plano é pessoal e tem que ter a sua cara. Assim, por mais que eu queira dar sugestões de modelo, você precisa ser criativo na elaboração do seu. Algumas pessoas podem fazer planos longos, detalhados, de várias páginas, outras farão planos mais sintéticos. O importante é formalizar em papel. Dê-lhe concretude. Estabeleça metas e prazos para cada etapa. Não espere, porém, que tudo funcione como está no plano, porque existe o imponderável. Aceite que o

---

[134] MALONE, Michael S., ISMAIL, Salim e GEEST, Yuri Van. *Organizações exponenciais: por que elas são 10 vezes melhores, mais rápidas e mais baratas que a sua (e o que fazer a respeito)*. Rio de Janeiro: Alta Books, 2018.

plano é um guia, um roteiro. A vida pode acabar conduzindo para outros lugares, mas pelo menos você pensou e planejou um caminho inicial. Adaptar-se, modificar o estado mental ao longo do tempo é uma atitude altamente desejável.

Faça, em paralelo, um processo de abrir caminhos. Se você estiver ainda como executivo, pode ser que a comunicação ativa não seja adequada nessa fase, mas comece a fazer o que você puder.

Em relação ao trabalho de complementação, um período mensal deve ser dedicado a ele. Por exemplo, a gestão do patrimônio é imperiosa e precisa ser periódica e constante.

Comece agora!

Escreva tudo da forma que melhor lhe parecer, seguindo as recomendações da árvore do PDI. Tenha a certeza de que é um investimento que vale a pena. Você vai parar, pensar, elaborar o roteiro, mas se é um assunto que faz brilhar seus olhos e aquecer sua alma, mergulhe. Não só porque o plano será um guia para chegar à posição de conselheiro, mas também porque o caminho é muito rico na direção de uma profissão promissora e muito compensadora em termos de conhecimento e de realização.

Veja exemplos de PDI no site do CELINT: <www.celint.net.br/pdi>.

Ou acesse aqui pelo QR Code.

CONCLUSÃO

MERCADO DESPERTANDO

Os leitores que me perdoem a analogia com o mundo animal, mas quero trazer uma imagem de um gigante que até pouco tempo dormia, alheio às mudanças do mundo e olhando apenas para suas necessidades primais. Pois é isso: a governança, como um urso, hibernou durante longo inverno; todo o mundo sabia que o urso existia, mas não lhe dava importância porque estava afastado, recluso em uma caverna, alimentado e despreocupado com a visão geral sobre seus "clientes" e "fornecedores". A governança agora desperta porque houve um processo de desenvolvimento histórico do mundo, e a compreensão de sua importância ressurge. E o urso decide subir um degrau, além do empreendedorismo (se na área não tem alces, o urso vai procurar peixes nos rios e mel nos troncos das árvores) e da administração (se um território está cheio de concorrentes, o urso migra para buscar um oceano azul). Esse degrau é formar uma assembleia dos ursos mais sábios para que indiquem novas formas de suprir suas necessidades sem degradar o meio ambiente, que, afinal, é o seu sustento, e sem prejudicar a fauna circundante. Deixemos a analogia. A governança corporativa serve para a perenização adaptativa das células de prosperidade humana: as empresas.

SENTIDO DE MISSÃO

Você, tenho certeza, quer mais da vida do que trabalhar, cumprir compromissos profissionais e familiares, aposentar-se e jogar futebol às terças-feiras. Certamente, muito mais do que isso, você quer realizar projetos, atuar para melhorar a consciência coletiva, contribuir para com o enriquecimento social, ético e moral das corporações que trabalham para o bem-estar e para a felicidade. E com certeza perceberá como é importante trazer os públicos para que participem, engajados. Esse conceito traz para mim um grau a mais para essa curva de aprendizado do espírito humano em busca da prosperidade.

Buscar a prosperidade é resolver a pobreza, solucionar as mazelas humanas, é o sonho da grande parcela da humanidade que pensa de uma forma altruísta. Gosto de pensar que este livro traz essa perspectiva, com as teses que lançamos, de que as empresas são os nichos de criação de riqueza e de superação das desigualdades. Por isso, melhorar o mundo passa pelo aperfeiçoamento das empresas, para que sejam cada vez melhores e perenes, dividindo seus resultados com os participantes.

Cada pessoa tem a sua missão. Qual é a sua? Suponho, com a segurança de quem estuda com serenidade as atitudes e circunstâncias profissionais, que, após uma frutífera carreira executiva, você pretenderá aplicar seu melhor, em termos de experiência e conhecimento, em prol do governo de empresas, ocupando lugar entre os equilibrados "sábios" e contribuindo significativamente para o sucesso em longo prazo dos empreendimentos humanos. Discorde, se for capaz!

TRABALHO AUTORAL

Se não discordou, está pronto para proceder à abertura de uma empreitada autoral, explorando as novas fronteiras de um trabalho inclusivo, participativo e dinâmico. É uma carreira de impacto. Você pode contribuir para que as empresas sejam mais bem administradas e bem governadas e, assim, cumprirem seu papel social. A governança e a carreira de conselheiro concorrem para propiciar esse avanço — e para dar a você mais satisfação. Porque também é uma forma generosa de retornar à sociedade o conhecimento que você acumulou ao longo da vida corporativa, em um círculo virtuoso que, assim como a alavanca de Arquimedes, moverá o mundo.

QUAL É O SEU PROPÓSITO COMO CONSELHEIRO?

Seu principal propósito como conselheiro deveria ser a "transformação construtiva das organizações". Atuando na governança, você pode não só melhorar o desempenho das empresas, mas contribuir para formar novos conselheiros que ajudarão a aperfeiçoar os empreendimentos, com resultados que auxiliem na elevação da qualidade da sociedade em que vivemos.

Você, como conselheiro, estará dentro da empresa, participando, opinando, orientando, incluído no processo empresarial. Terá diante de si um compromisso (com desafios, claro) duradouro e pleno de dignidade. Você é parte da empresa e avalista do futuro dela. Você deixa de ser apenas "eu" para ser "nós". Esse sentido plural é tão mais intenso quanto mais frequentes possam ser suas participações em empresas — sua dedicação pode ser oferecida a duas, três ou até mais ao mesmo tempo.

A governança, como processo participativo, proporciona a capacidade de enfrentamento e resolução de paradoxos, confrontos, considerando pontos de vista diferentes, e cria soluções em conjunto com os parceiros, a partir de perguntas inteligentes. É um processo que proporciona satisfação e sensação de dever cumprido. Não está voltado apenas para o aspecto financeiro, mas também para as questões sociais.

E, finalmente, a governança tem dinamismo. O conselheiro, embora possa atuar primordialmente em uma área específica, como a da indústria química, por exemplo, tem possibilidade de contribuir com dezenas de outros setores e segmentos totalmente diversos. A governança, pelo seu aspecto diverso, traz uma grande abertura para a compreensão do processo empresarial, além de estimular o aprendizado contínuo, que serve para a vida.

As empresas não param de se transformar. Estão sempre em um processo adaptativo. E o conselheiro tem um papel fundamental nessas mudanças, porque tem um olhar estratégico, mirando as questões de médio e longo prazo e as guiando em uma trajetória pautada pela ética e pelo compromisso com o meio ambiente e com o bem-estar social. Com este livro, desejamos que você faça bom uso das estratégias e ferramentas que apresentamos para construir sua carreira de conselheiro voltada para fazer diferença no mundo.

Nosso propósito com esta obra e com os programas que executamos pode ser descrito com a seguinte frase: "Inspirar, facilitar e instrumentar o conselheiro para realizar essa transformação construtiva das organizações."

Pessoalmente, quero relatar que, quando decidi deixar a carreira de executivo, pensava muito sobre o sentido da minha existência. Em um dia, ao despertar, me veio à mente um pensamento que posso dizer que mudou minha vida: "O bem é se ocupar com a causa do futuro, sem se preocupar com o futuro da causa." Foi como a faísca que incendeia o combustível, e assumi que minha missão é ajudar pessoas a ajudar o mundo.

Espero que este nosso trabalho possa auxiliar a aparar arestas, gerar *insights* e fazer sentido para sua vida profissional e pessoal. Quero citar a frase contida em uma carta de Isaac Newton para Robert Hooke, datada de 5 de fevereiro de 1676, baseada em uma metáfora atribuída a Bernardo de Chartres: "Se eu vi mais longe, foi por estar sobre ombros de gigantes." Interpreto a frase no sentido de que só cresce e evolui quem aprende com os mais sábios. Junte-se a eles. Seja um deles. Você pode!

REFERÊNCIAS

ADIZES, Ichak. *Como resolver as crises de antigerência*. São Paulo: Editora Pioneira, 1987.

ALLEN, Robert. G. *Multiples fuentes de ingreso. Como generar uma vida de riqueza ilimitada*. Buenos Aires: Time & Money Network Editions, 2009.

ÁLVARES, Elismar et al. *Governando a empresa familiar*. Rio de Janeiro: Qualitymark, 2003.

ÁLVARES, Elismar; GIACOMETI, Celso; GUSSO, Eduardo. *Governança corporativa: um modelo brasileiro*. Rio de Janeiro: Elsevier, 2008.

BERNHOEFT, R.; GALLO, M. *Governança na empresa familiar*. 2ª ed. Rio de Janeiro: Campus, 2003.

BIRKMAN FINK, Sharon; CAPPARELL, Stephanie. *O Método Birkman — Sua personalidade no trabalho*. São Paulo: Évora, 2018.

BOBBIO, Norberto. *A Teoria das Formas de Governo na história do pensamento político*. Tradução de Luiz Sérgio Henriques. São Paulo: Edipro, 2017.

_____. *Estado, governo, sociedade — para uma teoria geral da política*. Tradução de Marco Aurélio Nogueira. Rio de Janeiro: Paz e Terra, 1987.

BØHREN, Øyvind; ØDEGAARD, Bernt Arne. *Governance and Performance Revisited*. In: ALI, Paul; GREGOURIU, Greg N. (Eds.). *International Corporate Governance after Sarbanes-Oxley*. New York: Wiley, 2006.

BRASIL 2019. GUIA SALARIAL | ROBERTHALF.COM.BR. Disponível em: <https://www.roberthalf.com.br/blog/salario/salarios-em-2019-o-que-esperar>.

BRASIL. Lei nº 6.404, de 15 de dezembro de 1976 (que dispõe sobre as Sociedades por Ações), complementada pela Lei nº 6.385, de 7 de dezembro de 1976 (que dispõe sobre o mercado de valores mobiliários e cria a Comissão de Valores Mobiliários) e alterada pela Lei nº 10.303, de 31 de outubro de 2001.

BROWN, David A. H., BROWN, Debra L.; ANASTASOPOULOS, Vanessa. "Women on Boards: Not Just the Right Thing... But the "Bright" Thing". Conference Board of Canada, Toronto, May 2002. Páginas 12, 13 e 14. Disponível em: <https://utsc.utoronto.ca/~phanira/WebResearchMethods/women-bod&fp-conference%20board.pdf>.

CADBURY, Adrian. Cadbury Report. The Secretary Committee on the Financial Aspects of Corporate Governance: London, 1992.

CALDAS, Álvaro José Ribeiro. *Governança corporativa e desempenho superior e persistente das empresas listadas na BM&FBOVESPA*. Dissertação de Mestrado apresentada ao Programa de Pós-Graduação em Administração e Controladoria da Universidade Federal do Ceará. Fortaleza, 2015.

CARLSSON, Rolf. H. *Ownership and Value Creation: Corporate Governance in the New Economy*. London: John Wiley and Sons Ltd., 2000.

CHANDLER, Alfred D. *Strategy and Structure: Chapter in the History of the American Industrial Enterprise*. Cambridge: The MIT Press, 1962.

CHARBONNEAU, Paul-Eugène. *Entre capitalismo e socialismo: a empresa humana*. São Paulo: Pioneira, 1983.

COFFMAN, Curt; SORENSEN, Kathie. *Culture Eats Strategy for Lunch: The Secret of Extraordinary Results*. Denver: Liang Addison Press, 2013.

DAMATTA, Roberto. *A casa & a rua. Espaço, cidadania, mulher e morte no Brasil*. Rio de Janeiro: Rocco, 1997.

REFERÊNCIAS

DELORS, Jacques (coord.). *Educação, um tesouro a descobrir.* Relatório para a UNESCO da Comissão Internacional sobre Educação do século XXI. Tradução de José Carlos Eufrázio. 7ª edição revisada. São Paulo: Cortez (2003), Brasília, DF (2012).

DePAUL, Michael; RAMSEY William. (Eds.) *Rethinking Intuition — The Psychology of Intuition and its Role in Philosophical Inquiry.* Chicago, EUA: Loyola University, 1998.

DIAMANDIS, Peter H.; KOTLER, Steven. *Abundância: o futuro é melhor do que você imagina.* Rio de Janeiro: Alta Books, 2019.

DURNEV, Art; KIM, E. Han. *To Steal or Not to Steal: Firm Attributes, Legal Environment, and Valuation.* The Journal of Finance, v. 60, n. 3, p. 1461-1493, junho de 2005.

FINK, Laurence. Uma mudança estrutural nas finanças. Disponível em: <https://bit.ly/2Z2nQ4f>. Acesso em: 14 de maio de 2020.

FOWLER, G. Verbete draft: o que é scale-up. Disponível em: <https://www.insper.edu.br/noticias/verbete-draft-o-que-e-scale-up/>.

FREYRE, Gilberto. *Casa-grande & senzala. Formação da família brasileira sob o regime da economia patriarcal.* 50ª edição revista. São Paulo: Global, 2005.

G1. Brasil tem 20 milhões de empreendedores. Disponível em: <https://g1.globo.com/economia/pme/pequenas-empresas-grandes-negocios/noticia/2019/02/03/brasil-tem-20-milhoes-de-empreendimentos-no-brasil.ghtml>.

GERBER, Philippa. Deveres e responsabilidades dos administradores das sociedades anônimas. Disponível em: <https://jus.com.br/artigos/43854/deveres-e-responsabilidades-dos-administradores-das-sociedades-anonimas#:~:text=Conforme%20j%C3%A1%20exposto%2C%20o%20dever,administra%C3%A7%C3%A3o%20de%20seus%20pr%C3%B3prios%20neg%C3%B3cios.%E2%80%9D>.

GIANETTI, Eduardo. *O valor do amanhã: ensaio sobre a natureza dos juros.* São Paulo: Companhia das Letras, 2005.

GLADWELL, M. *Fora de série: outliers*. Rio de Janeiro: Sextante, 2008.

_____. *Blink: The Power of Thinking without Thinking*. New York, EUA: Little Brown, 2005.

GOMES, Laurentino. *1808: como uma rainha louca, um príncipe medroso e uma corte corrupta enganaram Napoleão e mudaram a história de Portugal e do Brasil*. São Paulo: Editora Planeta, 2007.

GUIMARÃES, Tatiane Barleto Canizela. *Empreendedorismo como estratégia corporativa: um estudo do caso Grupo Algar*. Dissertação de mestrado. Curitiba: Universidade Federal do Paraná, 2005.

IBGC — Instituto Brasileiro de Governança Corporativa. *Governança corporativa para startups & scale-ups*. São Paulo: IBGC, 2019. (Série IBGC Segmentos).

KANT, I. *Crítica da razão pura*. Tradução de Manuela Pinto dos Santos e Alexandre Fradique Morujão. Lisboa: Fundação Calouste Gulbenkian, 2010.

KATCHER, Alan. *A importância de ser você mesmo: o enfoque LIFO para uma organização produtiva*. São Paulo: Atlas, 1985.

KIGNEL, Luís; WERNER, René A. *... e Deus criou a empresa familiar*. São Paulo: Integrare Editora, 2007.

KIYOSAKI, Robert T. *Pai rico pai pobre: o que os ricos ensinam aos seus filhos sobre dinheiro*. Tradução de Maria José Cyhlar Monteiro. Rio de Janeiro: Alta Books, 2017.

LANK, A. G. et al. *Governando a empresa familiar*. In: ÁLVARES, E. (Org.). Rio de Janeiro: Qualitymark; Belo Horizonte, MG: Fundação Dom Cabral, 2003.

LAZZARINI, Sergio G. *Capitalismo de laços. Os donos do Brasil e suas conexões*. São Paulo: Bei Editora, 2018.

LODI, João B. *Governança corporativa*. Rio de Janeiro: Ed. Campus, 2010.

MACHIAVELLI, Niccolò. *Discar si sopra Ia prima deca di Tito Livio*. Blado, Roma/Giunta, Florença 1531; ed. Feltrinelli, Milão, 1977.

REFERÊNCIAS

MALONE, Michael S., ISMAIL, Salim; GEEST, Yuri Van. *Organizações exponenciais: por que elas são 10 vezes melhores, mais rápidas e mais baratas que a sua (e o que fazer a respeito)*. Rio de Janeiro: Alta Books, 2018.

MONTEIRO, Paulo; PASSARELLA, Wanderlei. *A reinvenção da empresa: Projeto Ômega*. São Paulo: Editora Évora, 2017.

NADLER David A.; BEHAN, Beverly A.; NADLER, Mark B. (Eds.). *Building Better Boards: A Blueprint for Effective Governance*. Mercer Data Consulting: Jossey-Bass, 2005.

NIETZSCHE, F. *Assim falou Zaratustra*. São Paulo: Martin Claret, 1999.

OLIVEIRA, Murilo Alvarenga; SOUZA NETO, Silvestre Prado de. A intuição como elemento essencial no desenvolvimento de estratégias organizacionais. Disponível em: <http://www.anpad.org.br/admin/pdf/3es2003-17.pdf>.

PARICK, J.; NEUBAUER, F.; LANK, A. G. *Intuição, a nova fronteira da administração*. São Paulo: Cultrix, Amana-Key, 2000.

PASSARELLA, Wanderlei. Curso PFC — Programa de Formação de Conselheiros. Disponível em: <https://www.synchron.net.br/pfc>.

_____. *O despertar dos líderes integrais. Um caminho para a nova liderança do século XXI*. Rio de Janeiro: Qualitymark, 2013.

PWC. Brasil tem 6 milhões de empresas de todos os tamanhos. Disponível em: <https://www.pwc.com.br/pt/publicacoes/setores-atividade/assets/pcs/private-compay-services-pcs-13-pt.pdf>.

REVISTA EXAME. O clã Peixoto de Castro tenta salvar o que resta. 2013. Disponível em: <https://exame.com/revista-exame/familia-vende-tudo/>.

_____. Guia Exame de Diversidade. Disponível em: <https://www.ethos.org.br/conteudo/projetos/gestao-sustentavel/guia-exame-de-diversidade/>.

RIBEIRO, Darcy. *O povo brasileiro. A formação e o sentido do Brasil*. 2ª edição. São Paulo: Companhia das Letras, 2005.

SCHOPENHAUER, A. *O mundo como vontade e como representação*. São Paulo: Edições e Publicações Brasil, 1951.

SCHROEDER, Alice. *Bola de neve: Warren Buffett e o negócio da vida*. Tradução de Fabiano Morais, Lívia de Almeida e Marcello Lino. Rio de Janeiro: Sextante, 2008.

SCHWARZ, Roberto. *Um mestre na periferia do capitalismo: Machado de Assis*. 5ª edição. São Paulo: Editora 34, 2012.

SILVEIRA, Alexandre Di Micelli da. *Governança corporativa: desempenho e valor da empresa no Brasil*. São Paulo: Saint-Paul Editora, 2005.

SOLUTIONS, Governance. Pro.Dir — The Professional Director Certification Program. Disponível em: <https://www.certificacaoemgovernanca.com.br/prodir>.

TAGIURI, Renato; DAVIS, John. Atributos bivalentes da empresa familiar — a influência dos estágios de vida nas relações pai-filho em empresas familiares. *Family Business Review*, 1996. Disponível em: <https://johndavis.com/three-circle-model-family-business-system/>.

TOMÁS DE AQUINO. *Suma teológica*. Disponível em: <https://sumateologica.files.wordpress.com/2017/04/suma-teolc3b3gica.pdf>.

ANEXOS

ANEXO 1:

"Governança corporativa e a criação da vantagem competitiva — O que todo conselho de administração deveria saber sobre Estratégia"
Autor: Wanderlei Passarella
Disponível em:

ANEXO 2:

"Contribuições dos conselhos para fazer o ESG acontecer nas empresas"
Autores: Nelmara Arbex e Wanderlei Passarella
Disponível em:

SOBRE O AUTOR

Wanderlei Passarella é presidente e membro de conselhos de administração e consultivos de médias e grandes empresas nacionais e multinacionais. Realiza mentorias para empresários e executivos C-level, *workshops* e treinamentos sobre governança corporativa, estratégia, sucessão e desenvolvimento de lideranças. Fundou e dirige o CELINT — Centro de Estudos em Liderança e Governança Integrais, empresa que atua em projetos empresariais que tenham o foco em governança corporativa, oferecendo ao mercado consultoria para governança, educação para conselheiros e atuação em *boards*. Passarella e o CELINT, a partir de sua controlada CelintBra, são pioneiros no país em formar e certificar conselheiros consultivos para empresas de capital fechado de grande, médio e pequeno portes, por meio da certificação ConCertif — Certificação de Conselheiros Consultivos, e também em disponibilizar certificações internacionais, como o Pro.Dir — Professional Director Certification Program, esta última uma certificação global de conselheiros de administração realizada em parceria com a empresa canadense Governance Solutions Inc.

Passarella tem mais de vinte anos de atuação em conselhos de administração e consultivos de médias e grandes empresas de capital aberto e fechado (participação em quase trinta conselhos nesse período). Atuou por mais de três décadas como executivo em grandes empresas brasileiras e estrangeiras, tendo sido CEO das empresas Petroflex S.A., Synteko (GPCQ S.A.) e Orbis South America.

CONSELHEIRO DE EMPRESAS

É autor dos livros: *Criando seu próprio negócio — como desenvolver o potencial empreendedor; Fábrica de ideias, banco de oportunidades; O despertar dos líderes integrais;* e *A reinvenção da empresa: Projeto Ômega.*

Conselheiro certificado IBGC Experiente "CCIe", Professional Director Certification Program — Pro.Dir pela Governance Solutions Inc. e Conselheiro Consultivo Certificado — ConCertif pela Celintbra.

É mestre em Administração de Empresas e bacharel em Economia pela FEA-USP, Engenheiro mecânico pela Escola Politécnica da USP e pós-graduado na Abordagem Transdisciplinar pela UNIPAZ.

ÍNDICE

A

acionistas, xvi, 2
ações
  ordinárias, 13
  prospectivas, 25, 126
acordo de acionistas, 69
advisory board, 119–120, 165, 236
ANPAD (Associação Nacional de
    Pós-Graduação e Pesquisa em
    Administração), 39
aportes de recursos de terceiros, 105
aprofundamento conceitual, 168
arbitragem, 188
arte do debate, 180–181
assembleia de acionistas, 30
assessoria de imprensa, 246–247
ativos
  financeiros, 274
  reais, 274
autocrítica, 244, 247
automotivação, 211
autonomia da vontade, 246

B

B2B (Business to business), 264, 291
Bill Gates, 46
board
  governante, 140
  opinativo, 163
breakdown, 154

C

caminho da moderação, conceito, 172
capitalismo laissez-faire, 47
carteira de investimentos, 130
ciclo
  do administrador, 37
  do governante, 37
Classificação Nacional de
    Atividades Econômicas
    (CNAE), 154
cluster networking, 219–220
coesão societária, 127
comitê

de pessoas e governança, 64
de remuneração, 263
estatutário, 258
executivo, 71
competências e habilidades, 289
compliance, 13, 48, 80
comportamento holárquico, 213
comunicação ativa, 246–247, 306
conflito
de agências, 11–12
de interesses, 68
consciência com ciência, 193
conselho
colaborativo, 119
Consultivo, 29
de administração, 13, 29
de família, 66–67
governante, 117–118
interveniente, 121
operativo, 120
consenso com minoria leal, 45
construtivismo, 59, 65
contrato social, 69
costume do cunhadio, 202
crise das hipotecas de 2008, 245
críticas construtivas, 244
crowdfunding, 120
de investimento, 106–107
Curva ABC, 273
custo de manutenção da empresa, 158

D

democracia, 135
descentralização da produção, 252
DFC (Demonstrativos de Fluxo de Caixa), 130
direcionamento estratégico, 90
Direito Societário, 128, 170
diversidade de gênero, 211
DREs (Demonstrativos de Resultados do Exercício), 130

E

EBITDA, 136, 141
empresa
de capital aberto, 137–138
de capital fechado, 139, 205, 208
multifamiliar, 204
multissocietária, 204
engajamento na digitalização, 252
equação liquidez x rentabilidade, 274
equidade, 129
ERP (Enterprise Resource Planning), 226
ESG (Environment, Social & Governance), 24, 32, 48
experiência executiva, 182

F

familly office, 66–68
fluxo de caixa, 80
focus networking, 227–228, 232
formalismo, 59

formulação da estratégia, 185–186
Fórum Econômico de Davos, 48
funding, 80
Fundo Blackrock, 24

G

ganhos da governança, 133
gestão
  de riscos, 127
  do investimento, 275
governança
  construtivista, 20, 144
  formalista, 20, 61
  incipiente, 61–62, 68, 72
  integral, 21, 30, 64

H

habilidade negocial, 172
headhunter, 142, 218
holarquia, 27
humildade, 247

I

IGC (Índice de GC), 138
inclusão das minorias, 252
índice
  de Distância do Poder (IDP), 203
  de governança, 212
  de Governança Corporativa (IGC), 137
Inteligência Artificial, 252–253
interim manager, 84
investidor-anjo, 103, 107

IPO (Initial Preferential Offer), 62–63

J

joint ventures, 55

K

key performance indicators (KPIs), 39

L

Lei dos Administradores, 97–98, 122, 258
liability, 280
LinkedIn, 217
longevidade empresarial, 85

M

management, 136
marketing
  one-to-one, 218
  sustentável, 249
matriz de competências, 184–186
medium networking, 225–226, 227
mentor, 165–166
mindset digital, 253, 256
Minimum Viable Product, 267
minoria leal, 115
modelo
  dos Três Círculos, 65–66
  equilibrado, 118
  interveniente, 143
movimento da ética nos negócios, 297

MVP _ Minimum Viable Product, 50

N

Nine Box, avaliação, 293

O

oclocracia, 17–18
oligarquia, 17
os quatro Ps, 248
otimização de buscas, 249
ouvir convicto, 180
overlap, 133

P

pandemia da Covid-19, 21, 41, 54, 121
participações acionárias, 205
pensamento totalitário, 47
perenização adaptativa, 21, 60
perfil
  DISC, 214
  MBTI, 214
pesquisa
  de mercado, 19
  salarial, 64
phantom share, 28, 267
pipeline de sucessão, 135
planejamento orçamentário, 136, 185–186
plano
  de Desenvolvimento Individual (PDI), 290, 300–302
  orçamentário, 122, 130
PMF (Product Market Fit), 105

política de bônus, 52
positivismo, 202
prevaricação, 194
private equity, 80, 102, 103
privatizações no Brasil, fragilidade, 202
processo
  decisório, 20
  de sucessão familiar, 87
  dialético, 168
  difuso de tomada de decisão, 19
programa de placement, 306

Q

Q de Tobin, indicador, 137–138
quatro pilares para a educação, 174

R

rating, 80
regimento do conselho, 70–71
Relatório Cadbury, 97, 103
resiliência, 241
restruturação financeira, 170
Revolução
  Francesa, 47
  Industrial, 37
ROA (Return on Assets), 138
ROS (Return on Sales), 138

S

seed capital, 103
Segundo Império, 200
shareholders, 28, 41–42

sociedade de capital aberto, 45
sounding board, 119
stakeholders, 27, 31, 37

T

teoria
  dos ciclos, 17
  dos gatilhos, 227
teste PAEI, 214
tomada de decisão, 23
transformação digital, 170, 200
transparência, 129
trilha de capacitação, 184
tripé da governança familiar, 171

trusted advisor, 165, 227
turnaround, 83–84, 236, 239
turnover, 20, 23

V

Vale do Silício, 211
valor
  de mercado de um ativo físico, 138
  de reposição, 138
valuation, 80
venture capital, 51, 67, 80
voto de Minerva, 188

Projetos corporativos e edições personalizadas
dentro da sua estratégia de negócio. Já pensou nisso?

Coordenação de Eventos
Viviane Paiva
viviane@altabooks.com.br

Assistente Comercial
Fillipe Amorim
vendas.corporativas@altabooks.com.br

A Alta Books tem criado experiências incríveis no meio corporativo. Com a crescente implementação da educação corporativa nas empresas, o livro entra como uma importante fonte de conhecimento. Com atendimento personalizado, conseguimos identificar as principais necessidades, e criar uma seleção de livros que podem ser utilizados de diversas maneiras, como, por exemplo, para fortalecer relacionamento com suas equipes/ seus clientes. Você já utilizou o livro para alguma ação estratégica na sua empresa?

Entre em contato com nosso time para entender melhor as possibilidades de personalização e incentivo ao desenvolvimento pessoal e profissional.

PUBLIQUE SEU LIVRO

Publique seu livro com a Alta Books. Para mais informações envie um e-mail para: autoria@altabooks.com.br

 /altabooks /alta-books /altabooks /altabooks /altabooks

CONHEÇA OUTROS LIVROS DA ALTA BOOKS

Todas as imagens são meramente ilustrativas.

Projetos corporativos e edições personalizadas
dentro da sua estratégia de negócio. Já pensou nisso?

Coordenação de Eventos
Viviane Paiva
viviane@altabooks.com.br

Assistente Comercial
Fillipe Amorim
vendas.corporativas@altabooks.com.br

A Alta Books tem criado experiências incríveis no meio corporativo. Com a crescente implementação da educação corporativa nas empresas, o livro entra como uma importante fonte de conhecimento. Com atendimento personalizado, conseguimos identificar as principais necessidades, e criar uma seleção de livros que podem ser utilizados de diversas maneiras, como, por exemplo, para fortalecer relacionamento com suas equipes/ seus clientes. Você já utilizou o livro para alguma ação estratégica na sua empresa?

Entre em contato com nosso time para entender melhor as possibilidades de personalização e incentivo ao desenvolvimento pessoal e profissional.

PUBLIQUE SEU LIVRO

Publique seu livro com a Alta Books. Para mais informações envie um e-mail para: autoria@altabooks.com.br

 /altabooks   /alta-books  /altabooks   /altabooks

CONHEÇA OUTROS LIVROS DA **ALTA BOOKS**

Todas as imagens são meramente ilustrativas.

ROTAPLAN
GRÁFICA E EDITORA LTDA
Rua Álvaro Seixas, 165
Engenho Novo - Rio de Janeiro
Tels.: (21) 2201-2089 / 8898
E-mail: rotaplanrio@gmail.com